费孝通精选集

费孝通论小城镇建设

费孝通 著
方李莉 编

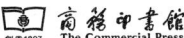
商务印书馆
The Commercial Press

图书在版编目(CIP)数据

费孝通论小城镇建设/费孝通著;方李莉编.—北京:商务印书馆,2021
ISBN 978-7-100-20151-3

Ⅰ.①费… Ⅱ.①费…②方… Ⅲ.①小城镇—城市建设—研究—中国　Ⅳ.①F299.21

中国版本图书馆 CIP 数据核字(2021)第 144384 号

权利保留,侵权必究。

费孝通精选集

费孝通论小城镇建设

费孝通　著
方李莉　编

商 务 印 书 馆 出 版
(北京王府井大街36号　邮政编码100710)
商 务 印 书 馆 发 行
北 京 冠 中 印 刷 厂 印 刷
ISBN 978-7-100-20151-3

2021年12月第1版　　开本 880×1230　1/32
2021年12月北京第1次印刷　印张 12⅝
定价:68.00元

目 录

导读 ·· 方李莉 i

第一编　工业文明带来的乡土变化

西南工业的人力基础 ··· 3
劳工的社会地位 ··· 9
消遣经济 ·· 16
新工业中的艺徒 ·· 23

第二编　小城镇发展研究

小城镇在四化建设中的地位和作用 ································ 31
小城镇　大问题 ·· 41
继续开展江苏小城镇研究 ·· 86
小城镇　再探索 ·· 93
对苏北地区乡镇企业及小城镇发展的几点看法 ···················· 114
小城镇的发展在中国的社会意义 ································· 120
小城镇——苏北初探 ··· 126
小城镇　新开拓 ··· 162
朱著《乡村工业与小城镇》序言 ································· 194
小城镇研究的新发展 ··· 198

i

农村·小城镇·区域发展
　　——我的社区研究历程的再回顾 ································ 206
小城镇研究十年反思 ·· 230
论中国小城镇的发展 ·· 242

第三编　乡镇企业与乡村发展

乡镇企业的新台阶 ··· 253
因地制宜　多种模式 ·· 262
小商品　大市场 ·· 272
中国农村工业化和城市化问题 ·· 292
传统产品与科技相结合　促使乡镇企业异军再起 ··················· 307
苏南乡村发展的新趋势 ··· 313
中国城乡发展的道路
　　——我一生的研究课题 ··· 328
展视中国的乡镇企业 ·· 346
乡镇企业的发展与企业家面临的任务 ·································· 353
近年来中国农村经济发展的几个阶段 ·································· 358
社会科学对中国农村发展的贡献 ·· 370
浦东开发与社会学
　　——谈浦东开发开放中的农民问题研究 ························ 378

导 读

方李莉

费孝通先生对于城镇的调查和研究，是从上世纪 80 年代开始的。这可以说是他上世纪三四十年代乡村研究的继续。改革开放将中国农民从土地里解放了出来，一部分进入了城市，一部分在乡镇中办起了企业。这些发展与农民的生活息息相关，费孝通当时提出《小城镇 大问题》等题目，目的就是在于解决农民的出路问题。这一问题和乡村振兴一脉相承，相互促进，也是当前国家急切关注的问题。编者精选了费先生自 1980 年以后所发表的相关研究，以及早期对乡土工业的研究，形成了本册《费孝通论小城镇建设》，该集子由"工业文明带来的乡土变化""小城镇发展研究""乡镇企业与乡村发展"三个部分组成。

一、概述

费孝通在 20 世纪 30 至 40 年代做乡村研究时就指出，农村社会的发展在于农村工业化，即依托于本土社会文化优势的"草根工业"，让农民先富起来。这个大的变化一直到 80 年代以后才发生。乡镇企业的出现和发展,使农民得到了很多非农就业的机会,生活发生了质的变化。费孝通在1983年开始的小城镇研究中,提出了"类型、层次、兴衰、分布、发展"的10字提纲,成为研究的出发点。在此基础上,1984年他又提出了经济模式的概念。在费孝通看来,所谓经济模式就是"在一定地区,一定历史条件下,具有特色的经济发展的路子",如苏南模式、温州模式、珠江模式等。

  这一研究,扩大了费孝通的研究视野,使其从村庄走向与村庄紧密相连的小城镇,又从小城镇走向大城市,再扩展到民族地区,再由民族地区看到传统的丝绸之路,并提出了洲际经济的设想。他的研究视野是宏阔的,但又是脚踏实地的。到了晚年,他的许多时间都是在旅途中和实地考察中度过的。他的这些研究,对于我们今天的小城镇建设包括整个国家经济发展的构想仍然有着许多的启示。

二、小城镇的概念

  费孝通先生研究的小城镇是从传统集市发展出来的概念。他说,乡村是传统中国的农工并重的生产基地,它们在日常生活中保持着高度的自给。[①]但在乡村里的生产者之间,各人所生产的东西可能并不完全相同,于是需要交换。这种贸易在大部分的中国到现在还是在日中为市式的"街""集"等临时集合的摊子上进行

[①] 《乡土重建》,载《费孝通论乡村建设》,第272页。

的。[①] 早在他在江村做考察时，就观察到往返于乡村和城镇之间的航船。他说，在我所调查过的江村，有着一种代理村子里农家卖买的航船。一个航船大概要服务 100 家人家。每天一早从村子里驶向镇里，下午回村。我所观察过的镇经常有几百个航船为几万农家办货。[②] 由此，他认识到，农村发展之后，必然会产生一个商品集散中心，也就是市镇。[③] 也就是说，乡村和市镇是一种联动的关系，如果说，在上世纪三四十年代他所关注的是一个一个的乡村，到了此时他更关注的是聚集了一个个乡村群落的市镇，以及这些市镇与乡村，与农民之间的关系。《江村经济》可以说，是费孝通学术研究的一个重要的起点。在这一时期的研究中，他注意到了中国农村里农业、家庭副业、乡村工业的关系。而这些关系的再深入一步就是乡村与城镇的关系，因为所有的副业和工业的产品都需要交换，没有城镇就无法交换。

费孝通认为，如果把"城镇"这个名词用来指作为农村中心的社区，从字义上看，它似乎应当属于城的一方，而实际却是乡的中心。为了避免这种因望文生义而可能产生的误解，不如称这种社区为"集镇"。[④] 所以，他从上世纪 80 年代以后开始研究的小城镇的概念，主要是属于乡镇，是直接与乡村联系在一起的。也就是说，他从早年对乡村的研究开始扩展到研究与乡村发展紧密联系的集镇，这些集镇与改革开放以后的乡村发展，尤其是乡镇企业的发展息息相关。

[①]《乡土重建》，载《费孝通论乡村建设》，第 272 页。
[②]《小城镇　大问题》，载《费孝通论小城镇建设》，第 49 页。
[③]《小城镇在四化建设中的地位和作用》，载《费孝通论小城镇建设》，第 33 页。
[④]《小城镇　大问题》，载《费孝通论小城镇建设》，第 84 页。

费孝通在研究中看到：集镇是若干农村的经济、政治、文化的中心，中心所联系的农村是它的"乡脚"。[①]他说，以行政层次来分，有县镇、乡镇，乡镇之下为村。[②]因此，农村好比一个很大的细胞，集镇犹如中间的核心。一个是面，一个是点，这个点把各个村落联系起来，形成一个活动的社区。[③]在他看来，由水路交通连接的各种不同性质的集镇，星罗棋布般地分散在水资源丰富的江苏大地上，构成了工农相辅的传统中国的社会结构。他尤其关注的是这些市镇与乡村工业之间的关系，他在考察他家乡附近的盛泽镇时观察到，在传统作坊工业的过程中，产生了一种聚集在一起的作坊群，形成了类似盛泽这样的镇，成了农民家庭副业和手工业产品的集散中心，同时是一批作坊集中的地方。[④]

在计划经济时期，小城镇周围农村生产的单一化和镇本身商品流通职能的丧失，导致了小城镇的衰落，但1981年后，由于改革开放，市场经济促进了农民家庭副业的兴旺，也带来了小城镇建设的繁荣。所以，小城镇的繁荣是和市场经济的发展紧密联系的。

三、小城镇与乡土工业

改革开放以后，不少城市周边的乡村开始兴办乡镇企业，尤其是在江苏、浙江、广东一带的沿海省份，而乡镇企业的发展带

[①] 《小城镇的发展在中国的社会意义》，载《费孝通论小城镇建设》，第120页。
[②] 同上。
[③] 《小城镇在四化建设中的地位和作用》，载《费孝通论小城镇建设》，第36页。
[④] 同上书，第35页。

动了许多小城镇的崛起。这样的现象引起了费孝通先生的极大兴趣，他发表了《小城镇　大问题》《小城镇　再探索》等系列文章。

他在文章中写道：如果我们的国家只有大城市、中城市，没有小城镇，农村里的政治中心、经济中心、文化中心就没有腿……①。大城市挤得不得了，农村里的剩余劳动力越来越多，只有找个办法，使人们既不到大城市去，又不集中在田里干活，这就是"离土不离乡"（的乡镇企业的创办）。这个办法是农民自己创造的，是群众创造的。②他认为，这也许是中国自己蹚出的一条道路。

他说，欧洲工业化初期，在集中于都市里的机器工业兴起的同时，农村却濒于破产，农民失去土地，不得不背井离乡涌进城市，充当新兴工业的劳动后备军。资本主义国家现代工业的成长是以农村的崩溃为代价的。这是西方资本主义工业化的道路。与此相比，我国在社会主义制度下，党的十一届三中全会以来却出现了上述的那种基本上和资本主义工业化迥然不同的新道路：农民在农业繁荣的基础上，以巨大热情兴办集体所有制的乡镇工业。这种乡镇工业以巩固、促进和辅助农业经济为前提，农副工齐头并进，协调发展，开创了农村不断繁荣兴盛的新局面。这种工业化的道路，从具体历史发展来看，并不是从理论上推论出来的结果，而是农民群众在实际生活中自己的创造，经过了多年实践的检验，"实行几亿农民离土不离乡，**积极发展乡**

---

① 《继续开展江苏小城镇研究》，载《费孝通论小城镇建设》，第87页。
② 同上书，第88页。

镇企业",终于被肯定为从我国国情出发的一个具有战略意义的方针。①

他认为,我国的工业化并不是把农民赶到城市里去受现代化的洗礼,以致在社会生活各方面出现差距相当大的城乡差别。我们是把工业送进农村,或送到离村很近的镇上,把生活各方面的现代化也送进了农民的家里。②这就使得中国的工业化和现代化不致拉开城乡差距,而形成新的工业化的乡村。③当然,费孝通当年看到的只是江苏、浙江、广东的一些经济发达地区的乡村,但是在一些偏远的乡村,随着城市化的发展还是无可奈何地走向了衰败。

为了深入研究,他开始不断地重访他做人类学研究的起点——江村。追踪研究是人类学的一种重要研究方式,它可以帮助我们看到各地区的动态性的变化。上世纪80年代中期,重访江村时他看到,江村的经济结构发生了显著的变化:农业和工业在总产值中的比例换了位置。70年代初期还是农大于工,大致是7∶3,到了80年代中期倒了过来,农小于工,大致是3∶7。这个变化并不是出于农业的萎缩,而是农工并肩上升的,只是工业增长得更快,大约以年增长30%的速度在发展,农业赶不上,因而相形见绌了。所以江村农民的日益富裕起来,主要是靠了他们办了自己的工业。④为此,他深有体会地说,将来的历史学者也许会指出发展乡镇企业这一条工业化的道路确实是具有中国特点的创造。

---

① 《小城镇 再探索》,载《费孝通论小城镇建设》,第97页。
② 《小城镇的发展在中国的社会意义》,载《费孝通论小城镇建设》,第124页。
③ 同上。
④ 《江村五十年》,载《费孝通论乡村建设》,第491页。

它是从农民的草根上长出来的工业，不像早年西方工业化那样曾引起工农矛盾和城乡矛盾。相反地，在中国这一条工业化的道路上见到的是工农相辅、城乡协作。①

他还看到，信息的不断反馈与传递，不仅使乡镇工业得到长足的进步，而且使农村的社会面貌也发生了很大的变化。它就像一股巨大的冲击波，冲开了城乡之间封闭的闸门，使城乡之间形成信息环流，②这种信息的环流形成了一个高效率的、开放的社会系统，促使了社会的快速发展。在这样的快速发展中，他看到了乡镇企业的局限性。他说，应当看到这种方式是有其局限性的，这批人与农业相连的脐带并没有割断。他们与农业责任制后的家庭小规模的土地经营相联系，而小规模经营发展到一定阶段后，缺陷会越来越暴露出来。③所以，他认为自己还要从一个更大的范围内来观察小城镇和乡镇企业的发展，因为他当时的地位已经很高，不仅是一位学者还是一位国家领导人。他要告诉大家的是，每个地区都有自己的历史背景和具体的不同的社会条件，因此，一定要寻找适合于自己的发展模式，切忌一刀切。

为此，他把全国大体上分为三个部分：第一是东部沿海发达地区，第二是中部地区，第三是西部边远待开发地区和少数民族地区。他说，中国之大，各地的情况很不一样，即使在江苏一省也有不同情况，简单地照搬照抄某地的经验是要误事的。所以，不同类型地区的比较研究，将使我们研究所得出的结论更有科学

---

① 《江村五十年》，载《费孝通论乡村建设》，第492页。
② 《小城镇　新开拓》，载《费孝通论小城镇建设》，第187页。
③ 《小城镇研究的新发展》，载《费孝通论小城镇建设》，第201页。

性，更符合具体实际。①

为了让自己的研究更具社会实践的指导性，他开始关注发展模式的研究。他指出，"发展模式"是指"在一定地区，一定历史条件下，具有特色的发展路子"。他认为，"模式"这个新概念，来自于我们身边正在发生的客观历史事实。让这样的概念再回到正在成长的新事物中，用它来认识现实，也就能把问题说得更清楚一点。这样的研究，要求费孝通从整体出发，探索每个地区发展的背景、条件，和在此基础上形成的与其他地区相区别的发展特色，这就促使他进入不同发展模式的比较研究。当时他提出了苏南发展模式、温州发展模式、珠江发展模式等，并对这些不同的发展模式进行了对比研究。

最后他说，在东南沿海和西北地区进行的实地调查，使其感觉到沿海和内地特别是边区发展不平衡的问题已经十分引人注目。从全国一盘棋和实现共同富裕的观点来看，有必要重视这个事关全局的东西差距。

四、小城镇与全球经济的发展

费孝通先生从对江苏一带小城镇的研究，扩展到东南沿海一带，再扩展到他所熟悉的少数民族地区的考察。在这样的考察中，他看到了世界的全球化走向。他认识到，中国的乡镇企业、小城镇的发展不仅是中国自身的发展，而是一个"走向全球一体化"

---

① 《小城镇研究的新发展》，载《费孝通论小城镇建设》，第204页。

的过程,也就是无数各有把式的"乡土社会"逐步发展成"全球社会"的漫长过程。① 它反映了我国走上"全球一体"这大道时刻所发生的大转变的序幕。② 这个过程在性质上也许有类于中华民族的"多元一体"融合过程。③ 他的这些认识,为他更晚期出现的"文化自觉"及"各美其美,美人之美,美美与共,天下大同"的学术思想的出现打下了基础。

在上世纪80年代末,他敏感地看到,中国和世界的新生事物层出不穷,他觉得自己是"一介书生,生逢盛世"。他要紧紧抓住主流,把这段生动的历史切切实实地写下来,留给后世观摩。他说,不能辜负了时代给我的机遇。④ 他看到,我们的时代正处于一个大变化的时代,使他深深体会到,这是前人从未遇到过的好机会、好形势。他相信,在这样的背景中,一个现代化的中国一定会出现。⑤

为此,他充满热情为中国的未来经济发展勾勒着蓝图,他提出,在国内不同地区比较的基础上,我们还要走向国际间的比较研究。要研究发达国家工业化初期的特点,工农关系、城乡关系,各种关系又是如何变化的。还应当研究第三世界各国当前工业化的情况,和我们做对比分析。⑥ 在此基础上,他提出了以上海为龙头,江、浙为两翼,长江为脊梁,以"南方丝绸之路"和西出阳

---

① 《小城镇研究十年反思》,载《费孝通论小城镇建设》,第233页。
② 同上。
③ 同上。
④ 同上书,第234页。
⑤ 《小城镇研究的新发展》,载《费孝通论小城镇建设》,第205页。
⑥ 同上书,第204页。

关的欧亚大陆桥为尾闾的宏观设想。① 又提出，行使图们江出海权、开发利用图们江口地区的重要战略意义。另外，长江三角洲的经济辐射借助长江进入中部，在不长的时间里就可能实现。中部和北部的发展，要求沿大陆桥建设经济走廊，一方面发展潜力强大的沿桥腹地，一方面作为东部经济技术向西转移和扩散的通道，沟通东西。不仅如此，这个经济走廊正贯穿黄河中游的广大腹地，西接黄河上游多民族开发区，东联黄河三角洲开发区，它可以带动整个黄河流域的经济大发展。而且可使北方经济既能从连云港东出，又能沿桥经河西走廊西进，去开发从中亚细亚到阿拉伯的巨大市场。②

　　他的这些经济上的战略计划，到今天都还仍然适用，仍然值得我们去做进一步的思考。尤其是国家"一带一路"倡议，可以从当年费孝通的这些思考中看到，在"一带一路"政策的实施中，不仅要看到国外，还要思考如何将其与中国内地的经济发展结为一个完整的集合体相互联动，最后共同为中国的社会建设与经济发展服务。

---

① 《农村·小城镇·区域发展》，载《费孝通论小城镇建设》，第218页。
② 同上书，第225页。

第一编
工业文明带来的乡土变化

西南工业的人力基础

一

说起工业,最容易联想起的是机器,是烟囱,是厂房。甚至有人会觉得所谓工业化云云,其内容也不出于买机器,盖厂房,天天烟囱里不断地有黑烟送出来而已。至于工业里还有"人的因素",那就不大有人注意的了。有些人以为人和机器是势不两立的,有了机器就不要人,机器是人的代替品。又有人认为人和机器是二而一,一而二的东西,人不过是机器的配件罢了。工业任何部分的活动无不是靠人,在利用机器中,人和人发生了种种很复杂的关系,这些关系的调整是工业能顺利发展的基本条件。忽视了工业里的"人的因素"和忽视其他因素,如原料、资本等一般会使工业前途蒙受极大的损害。最近我们常到各工厂去参观,和经营工业的人谈话时,深深地觉得劳工质量的增进和维持以及劳工的管理等已经成了西南工业中急切的问题。为了西南工业的前途着想,我认为这些问题是值得提出来详细讨论的。

工业的"人的因素"包括的范围很广,大体说来可以分人和事两部分,人的部分注意到个别工人的工作兴趣、工作效率、工余生活等,事的部分注意到工人组织和工厂管理等。4卷10期本刊陈雪屏先生的《工作和闲暇》是讨论这些问题的嚆矢。本文将分析西南工业里所用劳工的来源以及说明现有人力基础的不稳固,希望负有发展西南工业责任的当局能及早注意预谋善策。

二

西南本来是一个工业落后的区域。若是没有这次抗战,在最近的几十年中西南很少有发展工业的希望。抗战把工业带到了后方,而抗战之能否胜利又大部分倚于后方工业能否建立起来。换一句话说,西南现有的工业并不能得到很好的遗业,新工业是要平地造起来的。而且造得要相当的快。单从人力方面来说,哪里得来这一大批新工业里的劳工呢?

新工业在当地缺乏遗业最显著的困难是劳工的缺乏。现代工业中的劳工不是一朝一夕可以造就的。于是西南工业不能不大量地接受外来的劳工。机器和原料从甲地搬到乙地,一样可以用,可是劳工的徙移却不是一个简单的问题。

第一是内地如何去吸收外来的劳工?在目前西南工业之所以能得到外来的劳工,可以说是托了沦陷区工业崩溃的福。当抗战初期沿海工业区沦陷时,有一大批劳工失业,随着政府的内迁,辗转到西南,他们是流亡的劳工,很容易地被吸收在西南的新工业里。

沦陷区的工业在敌人控制之下逐渐恢复之后,这类流亡的劳工也跟着逐渐减少。但是西南工业正需要人力的充实,于是和敌人发生了争夺工业干部的经济战。各工厂个别地在上海等处设立招工的机构，可是这一幕重要的争夺战，并没有整个的计划，更没有健全的机关来统一筹划，这笔费用也全数由个别工厂担负下来。结果自然不易发生良好的结果，我们虽没有统计的数字来考核我们这方面的工作，但是在西南工业里技工的缺乏正可以反映出我们并没有做到应有的成绩。外来劳工的吸收既然没有全盘的筹措，更没有积极的奖励，在交通日见困难的情形下，前途显然是更不易乐观。

外来劳工的数目既然不易增加，我们就得设法尽量利用已来的劳工。但是人口的迁移常会发生水土不服的困难。外来劳工健康情形如何？有没有特别的卫生保障？我们是急需知道的。但是至今尚没有任何可靠的材料可以给我们一些正确的认识。据说在外来劳工中性病的传染很广很快，这虽是一种传说，但是很可提示我们外来劳工社会生活的失调，外来劳工中单身的较多，社会生活的调适比较更困难。他们脱离了家乡来到一个人地生疏的地方，社会的控制力顿然削弱，他们没有亲属朋友的监视，没有顾忌地可以任性所致。性病还不过是次要的结果，近来大家痛心的走私也有一部分是出于个人责任心和道德观念低落的缘故。

生活不安定，对于职务不觉得有前途，心理的烦闷，都会直接影响工作的效率。我从一个朋友那里听说：在某工厂里，一个工人普通一天只做100个螺丝钉，可是据工人自己说，一个螺丝钉只要一分钟就可以做好。我又在一个工人写给他朋友的信上读到一句很值得注意的话，他说：在这里的工作比上海轻松2/3。这样说来，不论从客观的标准还是从主观的自觉来看，外来劳工的效率在新环境中真是意外的低落。我们且不去追问工作效率低的原因，可是这已足以使我们说西南工业并没有充分利用外来劳工可能的贡献。

外来劳工若是不能在新环境中得到满意的话，新环境就拉不住他们。他们不是再迁移到别地方去就是回老家，这里又发生了一种过虑，就是西南工业吸住外来劳工的能力怎样？已来的劳工有没有逐渐他去的情形？生活费用的一天高似一天会不会使外来劳工再度迁移？更严重的是战后劳工的动向如何。若是战时西南工业尚不能吸住外来劳工，则战后更不容易了。这是潜伏在西南工业发展过程中的一个可能的危机。若是政府的经济政策是要在西南建立一个工业根据地的，对于这种危机应当及早预防，防止的办法固然很多，但是最基本的就是要使外来劳工觉得在新环境中个人的希望大，前途光明。现在这辈劳工的态度如何？这是值得我们深切注意的。

三

若是我们觉得外来劳工究竟不是建设西南工业的可靠干部，则目前应当赶快设法在当地人民中选择和训练出一大批新工业的工人。现在本地工人是哪些人呢？简单地，大体说来，他们是来自农村的。

我常是这样想：工业化的过程应当看做是几百万几千万的农民脱离农村走到工业都市去的过程，是一个个人生活的改造，是一个个人生活理想的蜕化。这种看法在西南更是确当，因为西南的工业历史太短，发展得太急促，从农业到工业的转变太直接，现在的西南工业中有着一大批刚离农村的农民，虽则他们已参加了新工业，可是从他们的生活习惯上说，还是充分地保留着农民的味儿。"农民在工业中"的一句矛盾的话已可以用来表示西南新兴工业的一种特色。

工业的兴起不能不从农村中吸收出一大批人力来。有不少经济史的学者认为英国工业化所以能如是之快，得力于十八九世纪的圈地运动，圈地运动的结果使大批农民不能在农村里找到工作，不能不到都市里来当工人。工业革命一定是要农业革命来辅翼的。可是，西南农村里有什么重要的改变可以促进新工业的发展呢？以目前论，农村的经济结构至今并没有重要的改变，于是农民为什么脱离农村更是个有趣的问题了。

我们所知道内地农民进入新工业的重要原因有两种。一种是由于征兵、债务以及其他家庭冲突等使农民不能安居在农村里，工厂成了他们暂时栖息的地方，这并不是过甚其辞，最近我们在某工厂调查女工人入厂的原因，可以说有近80%是出于家庭间的不和，经济压迫还在其次。以工厂为躲避烦恼的地方的人不易把工业作为一生事业的出路。征兵征过，债务还清，家庭问题解决，他们对于工厂还有什么留恋呢？

还有一种原因是由于农闲的利用。农村里一年至少有180天没有农作可做，在这农闲期间田地少的人家就得卖工过活，新工业给予这辈人新的卖工机会。不论出于上述的任何一个原因，都是会引起新工业中高速的退伍率。

为什么不能使这辈本地劳工安定在工业里呢？原因当然很多，最重要的是在新工业的吸收力小和农业在最近几年内的繁荣。本地工人既有大部分是从农村或市镇中出来，他们没有工业的技术，在新工业里只能取得小工的地位。做小工的工资较低（甚至低于农业里的工资），工作繁重，而且没有出头的日子，我们知道有不少抱着相当希望愿在工业里发展的人，到了厂里觉得满不是所想象的那回事，跟着又退出工厂的。

在农业里工作惯的人，对于工厂里有规则的劳动，常会感觉到困难。习惯本来可以改变的，若是工业能吸引住他们，他们住久了自然养成工业习惯。不幸的是工业吸引力既不大，一上来农民们生活全觉得不对，回乡的心自然更易成为事实了。

从农业到工业并不是一条太顺太便的路，若是没有压力，没有特别的吸力，农民不易走上这条路的。内地的农村，租佃制度不发达，不像沿海省份农民的经济压力那样大，所以要他们离乡入城，一定得加强新工业的吸引力，新工业的吸引力中最重要的就是要以事实来证明在工业里当工人是有较大的前途，劳工是一件值得作为终身事业的职务。

四

依我们的分析，西南工业的人力基础动摇得很，不论是外来的或是本地的都表现着游移的趋势。在这个不稳固的人力基础上，西南工业的前途显然有很大的限制。我们希望关心西南工业的人能注意这久被忽视的"人的因素"，及早设法来稳定这基础。西南工业需要一个有效率、不游移的劳工队伍。

1940 年 10 月 6 日

劳工的社会地位

一

我在《西南工业的人力基础》一文里，曾提到西南新兴的现代工业中潜伏着一个严重的危机：就是现在的情形若不加改变，则战后的西南工业很可能发生人力缺乏的现象。最近我们在昆明附近工厂里调查的结果，更使我们觉得这问题的严重。

先就技工来说，各工厂里的技工，最大多数是从沿海和沿江各工业区沦陷之后移来的。现在因交通线的阻断和沦陷区工业的复兴，这供给的来源已形阻塞。至于那些已经来西南的那一批技工，则又因生活费用的日涨，私人生活的不易调整，大多还是在过他们的流亡和避难生活，很多抱着五日京兆之心。有不少人会很明白地向我们说战后无论如何是要回家乡的。如何可以设法把他们安定在西南工业里是我们将来还要提出来讨论的问题。这里且不多谈。

关心西南工业前途的人，似乎已都觉得西南工业的人力基础应当从速建立在当地的人力上，换一句话说，我们得赶紧造成一批可以担负将来工业发展责任的本地工人。可是我们的调查结果，却使我们十分寒心，因为我们发现现有工厂中的本地工人的安定程度甚至可以说比外来的工人更弱。在本地的男工中有大部分是为逃避兵役而入厂的。家里有相当的田产，在农村中本属于雇工自营的地主阶级。在本乡暂时不能住，农田上没有他们也不要紧，于是到工厂里来消磨一些时日，等征兵这回事过去了，又可回乡享他们安闲的日子。

以本地的女工来说罢，她们固然没有兵役，但是有家庭中时生时息的冲突，使她们要找一个可以暂时维持生活、脱离烦恼的场所。靠了这一种旧社会的压力，新工厂中得到了一批女工，可是这压力并不是永远存在的。和丈夫吵嘴的，等丈夫回心过来说两三句好话，或是有亲戚朋友出面调解了，她们随时都预备离厂。

我们听了两位在工厂里实地调查的朋友的报告，不免觉得这些工厂说得过分一些，真是兼做了收容所、避难所的工作了。就是那些因经济压迫出来当工人的，也并没有把工厂里当工人作为他们有希望的出路。欠债的人希望秋来收成好，可以清理了账，回家去；经营商业失败的，还是念念不忘有一天发财的日子，在工厂里是发不了财的，这在他们也是最明白。

这些事实显明了一点就是传统经济机构中还没有发生一个重要的变化，造成一种进厂的压力，使那些劳动者不得不在新工业中讨生活。回想欧洲工业革命的时候，同时有一个农业革命相配合，使大批的农民不能不离地。一离地，工业正是为他们预备下的一条出路。在目前我们的处境适与此相反：农村经济在抗战中繁荣了，农村的劳工可以得到一天 2 元的工资，外加酒肉；地主们因农产品价格的飞涨，生活普遍地提高了；市镇里的工匠，因疏散人口的数量增加，生意兴隆；更加上交通运输的需要，一个赶马的小孩，一个月都可以有150元左右的收入。试问工厂如何能去吸引他们呢？

当然，我并不是说农村里和市镇里是没有闲人了。只是说目前的农村里和市镇里使人进工厂的压力的确是极弱，在这个情形中要希望建立一个西南工业的人力基础只有在增强工厂的吸引力方面打算了。在本文中我愿意提到一个吸收劳工的重要因素，就是要提高劳工的社会地位。

二

我们曾和600多个女工谈话，除了少数之外，大多觉得做工不但没有前途而且是失面子的事，有不少小姑娘们向我们痛哭，原因是在她们的表姊妹都在学校里读书，而她自己当了个工人。男工中也有很多表示宁愿薪水少做个小职员，不甘心做工人。他们感到工人在社会上的地位太低了，做不得。

提高社会地位是每个工人的要求，最显著的是现在的一切新工厂中，已没有人用"工人"的名称，而全改口叫"工友"了。工友两字可说是新名词，在六七年前，只有清华大学那些学校里，才能听见人不呼"更夫"而呼"工友"，现在"工友"是被普遍地采用。工厂管事的人和我们说，若呼劳工作工人，会得罪他们。

我还听见一个例子，有一位上海新来的太太，借用人家一辆汽车，她没有"入国问禁"，直呼"司机"作车夫，要他搬行李。司机为顾全面子起见硬硬头皮把她送到了家，可是以后永远不再开她的车了。最近听说四川有些司机又不甘心作"司机"而要人称他们作"工程师"了。

这些名称上的关心,却正表示了劳工们的"卑下心理"。他们对于社会地位的感觉过分敏锐,正因他们事实上得不到社会上公认的地位,有些教授们在饭馆里吃客饭,看着满座司机、技工们全席大嚼,回来觉得工人的享受已超过了他们自己,工人的社会地位已经提高到了教授们之上了。可是事实上却不然,他们穷奢极侈的挥霍,正表示了他们除了食色的低级享受之外找不到用钱的地方,社会没有全部接受他们,这些行为正是要求社会地位不得其道的表现。

"士农工商"社会地位的传统标准,在每一个人心里是否已经改变过来,在我看来还是很成问题。在农村里,依我自己的调查,我的确知道农民们认为下田劳作是件不体面的事。有面子的不下田。在市镇里,再穷也不能把长衫当去,长衫代表什么?是社会地位,是不用劳动的人。看不起劳动本是农业社会的特性。靠肌肉为动力时代的劳动,本是牛马的事。人们和牛马做同样工作,哪里会被人看得起呢?我们得承认体力劳动毕竟是件苦事情,避苦是人之常情,所以若是有避免劳动而能生活的人,他们总可以说比劳动者高胜一筹。不论他们的生活程度如何,他们的社会地位是高的。

劳工地位可以提高是发明了利用自然动力之后的事,有机器之后,劳工是处在管理机器的地位,他不再是牛马而是指挥牛马的人了。他们可以有"人的尊严",有权利向社会要求崇高的地位了。

劳工要求地位是由农业到工业的过程中必然的现象。鄙视劳动却也是农业传统阻遏工业萌芽常见的压力。我们现在正处在农业到工业的大变局中，若是要促进工业的发展，一定要设法提高劳工的社会地位，改变对于劳动本身的看法。

三

提高劳工的地位是需要双方并进的。一方面要使工人以外的人明了劳动的价值和工作的性质，一方面要把工人社会生活的质量同时提高起来。社会学家常说人是在别人眼中认识自己的。工人们要能安心做人是需要在别人眼中得到他所希望的看法。因之劳工的社会地位的提高是要靠社会一般态度的改造。我在上节中已说明看不起劳工是农业经济中所养成的成见，在运用机器的工业社会中是没有根据的。所以若是一般人能多和新工业接触，他们的成见是会改变过来的。现在鄙视劳动的成见还是这样深，正表明了一般人还是不认识新工业。

我们在工厂里调查时曾注意工人家长们态度改变的事实，女工们的家长大部分是不赞成他们女儿入厂工作的，但是其中有些人到了厂里参观之后，发现厂中一切的设备，都不是他意想中的样子，他们被机器打入了一个很深的印象，就是新工业中的劳动和农田上的劳动在性质上基本是两回事。于是他们对于女儿的工作也不加干涉了。

若是我们要责备一般人不了解新工业，其实还是责备新工业本身较合理。试问一个普通人有什么机会和新工业能发生接触呢？"工厂重地，闲人莫入"之外，还有常派着武装士兵禁止参观。当然，工厂决不能让杂人任意出入，可是在这工业初期，工厂参观是一种很重要的社会教育，只有把新工业具体给人看，才能把农业社会中传下的那些不合于工业社会的态度改变过来，对于个别工厂，招待参观是一件麻烦事，可是对于整个工业的前途着想这却是一件必需的工作。至少每个工厂应当从工人的家属做起，规定招待他们的日子，借这个机会把机器开给他们看，把出品的性质分析给他们看，把工作的意义讲给他们听，一言以蔽之，给他们一些工业教育，这样在厂的工人可以不致再受表姊妹的奚落，不会再感觉到社会的鄙视。

从劳工本身来说，被社会鄙视也不是没有理由的，过去在工厂做工的人，不但被人看不起，甚至可以说，没有被自己看得起过。教育程度低，使他们不能发展较高的兴趣。社会道德更是不甚注意。现在的"司机"们固然没有人称他们作"车夫"了，可是实际上他们真的配称作"司机"么？他们能保护托付在他们手上的机器，使那些机器可以最有效率地应用么？他们能不借用他们特殊的技能做有害社会国家的事么？若是"司机"们整天作践他们的汽车，大量做走私的业务，单单名称上的改口，决不会真的提高他们的社会地位的。

四

从农业到工业并不是一条无阻的康庄大道，一路上有各种各色的挫折，劳工社会地位的低落是农业文化留在工业发展道上的障碍，社会地位是筑在社会通行的价值观念的基础上。本文的结尾中，我们愿意再提到以前曾说过的一句话，就是工业的建立不能单靠机器的购买，厂房的建筑，这些是表面的东西，得来是不难的。重要的基本的，我们还得建设一个能使机器顺利和有效活动的社会环境，创造一个和新工业相配的精神，这是工业教育的工作。

1941 年 1 月 12 日

消遣经济

一

不记得哪一天报上读着一段小评论,意思是说,现在靠体力劳动的人不像以前那样对那辈劳心者望尘莫及了,他们现在所得的报酬提高得很快,以前不能享受的,现在也可以享受了,这是抗战后一个极好的现象;财富的重配,使以前贫富的鸿沟可以破灭,平等有望。

一点都不错,我在滇池附近的一个新工业区参观时,管事的同我说,一个工人好好地工作,一天可以得到6元国币的工资,一个月算起有180元的收入,而工作却很简单,只要坐在那里打石块。180元的收入,比了经过大小考试几十次,面壁四年才毕业的大学生的平均收入高过1/3,体力劳动者的报酬谁能说没有提高呢?可是问题却在工资的提高会否增加了体力劳动者的物质享受呢?

昆明市上的拉车的,一天有10个顾客,至少可以有五六元的收入,一个月也有150元左右,可是拉车的家里添了什么比较整齐的家具?工作之后有没有一套干干净净的衣服换一换?孩子们是不是多了一些进学校的机会?家里是否比以前和睦了一些?少打了几次老婆？以前不能享受的，现在是否在享受呢？换一句话说：劳动者的生活程度是否提高了？

我虽没有多少统计来做我回答这些问题的根据，可是依我普通所得的印象来说，除了少数汽车夫之类的技工外，一般帮工的生活程度似乎在工资猛涨中并没有显著的提高，若要找原因，那当然是很多：好像物价也在涨，生活习惯一时改不过来，以及当地劳动者大多染有嗜好等等。可是我在这里并不想把这些原因一一提出分析，我只想提到一点，因为这一点是很根本，但是不大受人注意，至少是常被一辈经济学家所忽略的——那就是推动一个人生活的经济态度。

以拉车的来说罢，工资高，并不一定是指每个拉车的收入增高。因为以前从车站到大西门跑一次只得到了 2 毛钱，一天一个拉车的非来回跑三四次不能养家糊口。现在工资是涨了，跑一次可以有 1 元半，可是拉车的却并不一定要来回跑三四次。跑一次就算了。他实际的收入可不是依然如故么？工资提高，既不一定提高工人的收入，生活程度自然也是不一定提高了。为什么他不多跑几次，多挣几块钱，上电影院去花个黄昏呢？依我看来在这里作怪的是我们几千年消遣经济中养成的基本态度，若是明白了这个态度，传统经济中许多特色就很容易了解了。

二

也许有人觉得这种自暴自弃的拉车的真是不值得我们的注意，至多是给他们教训一顿，甚至立个法律强迫他们一天多拉几次车。

这辈人不懂得最简单的经济原理就是：多劳动，多生产，多消费。连这一些打算都没有，怎么要得？可是我却不敢这样说，也许我自己也是个该被骂的人，反而觉得拉车的不但有他的道理，而且这道理是值得我们细细想想的。

说他们不懂得经济之道，可是请问：经济是什么意思呢？这一问，问题就多了，因为所谓经济，人各一说，很少有共同的定义，19世纪以来西洋论经济者大多以"最少痛苦来换得最大快感"作为个人经济打算的基本原则。依这种快乐主义者的假设来说，人生来有种种欲望，欲望的满足是快感，可是要得到快感，人们得获得用来满足欲望的东西。这东西不是全能毫不费力地直接取之自然，它有限，稀少，需要人们费手费脚，加以搜集和改造，才发生效用。在这创造效用过程中，我们得忍受一些痛苦。这样说来，人生的快感是要以痛苦来换取的。在这矛盾上发生了经济，经济就是如何以最少痛苦来换取最大快感的打算，也就是普通所谓值得不值得的考虑。每个人都这样打算，这样考虑，相互间合作来达到利益的目的而发生经济行为；行为所循之方式传统化而成经济制度，因而造下了一个社会秩序。

依这种说法，人类行为可以很明白地分为两类：一是忍受现在的痛苦，创造将来可以享受的效用；一是享受本身。前者是生产行为，后者是消费行为。不但在普通经济学课本中可以分章分篇来讲，而且在现代都市中生产的人，也可以此来把周日和周末，工厂办事房和海边娱乐场分成各成段落的两部分：一是痛苦的生活，二是享受的生活。甚至于我可以相信他们周日在工厂里劳作的目的是在得到享受周末海上迷人的一刹——他们为了要追求人生的快乐，所以愿意在尘嚣中受罪。

一个人若把欲望看成快感的导线，若把人生的意义放在追求最大的快感中，他势必让欲望加速地推进，他依赖于外界来满足欲望的地方也因之愈来愈扩大；他需要支配外界的能力也愈来愈增加。多劳作，多生产，多消费的三多主义才成了经济生活的理想。人愈想享乐，增加消费，愈须生产，耐苦劳作！

快感的憧憬，痛苦的忍受，在这种经济逻辑上一搭配，很容易在时间上把二者愈拉愈远，远过于一个人的寿命，远过于普通常识所能保证的限度，甚至远过于寻常人世可以出现的机会。结果很可能一个人耐了一世的苦，没有享受过半点尘世之福。因之独具慧眼的 W. Sombart、Max Weber 以及 R. H. Tawney 同声地说西洋现代资本主义的基础是深深地筑在中世纪传下的宗教精神上。那种把利润作为经济机构枢纽，作为企业的目的，作为人生的意义，成败哀乐的决定者，本身是不合理性的，是充满着宗教色彩的，是忘却了人本的结果。靠了这种宗教的信仰，他们在尘世之外，另设天堂；把忍苦和享乐两端用肉体的死亡来作分界。今生是苦，来世是乐。于是今生只要从事于生产，消费不成了目的，只是成了刺激生产的作用；有上帝来保证天国里有永生的至上的无穷乐土——快乐主义和苦修主义在这携了手。为消费而生产的自足经济蜕变成了为生产而消费的现代资本主义的经济，可是基本上，经济的逻辑还是在"以最少痛苦来换取最大快感"的一种基本态度上。

三

从人本主义的立场来看，这种从快乐主义蜕变出来的苦修主义，似乎是太迂了，他们把追求的目的远远地推到了渺茫之境，把原来的手段看成了目的。生产是增加一种满足人欲望的能力，这种能力一定要和消费者发生关系之后才出现。所以生产本身是以消费为不可缺的完成条件。效用并不是物的内在性而是它和消费者所具的关系。譬如说，若是农夫们辛苦了一年，田里的谷子给一阵大水冲了去，几十天的劳作是白受罪，没有生产什么；即使谷子收起来了，藏在仓房里腐烂了，吃不得，正和给大水冲去一般。因之劳作本身并不一定是生产活动，谷子本身也并不包含着效用，劳作的生产性和谷子的效用都要等有人来吃谷子时，才能表现和完成。从这观念说，以生产为中心的经济，或是为生产而生产的活动是没有意义的。所以资本主义经济基础是筑在非人本主义的假定上，它叫人为利润而活动，不是叫人为享受而生产。

资本主义的生产经济在宗教热忱减退的潮流中已经被人看出了非理性的假定，因之，我们看见了为提高生活程度、以消费为中心的经济计划的复兴。这种趋向可以笼统地说作社会主义的要义。可是以消费为中心的经济，依旧是以快乐主义的人生态度为基础。他们还是奉行三多主义。认为要得到人的意味，只有拼命生产，只是有了些节制，生产之后要求消费的兑现。我在这里要指出第三种经济，我叫它作消遣经济。

欲望的满足不一定要看作快乐的源泉，若这种行为不是快感的创造而是痛苦的避免，也一样可以言之成理的。好像吃饭可以说是避免饥饿的痛苦。我们辛苦耕耘不过是以较少的痛苦来避免较大的痛苦。这种想法引着什么向欲望本身着眼，发生了一种新的打算。若是欲望本身可以减少，则人们为免除痛苦而发生种种辛苦劳作自可减少。

这种从欲望入手做经济打算的态度可以领人到迂阔的极端。既把人生看成了痛苦的泉源,则愈退愈后,清心寡欲,节衣缩食,还嫌不足,爽性涅槃出世,把此臭皮囊一并不要。当然这种办法可说是经济的取消,从一般常人看来,其难行处更甚于上帝积财富在天上。可是这种在节流方面作经济考虑以避免开源时所得忍受的痛苦,却是我们传统经济中常见的事。

我在禄村调查时,就看见下面这一个例子:禄村的宦六爷要掼谷子,和他30岁的儿子说:"明天你不要赶闲街了,帮着掼一天谷子罢。"他的儿子却这样回答说:"掼一天谷子,不过3毛钱,我一天不抽香烟,不是就省出来了么?"第二天,他一早又去城里闲混了。他父亲请了个帮工在田里工作。至于他那天是否没有抽香烟,我固然不知道,可是他既雇了人代劳,总得在别地方省3毛钱的花费,那是一定。在他觉得以减少消费来作避免劳作的理由,很能成立。别人听来也不觉得有问题。普通都说:"多赚钱也不够多费。"意思是多费钱并不见得比少费钱好,可是多费力却不如少费力。

这种打算不合理么?那也难说。我们若处在他的情境中,也许会和他们一般的。不抽烟是一种痛苦(至少是损失一部分可能的享乐),劳作也是一种痛苦,我们若是一考虑哪种痛苦比较容易忍受,我们就走上这一类的经济打算了。他若是考虑结果觉得宁可稍挨一点饿,免得在烈日暴雨中受半天罪为值得,他牺牲一些享受来避免劳作为什么不是经济的打算呢?在一个生产工具简单的农村中,农田上的劳作,身体上要忍受的痛苦太明显了。叫他们如何能肯崇拜生产为目的把劳作视作神圣,不加考虑地接受这种可以避免的痛苦呢?

从减少消费上打算来减少劳作却有个限度。人的欲望固然可以伸缩，但是，除非毁灭生命，一个人机体的生存，总是有一定得满足的需要。需要和欲望不同，有它客观的存在，所以人尽管厌恶劳作，在机体需要的压迫下，他还是不得不接受这人生中的痛苦。这里发生了一个很基本的问题就是：一个人愿意受多少痛苦来得到那一种生活程度，才自以为合算。这个知足的界线使拉车的在较高的工资下，少拉了几次车，使农村里很多小地主们雇工来经营农田。

减少劳作，减少消费的结果发生了闲暇。在西洋的都市中，一个人整天地忙，忙于享受，娱乐当作正事做，一样地累人。在他们好像不花钱得不到快感似的。可是在我们的农村中却适得其反。他们知道如何不以痛苦为代价来获取快感。这就是所谓消遣。消遣和消费的不同是在这里，消费是以消耗物资来获取快感的过程，消遣是不消耗物资而获得快感的过程。一旦把经济学的对象限于人对付物资的范围，消遣就被一般的经济学家所忽视了。忽视固然是可以的，但是要了解像中国农村一般的传统经济则时常需要发生隔靴搔痒的毛病了。

消遣经济中，工资提得愈高，劳作的冲动愈低，生产的效果以个人说，也跟着愈少。这是和我们通常所熟悉的经济学原理刚刚相反。书生们批评农夫们，拉车的不知道作经济打算，愚不可及，简直是要不得。可是农夫们在街头晒日黄，拉车的在屋角里蹲着闲谈。他们在两个世界中一般。究竟谁要不得那可难说了。

1941 年

新工业中的艺徒

一

两年来内地新工业曾发生过人力缺乏的严重问题,在那时候各种较大规模的新型工业在后方都已经开工,一时需要大批技工,可是哪里找这许多技工呢?西南一带在抗战以前的新工业是没有基础,内地原有的技工人才显然不够供给这突如其来的需求。临时也难造出须经相当培养的大批技工来,因之,新工业还得靠沿海沿江原有工业区里搬迁出来的技工来支持。据史国衡先生1940年在某工厂调查结果,63个技工中有60个是外省人,内地工人大多只能当帮工和小工,40个帮工中有31个是内地工人,41个小工中只有8个是外省人。这些数字充分表示当时新工业的技工里极多是外省来的,在这批外来技工身上,内地新工业得到了它立足的可能。

当时我们认为这种现象不是正常的,建筑在外来技工身上的内地新工业并没有获得稳固的基础。不久上海、广州、汉口等已沦陷的工业区,在敌伪的控制下,一部分工业已经恢复了过来。除了少数富于爱国情绪的,大多数工人已经觉得在当地可以获得就业机会，并不急于要到后方来了，而且我们的政府在争取工业人力上始终没有采取积极和有效的措施。各工厂分别地、单独在沦陷的都市中秘密招工，后来，后方生活费用猛涨，交通阻滞，不但沦陷区的工人不敢贸然就道，连在那些地方招工的工厂也觉得交通费用太大，无法担负。于是外来技工的来源可以说大都阻塞了。

外来技工来源一时阻塞，而后方工业还是在不断发展中，人力缺乏是必然会发生的现象，民国二十九年到三十年，这现象已经相当严重，人力缺乏并不能阻止新兴工业的建立，整个后方工业里却发生劳工不稳定的恶果，譬如甲厂要招工人，市面上并没有新的人力可加以利用，于是想各种方法来吸引在别厂上工的工人转厂，乙厂的工人被挖了出去，为了维持工作，不能不用同样手段来向别厂挖掘工人。实际工厂里只有一个空位，但这却已够使大批工人因此而在各个工厂中不住地流动起来。在工人方面说，动一次可以好一次，工资提高了，待遇改善了，地位升高了。可是从工厂方面说，却蒙受很大的损失，纪律无法维持，效率每况愈下。曾有一个时候管理员为了工人到处委屈求全，可是工人却气焰高涨，一语不合就可以卷铺盖，不怕第二天找不到更好的位置。在生产上的损失实在无法估计，至少得超过所受轰炸损失的好几倍，所以树立内地工业人力基础也就成了当时的严重问题了。

二

新工业中并不是没有内地工人，我在上文已提到在帮工和小工等非技术工人中，内地工人是占着多数，于是我们要问：这些已到了新工业中做工的内地工人能不能被提升成技工，用以增加技工的供给而减少劳工的流动呢？要回答这问题我们得看到两方面：第一是这些在新工业中的内地工人是否稳定？第二是他们在厂中有没有学习技术的机会？

据史国衡先生所调查 81 个内地工人中却有 45 个自己承认是为了要逃避兵役而入厂的。他们家里大多有着相当田产，并没有出来"吃苦卖工"的必要，只是因为逃兵才不能不出来躲一躲。这批人不但没有在新工业中上进之心，而且既有的工作都不想好好地做。当然，在内地工人中自然也有破釜沉舟矢志在新工业里谋出路的，但是他们教育程度极低，字都不识的小工要升到能看图纸、能运用复杂机器的技工，即使不是难如登天，也决不是一朝一夕之功所能实现的。而且一个天天扛原料的小工，可以在工厂里住了一年，连机器都没有看见过。当然，工厂里大多有升迁的制度，规定从小工升帮工、从帮工升技工的办法，但能利用这办法爬上去的，实在并不多。所以我们若要希望内地工人能在当时的工厂机构中培养成技工，至少是一件极难的事。

三

一方面后方工业已经领教了技工缺乏的打击，而另一方面又不容易在原有工厂机构下产生大量的内地技工，那怎么办呢？于是发生了新工业中的艺徒。这是说新工业已觉悟到非拿出一些本钱来培养它所需要的技工人才不成了，起初各工厂是各自为政的，各厂对于艺徒的训练、管理、待遇等可以有很大的差别，一个极端可以说是工厂附设的初级专门学校；另一极端却是在徒弟制下童工利用的复活。前者多见于国营大工厂，后者多见于私营的小工厂。

可是不论艺徒的性质如何，新工业采取了艺徒制后，人力基础的确安定了不少。内地新工业中采用艺徒制还在三年之前，一个完全的徒工固然要三年到五年的训练，但在训练期间，他们有过一些基本技术之后，就能实习，换一句话说，就能在工厂中担任正式的工作。所以这三年在艺徒制中已产生了为数不少的新工人，我们知道一个工厂，艺徒出身和尚在当艺徒的工人已经担当了全厂一半以上的工作。这实是内地新工业中的大事，应当大书特书的，因为这是一个工业化过程中的胜利，解决了后方生产中一个严重问题。

可是正因为艺徒制对于新工业是一个应急的措施，这个制度也很容易发生流弊。我已说过有些小工厂，老师傅们借此名义招收童工，他们可以用较低的工资来榨取未成年儿童的劳力。我们当然可以记起当英国工业发展的初期，也曾因为人力的缺乏，为了要减低生产成本，普遍地雇用过童工，写下了工业史上最黑暗的一页。前鉴未远，我们是否在走这条老路？

为了防止艺徒制的流弊，最高国防委员会规定了艺徒训练的办法，而且在原则上把这件工作视作是政府举办的事，由政府委托各大工厂推进艺徒训练工作，并且顾及个别工厂不能担负这项经费，所以由国库支给。这种措施无疑是值得赞扬的善政。因为新政推行未久，有的成就和所遇到的困难还不好说，可是我们觉得艺徒制对于我国工业的前途影响极大，所以极愿意促起社会人士的注意，而且更希望主持和办理这件新事业的人能互相公开地把他们宝贵的经验多多发表、讨论和检讨，使我们所需的新工人能更有效地产生出来。

四

最后，我愿意附带地提出几点和负有推动艺徒制度者加以商榷。

艺徒训练的意义是在由工厂来担任初级专科学校的职务，它的长处是在设备上的便利，在这个时候要大规模地创办合适的初级工艺学校是件极困难的事，所以借已有工厂来作训练机构，在设备上说是最经济、最便利了。但是把这种教育事业加到一个以生产及营利为目的的工厂身上去，对于工厂却是一个额外的担负，间接加重了生产成本，虽则政府在原则上是承认训练艺徒的费用应当由社会来担负、由国库支付，但是事实上，政府所给予工厂的津贴为数极少，据说还不够艺徒的饭食。于是在工厂立场上说，自然得极力在可能范围中，使艺徒能及早自给，使他们能参加生产工作。这个倾向是无法避免的，除了在政府支持下，不必讲营利的国营工厂外，若是要把这笔教育经费转入生产成本，这个工厂和其他工厂竞争上，就处于较劣的地位。若是在工厂里训练艺徒不免有侧重于使艺徒早日参加正式工作的倾向，则艺徒训练在不大有效的工厂检查制度之下，很容易被一辈以营利为目的的工厂，利用做招收童工的护符。要防止这种流弊，最好能及早规定只有国营工厂才能担任这项工作，而且在预费上加以提高，使训练工作不致增加工厂担负。在实行艺徒制度的初期，尤宜考察各厂实施的状况，对于管理有成绩的加以鼓励，而对于没有成绩的加以取缔。

还有一点可以提到的就是艺徒训练的内容，以工厂来担任这项工作，很容易偏重于技术上的训练而忽略了一般性的教育以及青年生活上的教导，艺徒的年龄大多在13岁到16岁之间，这是生理上变化最强的时期，他们需要的并不是片面的技术教育，而且要养成一套完全的人格，在工厂里的生活多少总是容易向片面发展，更因为求学习技术的效率起见，甚至可以将那些艺徒长期地和家庭及女性隔离，管理艺徒的人员在肩负着一个家长对于子女的责任，怎样能使艺徒不成一座机器而成一个人，那实在是艺徒训练中一个重要的问题。这些问题对于一个对付惯机器的工程师也许不易发生兴趣，但是在社会立场说，若是在这20年中培养出的新工人，在普通生活中不太健全，而把将来的工业放在他们肩上，是一件极危险的事。将来的工人是一个工业化、社会化的主干，甚至可以想作是政治上的一个重要角色，他们早期的修养一定会影响对日后的行为，整个社会都会受他们行动的影响。所以我觉得艺徒的训练应当成为现代教育家的研究对象，现代教育家决不能自限于学校之内，工人教育的确立实在是他们的不容卸脱的责任。

1942年

第二编
小城镇发展研究

小城镇在四化建设中的地位和作用[①]

去年九十月间我到吴江县开弦弓村,三访"江村"。这个村子在震泽镇附近。我姐姐费达生21岁时就在这个村子里开办了第一个农民的缫丝合作社,既生产,又推销。后来这个合作社被日本人破坏了。我1936年曾在这个村子里养病,到农民家里同很多老年人谈心,了解他们的情况。后来到英国,用英文写了一本书:《江村经济》。

这个村子,代表太湖流域的很多农村。经济上的特点是农工并举。工是手工业、养蚕、制丝,一直到织绸。解放之后,1956年,我又去这个村子重新看一看。因为当时一位在英国留学时的同学,率领澳大利亚代表团到中国来,向总理提出要求,想看看这个村子。总理说,很好,我们欢迎外国朋友去看看我国农村的面貌。总理表示任何一个农村都可以拿出来给世界上任何人看。我们有了进步,要让人家知道,人家有批评,有则改之,无则加勉。他去了之后,我又接着去。当时中国科学院经济研究所帮助我进行了一次比较深入的全面调查。1957年春我是在震泽度过的。后来回到北京,我刚写出在《新观察》发表的《重访江村》,就

[①] 本文是作者在江苏省政协、民盟江苏省委、江苏省社科院、江苏省社联联合举办的报告会上的讲话。

开始反右斗争了,这件事就搁下了。一直到十一届三中全会以后,我才有机会再到这个村子去,三访"江村"。回想起来真不容易!二十几岁去调查过的地方,经过将近半个世纪,过了70岁,再回到那个村子去调查。国外很多朋友也很注意这件事。在世界上很少有这样的记录:一个人在他的一生中能看到这么惊天动地、翻天覆地的变化,从半封建半殖民地成为社会主义国家,并通过这个人的直接观察,把这个变化记录下来,使大家可以明白。

实际上我们去年(1981年)去看的时间很短。今年年初到春节之前,我又花了一个月的时间,由江苏社科院社会学所牵头,"天(津)、南(京)、(上)海、北(京)"四个地方集中了十几位比较年轻的同志,一同去了一个月。这一个月,时间不长,又都是新手,可结果还是很满意的。江苏社科院的同志编出了一个《江村信息》。

今年春回北京后,我们很多人感到,正如胡耀邦同志在十二大的报告中所指出的,社会主义建设的新局面已经出现了。农村活跃了起来,人民的生活,特别是农民的生活有了很大的提高。去年我们调查时发现,三中全会前,那里的农民集体收入加家庭副业,人均年收入在100元上下,三中全会后,三年内,从100元上升到200元,又上升到300元。这个速度是惊人的。而且这个村子的发展还不是最好的,不是一个很突出的村子,而是中等偏下的村子。最近我们去的时候,农业生产形势很好,大家感到丰收在望。我们走后,来了一次冷空气,晚稻正在灌浆,受到不少损失。尽管这样,今年的粮食收成还能比去年增加很多。这是农业生产。另一方面,他们正在准备大搞社队工业,投资开新厂,老厂今年开始已向国家交税,为国家做出贡献。这样,工业生产的收入比去年少了一点。预计今年人均收入仍可以增长 30—60 元，达到 330—340 元。这说明农村真是欣欣向荣。

看来，在不长的时间里，由于进一步贯彻生产责任制、发展专业户等政策，农村生产的商品化速度会更高，农民的收入会更快地增加。这样我们就会看到两个问题："出"和"进"的问题。"出"就是农民的商品到哪里去，"进"就是农民钱多了买什么东西，所以我们想从这一方面下点功夫，进一步研究这个问题。

我们过去的研究还只是在以一个农村作单位的水平上。去年回去以后，我们感到不能停留在这个水平上了。应该进一步看到，农村发展之后，必然会产生一个商品集散中心，也就是市镇。我们感到农村不能一个一个独立地发展，它必须依靠许多农村一齐发展，并形成一个中心，这个中心就是我们都知道的市镇。什么叫镇？就是有那么上千人或更多的人，不管是做工的还是种田的，聚集在一起，这么一个区域，我们就叫它"镇"。

集镇是怎么产生的？它在经济生活里面起什么作用？在社会主义时期，在现代化的过程里面，它应当具有什么地位，起什么作用？这些都是问题。我们这一次就是想来看一看，探索一下，怎么进行调查研究。因为不同实际结合，我们不能真正理解怎样去调查这个问题，它有什么意义。我们新中国的社会学，是以马克思主义为指导的，是要结合中国实际的，是要为社会主义建设服务的，这是我们的三项原则。要发展我们的社会学，就必须密切结合中国的社会实际，进行社会调查，科学地观察、认识客观存在的事物；然后找出发展的规律。一切问题，不是从天上掉下来的，也不是从外国书里翻出来的，更不是从头脑里想出来的，而是要看当前社会主义建设的发展，提出了什么问题。所以我们要先来探索一下。这次我们中国社科院社会学所的几位同志同我一起来,到吴江住了半个月,然后一路到苏州、常州,粗粗地看了一下,访问了一下,就到了南京。现在我想讲一讲集镇形成的历史过程。

集镇出现很早。我国很早的古书里就有"日中为市"。《康熙字典》说:"买卖之处也。"市就是做买卖的地方,就是交换商品的地方。云南叫"赶街子"。街子有"龙街""羊街",就是按子丑寅卯辰巳午未排下来,十二属相里面,"龙"这一天赶集的就叫龙街。大家从各处来到这个地方,人头济济,热闹异常。为什么叫"日中为市"呢?因为农民把自己生产的东西带来卖,从住的地方走到这儿,最远的地方要半天;再远当天就回不去,所以不能赶这个街子了。最远处的人走到这儿是"日中",所以叫"日中为市"。这是一个简单的算术道理。到日中的时候人最多,各地方的人都来了。买卖完毕,大家都各自回去。

早期吴江县城主要有四样东西:一个衙门,一个监狱,一个文庙,一个城隍庙,这些是县城的组成部分。县城很简单,很小,不是做买卖的地方。我查《吴江县志》,上面记载在吴江城外一里有一个市,叫盛家埭,在长桥附近。城里没有"市",因为各地方来的人,怪里怪气的,要偷东西,靠不住,不安全,小孩子害怕,所以要到城外去搞。解放前,我们在云南考察时,看到过一个县城,同早期的吴江县城一样,里面就是一个衙门,一个监狱,一个文庙,连城隍庙都没有。离开县城一里路,有一个很大的赶街的空场。早期的城(镇)同集(街)是分开的,一个是政治中心,一个是商业中心。

后来手工业逐步地发展了,男耕女织。妇女在家织布。我的妈妈的嫁妆里就有织布机。60年前，我们家里的妇女还要纺纱织布。织的布自给一部分，例如我们当时的鞋布就是自己织的，多下的就卖出去。这种手工业分布在广大农村，不光是织布，还有丝绸。中国的丝绸历史很长，是出口到欧洲的主要的大宗商品。缫丝要很多人，主要是在广大农村。吴江县盛泽附近的农村里，就有很多人缫丝。吴江县松陵镇等靠太湖的地区以养蚕为主，养了蚕后，缫了丝运到盛泽去织，所以盛泽是丝绸之乡。最盛的时期可以一天出产1万匹，口气很大，叫"日出万匹，衣被天下"。这话不是太夸张，现在盛泽出的丝绸还占全国出口的1/10。同现在不同的是，当时是手工业，家庭副业。后来一部分逐步发展到作坊工业。就是有的人家不种田了，雇几个工在家里靠几个织机搞起小作坊。这就是资本主义的萌芽。解放的时候这个地区是以作坊为主，最大的有二十几个机子。在作坊工业的过程中，产生了一种聚集在一起的作坊群，形成了盛泽这样的镇，成了农民家庭副业和手工业产品的集散中心，同时是一批作坊集中的地方。据史书记载，盛泽有一个时期曾有三四万人。史书描写了来自各地各方面的要员贵官，带着钱到这个地方来的情景，可见盛泽是当时的繁华胜地。

还有一种集镇，是商业中心，这一种镇多得很。我们江苏太湖流域地区，有的地主不愿住在乡下，买了农民的地，剥削农民，自己住在镇上。解放的时候，我的老家吴江县同里镇上就有三百多个地主。这个地方，离吴江县城只有6公里路，却是一个安全地带，历代战争，太平天国，军阀混战，抗战都没有打到那里去。所以吴江县城的人一听说要打仗了，就急忙摇着船到同里去，一到那儿就安全了。这个地方四周是水，水道纵横，不熟悉的进不去,一进去就迷路。这个地方是地主的安全岛。

这300家地主搞收丝、米行、油行、典当等。在这个镇里可以看到不同的行业。集镇的最基本的作用是农产品出售的地方和工业品进入的渠道。我在1936年去调查时,碰到很多新鲜事。有一件事给我印象很深。我从震泽镇坐一条航船去开弦弓村,不要花钱,交通是免费的。划船人的收入是由镇上人给的。农民到镇上出售谷子、出售丝,都要经过他,他是个经纪人。我到震泽一看,邻近地方许多村子的航船都到这里来,震泽是附近村子的中心,农民生产的米、丝通过它进城,酱、油、盐、工业品通过它下乡。

我们通过调查,知道震泽这个镇,在它周围的农村里有20万左右的人要依靠它,要在这个镇上进行商品交换。这使我们认识到,农村好比一个很大的细胞,集镇犹如中间的核心。一个是面,一个是点,这个点把各个村落联系起来,形成一个活动的社区,这样就成为我们江南水乡的一个集镇。这是集镇的基本功能,同时还有其他内容,像吴江县城松陵镇,当时是剥削阶级的政治中心;还有一种,像盛泽就是手工业中心。可见各种不同性质的集镇,星罗棋布般地分散在大地上。现在江苏省统计下来,全省大概有两千多个集镇。吴江县为数最多,光著名的大镇就有10个以上。集镇是农村商业经济的中心,同时也是农村政治、文化的中心。这里农民的生活,不是直接同上海发生关系,也不同苏州、南京发生直接关系。它是同自己的细胞核心发生关系的。这就是我们理解的所谓集镇。

解放之后,发生了很大的变化。第一个变化,剥削阶级倒下去了,以地主居住为主的集镇,起了很大的变化。像有300户地主聚集的同里镇,一下人少了许多,很多镇上的人,土改分到了土地,回农村了。人口疏散了,集镇的经济也随之削弱。第二个变化,就是农村商品流通渠道有所改变。现在有一类、二类、三类物资之分。一类物资是国家统购统销的,包括粮食、油、蚕茧等。这些物资是直接从农民手中取得之后,不要经过集镇,就送到城里了。以前这些都要送到镇上加工,如米行、油行等等,现在这一关不要了,因而很大一批经济活动从集镇上消失。二类物资的收购,我们没有足够的和方便的收购中心,没有个中间站。吴江有的地方农民养的猪要运到上海去卖,这点农民很有意见。因为那么远,再要排队,很花时间。而且机帆船路上走三十多小时,猪死了,还有损失。

集镇中的商业活动有不同的系统,有些属商业局,有些属供销合作社。在震泽,我问过一个小店,他们说这个店是国营商店的派出点,商品由上面统一批发,农民买什么东西,买多少,他们一概不管。执行这种政策,集镇当然就失去了它繁荣的基础。还有一点更重要的,就是过去搞"以粮为纲",农村里副业少了,商品交售也就少了。除非上面有派购的任务,要收购的东西,农民才搞,不收购的,就没法搞。像兔子,上面开始要收肉兔了,大家都养肉兔,后来不要了,大家只得自己杀了吃。不久上面又要收购兔毛了,大家再养毛兔,去年和今年兔毛跌价,他们又要杀兔子吃了。对这种上面要就催得紧、不要就推的现象,农民很有意见。这不是为增加农民的收入服务,而是农民为国营的外贸公司服务。不管怎样,农产品直接收购去了,中间渠道不再需要了,集镇上也没有多少东西上市了。

现在,集镇上人自己找出了一条后路,就是工业镇的性质也开始发生了变化。过去说集镇是消费性质的，这话一半正确，一半不正确。正确的一半是因为过去镇上有不少不事生产，成天坐那儿吃喝的寄生者，这应该改变；不正确的一半是没有看到，它起着流通的作用，搞商业活动的人不是单纯的消费者。消费不是坏事情，人人是消费者，生产是为了消费，过去提出把消费城市改为生产城市是不完全正确的。

十一届三中全会政策改变后，农村繁荣起来了。农村搞多种经营了，由单一性的自给自足经济进入一个商品化的经济。这是正确的道路，是繁荣之路。然而这么多商品出来后到哪里去出售，这里缺少一个纽带，就是集镇这个流通渠道。农民手里有了钱，要买东西，买什么，到哪儿买，也要通过集镇。现在农民提出要多少个"机"，而且要名牌，缝纫机一定要蜜蜂牌，手表要上海牌，可目前的轻工产品生产同群众生活提高结合得不紧密、不合理，很多农民的东西，集镇上买不到。我们要真正从群众的利益出发，从生活需要出发，来研究我们应生产什么，用怎样的渠道来供应。譬如说，现在农民人均年收入到300元了，孩子结婚，要造房子，可是木材没有，很难买到，得到处磕头、拉关系。我们就应该研究，在江南，不是生产木材的地方，建材就要来一个革命。日本现在就不用木头了，他们建房用的是钢、水泥、塑料。我们也不能老迷恋过去的砖木结构，能不能有个机关真正研究一下农村的建材问题？农村的新房究竟应该是怎么样的结构？去年春节，在人民大会堂召开的座谈会上，我坐在万里同志旁边，他对我说：你做个好事，为农村搞个新村的方案。现在农民收入高了，应该帮他们解决住房问题。眼下有两个问题：一是材料，一是设计，真正要提出一套适应社会主义农村进一步发展的方案，不简单啊。农民的房屋不光是用来住的，还要养鸡、养猪等，猪栏、鸡舍都要和住房建在一处。这么多因素，要设计一个最好最便宜的住宅，是门学问。我们的科学要为这个服务。我们南京工学院的建筑学系是不是可以花点力量，搞出几种方案？要有我们水乡特色，让人家看看我们美丽的江南。

党的三中全会后，可以说，生产力的发展已经开始冲击我们十几年来已经习惯了的体制。我们现行的体制在当时还可以，可现在、将来，它显得越来越不适应了。我们在集镇调查，就发现到处碰到条条框框的束缚，要做事，没法做，要管也管不着，问题都不敢提，不合理的情况很多。我们看到，农村有股很强的力量向镇上冲击，向那一套定死了的条条框框冲击。我们看现有的户籍制度就不很合理。镇上的实际人口远远超过在册人口，就是说镇上还住有不吃商品粮的很多农业人口。盛泽3万人中，有1/3的人是不在册，不吃商品粮的。

另外，从人口分布上还可以看出一个严重问题。在江村一个大的生产大队有2000人，集镇一般现在在1万人上下，从集镇到城市人口数量要跳一大步。常州有40万人，苏州有近70万人。再远一点，上海1000万人，北京也快到1000万人了。看来，在人口数量上城乡差别太大了。现在面临的人口问题是，下面农村劳动力过剩，亟待解决。中等以上城市又存在待业青年多的现象。然而有一个地方却是需要人，即小城镇。每个小城镇都要发展，都在向我们要人。可是招工指标却不给，原因是这里有个吃商品粮同不吃商品粮的区别。总之，这里面情况很复杂，我们应一环一环地连在一起研究，不是一两句话就可以说得清的。

我们深深觉得有必要进行一次综合性的小城镇调查研究，包括精神文明、物质文明，诸如政治、经济、文化，各种体例、规章制度，都应全部综合起来看一看，理理清。大家认为这个题目提得很好，确是应当研究研究的。城乡在人口比重上究竟应是怎样才合理？怎样才符合于我们向共产主义大目标前进的需要？现在固然还不能根本上消灭城乡差别，在目前应当是缩小而不能再扩大差别了。朝着这一方向，我们来研究当前的问题，就是要研究城市、集镇、乡村在社会发展上是怎么形成差别的，看看我们中国现在在什么地方出了问题，怎么解决它，才能开创社会主义新局面？这是个相当艰巨而又相当有意义的课题。

前些天，我们向吴江县委、苏州地委，昨天、今天又到省委汇报了这个意见，他们都很支持。这是我们大家的事，是所有人民都很关心的问题，希望各级的党政领导能带头重视这样一个调查研究。我们中国社会科学院社会学所愿意作为一方面的力量，参加这一项研究工作。让我们一起来把这项研究工作认真地、有计划地开展起来。在进行中必须依靠各方面的协作，不仅是社会科学方面，将来还需要有自然科学方面，我们协作得好才能为我们江苏、为我们国家做出贡献。

1982 年 11 月 13 日

小城镇　大问题[①]

一

今年的春末夏初，我在江苏省吴江县住了一个月，对该县十来个小城镇的历史与现状做了初步探索。此后打算写一篇关于小城镇的类别、层次、兴衰、布局和发展的文章来参加这次小城镇讨论会。然而一回到北京，时间由不得自己支配，这个打算便落了空。因此，这里只能依我的腹稿，谈谈我在吴江调查的感受以及由此联想到的一些问题，只是一个提供讨论的发言。

在说到正题以前，首先说说我对这次讨论会的四点希望，即希望通过讨论取得四个具体结果：一是出版一本研究论文集；二是订出一个今后切实可行的研究规划；三是为今冬全国政协小城镇问题调查组做些准备工作，就是提出一些请他们来调查的问题；四是成立一个推动、协调、交流这个课题研究工作的学术性组织。

这次学术讨论会是今年年初确定的，经过大家的共同努力，现在不仅会议如期举行，而且还汇集了几十篇论文。万事开头难，

[①] 本文是作者在南京"江苏省城镇研究讨论会"上发言的基础上改写而成。

时间只有半年，这样的结果确是来之不易的。我们应当珍惜已经获得的成果，以论文集的形式将迈出的这第一步脚印留下来。

这些论文之所以宝贵，是因为它们都联系小城镇建设的实践，从各个不同的角度去探索小城镇发展中的实际问题。我认为这个研究方向是对头的。我国的社会科学应当在马克思列宁主义、毛泽东思想的指导下，密切结合中国社会的实际进行科学研究，为社会主义现代化建设服务。要贯彻这里所提出的指导思想和达到最终目标并不那么容易。在过去的一段时间里，对于马列主义理论，我们多少学了一些，许多同志也诚心诚意地想把事情办好；但是学习的理论常常不能和实际工作相结合。这就使得我们的认识往往落后于实际，对于具体问题的处理也就提不出实事求是的建议来，难免把以往的经验或是别国的东西硬套照搬，以致花了过多的学费，亏了本，走了不少弯路。

失误使人清醒。现在我们多少懂得了一点小平同志在他的著作里所阐明的理论联系实际、实事求是的科学精神。只有联系实际才能出真知，实事求是才能懂得什么是中国的特点。我们的小城镇研究一开始就摆脱了在概念中兜圈子、从书本到书本的模式，而注重实地调查，力求在对小城镇的实际考察中提高认识。可以说这一课题的研究，在理论联系实际方面有了一个良好的尝试。

以实践为根基的认识自然要具体、充实得多。尽管现有的文章还显得粗糙，分析不够全面，可是写在论文里的事实是客观存在的反映，不是我们从概念里推论出来的，更不是凭主观臆想出来的东西。只要我们能自觉地、不留情面地把其中一切不符合实际的成分筛选掉，那么这些文章就会成为现实小城镇面貌的素描。它是历史的真实记录，过了几十年甚至几百年人们还是要翻看，仍然具有价值。价值就在于它是未来的起步，而今后的变化则是它的延续。我们的一生，人类的一代又一代，对事物的认识总是一步一个脚印地跟着向前走的。我们今天对于小城镇的认识，过些时候回头一看，如能发现它的肤浅和幼稚，那就证明我们的认识有了进步。这不是很好么？不怕起点低，只怕发展慢。

小城镇研究是一个长期的研究课题。它不仅是社会科学范围内国家"六五"规划中的一个重点课题，而且它在"七五"规划中还将继续研究下去。现在我们在苏南所进行的研究只是这个课题的开始。为了使这项研究不断深入和扩大，我们必须考虑下一步究竟应该怎样走，同时对下一年做出具体的计划，并对"七五"规划的远景做一些设想。这是我对这次会议的希望。

进行科学研究最忌讳的毛病是一叶障目，坐井观天。我们应当清醒地看到：我们这一年所进行的小城镇研究无论从深度或广度上看都还很不够。到目前为止，课题组既没有对某一个小城镇做出全面深入的解剖，也没有越出吴江县的范围。这就好比是在显微镜下找到了一个细胞，但尚未看得清楚，更未遑顾及其他类似的细胞。胡耀邦同志视察西北回来，提出要种草种树开发大西北，打开了人们的眼界。在此之前确实很少有人想过还有一个大西北可以开发的问题。可见中国之大，是不容许我们做井底之蛙的。即使以后研究范围扩大到江苏全省，对全国而言，它仍然只是一个点而已。我们要提出江苏在全国、苏州在江苏、吴江在苏州所处的地位的问题，以此来告诫自己不能满足于一孔之见，更不应以点概面。相反，应当指出认识的限度和吴江县小城镇的特殊性和局限性。

然而，管中窥豹之所见的毕竟是豹的一个部分。吴江县小城镇有它的特殊性，但也有中国小城镇的共性。只要我们真正科学地解剖这只麻雀，并摆正点与面的位置，恰当处理两者的关系，那么，在一定程度上点上的调查也能反映全局的基本面貌。吴江县地处全国经济最发达地区之一的苏南，我们以吴江小城镇为调查点进行深入分析，或许是触到了小城镇问题的塔尖。所谓塔尖是指吴江县小城镇建设的今天有可能是其他地区发展的明天；现在在这里出现的问题有可能将来在别的地方也会碰到。假如我们对这些问题的发生、发展有一个科学的认识，那么对不同地区今后的小城镇建设无疑有其指导和参考的意义。当然，我们在开始时必须十分警惕，决不要忘记我们只是在解剖一只麻雀，而一只麻雀是不能代表所有麻雀的。

从事科学研究要有目的性和计划性。要使小城镇研究深入下去，必须订出一个具体计划。我们要把研究重点继续放在原先的调查点上，一方面对已经触及的问题作进一步探讨，要像调节照相机的焦距那样，使其有更清晰的映像；另一方面应检查前期研究中还有哪些缺门，即有哪些问题还没有做调查，要在一个镇上开拓更多的调查项目。与此同时，可以选择几个不同类型的地区开辟新的调查点，以便于做比较分析，并制订必要的研究指标，为从调查点上的定性分析推向面上的定量分析做准备。

事实上，制定研究计划的过程就是明确研究目的和要求的过程，只有研究目的和要求明确了，计划才能订得具体可行。为此，我们这次会议做了新的尝试。与会者有社会学的研究人员，有其他社会科学与自然科学的科研工作者和大专院校的教育工作者，还特别邀请了在小城镇做实际工作的同志和中央有关部门，江苏的省、市、县三级政策研究机构的同志一起来参加讨论。针对同一个研究课题，进行如此广泛的多学科、多系统、多层次的交流和协作，对我来说还是一个新的尝试。但愿我们能创立一条成功的经验，有助于我国学术的发展。

这种广泛的结合至少有两点好处：一是能听到更多的不同见解，启迪自己的思想。所谓学术讨论，除发表自己的见解外，就是要认真听取别人的意见。我曾在《读书》杂志上写过一篇文章，题目是《我看人看我》，主张我们要认真地看人家怎样看我们所看到的东西。二是使科学研究与实际要求挂起钩来。以往的理论脱离实际，除了个人认识上的原因外，还有社会组织上的原因。由于科研部门与实际工作部门长期缺乏交流，造成知识分子与实际工作者背对着背。前者愿将知识应用于实践，但不知用武之地在哪里；后者希望以科学知识来指导工作，然而不了解所需知识在何方。现在两者都转过背来，面对着面。实际工作者向科研人员质疑、问难、提要求，使科研目的更明确，计划更合理，成果也更富有实际意义。科研人员向实际工作者介绍成果，提供建议，使实践按客观规律进行，工作具有科学基础。

社会主义现代化需要知识，也就是要依据从科学研究取得正确反映实际的知识，去解决社会主义现代化过程中发生的各种问题。要做到这一点，科学研究和建设工作之间必须建立起畅通的渠道，使得社会主义建设中出现的问题能提到科研的项目里，经过科学研究反映出实际情况，再根据政策方针形成解决这些问题的具体建议，由决策机关审核各种建议，联系有关情况，并考虑可行的时机作出实施的决定。这些决定通过行政机构的执行和群众的实践，达到解决问题的目的。但是一项决定是否能达到预期的效果还有待实践的验证，而且旧矛盾的解决又会引起新的矛盾，效果的估计和新问题的产生又将构成新的科研项目。所以科研、咨询、决策和实践四个环节是现代化建设过程中的一个周而复始的循环系统。

我国的决策者是党的领导机构，通过决策体现党的领导。领导的群众路线实际上就是上述建设工作循环系统的根本模式。由于现代化的日益深入，建设规模日益扩大，决策过程更显得需要对情况的了解和对问题的分析，所以提出干部要知识化，也就是要把决策过程放在科学的基础上。所以我在这里把科研和咨询作为这个循环系统中的必要环节，实质上就是体现党的群众路线。

把科研和咨询作为上述系统中的必要环节包含着它们具有和其他有联系的环节相对的独立性。我们党的领导一向遵守实事求是的原则，所以一切政策的制定都要求经过调查研究。毛泽东同志指出："没有调查就没有发言权。"因此各级领导都有专门从事政策研究的机构，这是党的优良传统。但在这方面我们也有反面的教训，那就是在"左"的影响下，特别是在十年动乱期间，这些担负反映实际情况责任的研究机构被视作已定政策的辩护者，甚至看做是主管人员个人意志的吹鼓手，走向了科学的反面。"四人帮"的"内查外调"暴露了它的极端危害性。科学知识必须为政治服务。这里所说的服务绝对有别于"四人帮"时的"梁效"对其主子的"效忠"。科学研究要对客观事实负责，即实事求是。

但是实事求是的科学研究不等于消除了可能的片面性，每一门学科的研究，其片面性都是不可避免的。越是专家，其片面性或许会越大。为了不使决策陷入片面性，在决策和科研之间应当有一个中间环节。这个环节就是综合各个学科对某一事物的认识，进行"会诊"，然后才向决策机构提出若干建议及论证。至于怎样组织这类咨询工作,我们现在还没有经验。我建议不妨做一个试验,由人大代表、政协委员以及其他有关专家对一定的事关重大的建设问题组成咨询小组。这个咨询小组应当联系群众,联系各个学科,发挥其综合性的特点,向党的领导机构提出建议,反映群众的要求和意见,以备党做决策时参考。

在党的领导依据建议、资料制定决策以后,由行政机构付诸实践。政策在实践中起到了什么作用,客观事物发生了哪些变化,这又给研究部门提出了新的课题,于是上述过程又重复进行。实践、科研、咨询和决策四个环节的循环往复体现了"从群众中来,到群众中去"的领导方法。

我们的小城镇研究是一个综合的、长期的科研项目。现在它已经吸引了多学科和多层次的人员。随着时间的推移和研究范围的扩展,将会有来自更多方面的同志参与进来,这就需要有一个相应的机构来加强各方的联系,进行组织和协调。所以我希望在这次会议结束时成立一个关于小城镇研究的学术性团体,把现有有志于此的同志组合起来。

由于我们研究的出发点是在江苏,所以我建议请江苏的同志偏劳,出面来组织这一个团体。至于团体的名称、机构和任务等具体内容,请大家一起来讨论决定。

二

小城镇问题,不是从天上掉下来的,也不是哪一个人想出来的,它是在客观实践的发展中提出来的,问题在于我们是否能认识它。记得1981年初我到天津开会，遇见当时在天津市委工作的李定同志，他告诉我，1980年胡耀邦同志到云南视察，看到保山县板桥公社的小集镇破烂不堪，凄凄凉凉。于是就在同年年底的一次会议上讲到要发展商品经济，小城镇不恢复是不行的。要使农村里的知识分子不到大城市来，不解决小城镇问题就难以做到。如果我们的国家只有大城市、中等城市，没有小城镇，农村里的政治中心、经济中心、文化中心就没有腿。可见中央领导早就看到了小城镇问题的意义，要把小城镇建设成为农村的政治、经济和文化的中心，小城镇建设是发展农村经济、解决人口出路的一个大问题。

可是，据说在传达了耀邦同志上述讲话以后的几个月中，并没有得到该市郊县的积极反应。可见在当时小城镇问题并没有能引起人们足够的重视。许多同志还未认识到小城镇与农村经济之间的关系，还不理解小城镇作为农村政治、经济、文化的中心是怎样的一个概念。这件事表明，在客观事物发展中提出的新问题，要想得到人们的普遍认识并不那么轻而易举。认识过程也有它自身的规律。人们往往要经过自己的直接感受，才能比较深入地认识新事物和新问题。

我十分赞同耀邦同志的上述提法。那是因为我早年在农村调查时就感觉到了有一种比农村社区高一层次的社会实体的存在，这种社会实体是以一批并不从事农业生产劳动的人口为主体组成的社区。无论从地域、人口、经济、环境等因素看，它们都既具有与农村社区相异的特点，又都与周围的农村保持着不可缺少的联系。我们把这样的社会实体用一个普通的名字加以概括，称之为"小城镇"。

任何事物一旦产生了理论概括，便容易使人忽视事物内部之间的性质差异，只从总体概念上去接受这一事物。小城镇也是这样，如果我们从笼统的概念出发，就会把所有的小城镇看成是千篇一律的东西，而忽视各个小城镇的个性和特点。因此，小城镇研究的第一步，应当从调查具体的小城镇入手，对这一总体概念做定性的分析，即对不同的小城镇进行分类。下面我谈一谈在吴江县所看到的五种不同类型的小城镇。

第一种类型的一个镇叫震泽镇。1935年我从清华研究院毕业，取得了公费留学的机会。当时我的导师史禄国教授建议我先在国内做些实地调查后再出国。我听从他的意见，去广西大瑶山进行调查，由于自己的失误，负伤出山，回家乡休养。我的姊姊费达生送我到她正在帮助农民开办生丝精制运销合作社的吴江开弦弓村小住。我就在这一个多月里调查了这个农村。记得有一天我去村里一家很小的店铺买香烟，谁知这小店不卖整包的烟，只能一支支地零卖。店主说若要买整包的烟可去找航船带。这件事引起了我的注意。当时这个村子有三四百户人家，一千多口人，是江南少见的大村子。可是村内只有三四个小商店，商品品种极少，规模小到连香烟也要分拆开来零卖。那时，这个村子里的农民生活并不是完全自给自足的，农民的日常用品从什么地方获得呢？我就带着这个问题去观察店主所说的航船。

其实航船就是普通手摇的有舱的小木船，只因为主要用于人的交通和货物的流通而得名。那时村子里有两条航船。每天早上，在航船摇出村子前，两岸农民们便招呼船老板代为办事。这家提个瓶子托买酱油；那家递上竹篮托他捎回点其他日用物品。船老板一一应接，把空瓶、竹篮放在船上，航船便离村出发了。航船的目的地是离村子有12华里的震泽镇。当航船抵震泽时，守候在岸边的商店学徒们一拥而上，抢着来做各种生意。船老板自己便到茶馆落座喝茶。到下午商店学徒们把装着物品的瓶、篮又送回船上，航船便离镇返村。航船就这样每天在震泽与村子之间往返，村子里要去镇上的人都可以搭乘这条船。奇怪的是托捎物品的和搭乘的人都不用付钱。追问船老板的生活来源才知道，原来在春秋两季，村内农户出售蚕丝和粮食都要通过航船卖到震泽镇上去。震泽镇上的丝行和米行在年终时就得给船老板一定的佣金。那些酱园和杂货店逢年逢节也要给船老板一定的报酬。所以船老板的收入是不少的。他是这村农民货物流通的经纪人，是农村经济活动中的重要角色。后来我也"免费"搭乘航船往来震泽，发现震泽镇的市河里停靠的航船有二三百条，据说都是来自镇周围各村。震泽显然是附近这些农村的商品流通中心。

我在这里追述当年的观察，是想说明震泽镇是以农副产品和工业品集散为主要特点的农村经济中心，是一个商品流通的中转站。农民将生产的农副业品出售到震泽，又从震泽买回所需的工业消费品。对于镇周围的农民生活来说，震泽是一个不可缺少的经济中心。而航船主、学徒以及米行、丝行、酱园、杂货店等商店的老板则共同构成一个庞大的商品流通组织。震泽通过航船与其周围一定区域的农村连成了一片。到震泽来的几百条航船有或长或短的航线。这几百条航线的一头都落在震泽镇这一点上，另一头则牵着周围一片农村。当地人把这一片滋养着震泽镇同时又受到震泽镇反哺的农村称之为"乡脚"。没有乡脚，镇的经济就会因营养无源而枯竭；没有镇，乡脚经济也会因流通阻塞而僵死。两者之间的关系好比是细胞核与细胞质，相辅相成，结合成为同一个细胞体。

由此可见,小城镇作为农村经济中心并不是一个空洞的概念,而有其具体的实际内容。在半个世纪前,震泽镇作为商品集散类型的小城镇对我是有吸引力的。但那时我是单枪匹马搞调查研究工作,不能不以村为界,没有能力进入镇的这一层次中去。我只是在村子里遥望到了小城镇,感觉到了小城镇这种社区的存在对于农村所发生的影响。此后,我总希望有一天能进入小城镇做些调查。欲穷千里目,更上一层楼。出乎我的预料,在1981年真的有机会实现了这个愿望。

第二种类型的一个镇是盛泽镇。盛泽镇现在是吴江县人口最多、产值最高的一个小城镇。从这个镇出口的丝绸占全国总出口量的1/10,可见它是一个丝织工业的中心,是具有专门化工业的小城镇。

盛泽镇的历史发展较早,据说它早在明朝就有上万的人口。那么这个镇发展较早的基础是什么?镇上聚居的人口又是以什么为业的呢?我记得小时候去盛泽时,看到有人站在织机上提花,觉得很新奇,留下了深刻的印象。1982年,再去盛泽时就询问解放前丝织作坊的情况,有人告诉我那时在镇上的作坊为数不多,且都是小规模的,最大的一家也只有20部老式织机。但是绸庄、丝行和米行却不少,其中又以绸庄为最。既然镇本身织出的绸并不多,绸庄的绸又从何而来呢?这就使我看到了盛泽与震泽不同的特点。绸庄利用金融力量或信贷关系,首先将农民在家里生产的丝买来,然后又投放给农户在家里织绸。对于专门织绸的农户来说,除了织机和劳力外不再需要其他的投资,每次把织出的绸交给绸庄,按事先的约定取得工钱,同时又领回原料。这样,一个绸庄就可以拥有几十几百甚至成千的织户。如果绸庄把如此众多的织机集中到镇上来办作坊，那简直是不可想像了。但是绸庄把织机分散在农村的家家户户，本身只掌握着原料和成品的经营，它与织户的关系并不等同于作坊老板和雇工的关系。对像盛泽镇那样早先是以手工业产品的集散为主的经济中心，是很值得进一步研究的。

这里应该注意到农民把丝卖给丝行和将绸交给绸庄之间的区别。前者是农民出售商品，后者是农民完成契约产品领取工价。所以盛泽与震泽之不同在于它主要不是商品流通，而是作为家庭手工业的中心。千家万户的织机是盛泽的乡脚。家庭丝织手工业不仅是盛泽发展的基础，也是所谓天堂的苏杭地区发展的基础。这个传统基础对于我们今天的小城镇建设仍然具有它的意义，因为这个传统在民间已存在近千年。如此悠久的历史使它深入到每一个人，甚至进入遗传基因，成为生物基础。一位外国朋友听我说到苏州姑娘纤巧灵活的手，便提出妇女的这种技能是否可以转向搞电子工业的问题。因为电子工业需要的正是精细准确的动作。外国人都注意到了我们的历史传统，我们自己要是不研究、不利用，那就愧对祖先，是说不过去的。

第三种类型的一个镇是我的出生地松陵镇。松陵在解放前后都是吴江县的政治中心，现在吴江县政府就设在松陵镇上。解放以来吴江县其他原有的小镇都处于停滞和萧条状态，惟独松陵是例外，它的人口不但没有减少，而且还比解放初有较大增长。

松陵设县由来已久。封建时代地主统治阶级为防卫农民造反起义，筑起城墙和城门将城内外隔开，在城里连集市买卖也不准做，人们只得在大东门外的盛家库做交易。城里主要是专政中心的衙门和城隍庙这阴阳两大权力机构，人活着时由县衙门管，衙门旁边是监狱和刑场；人死后据说要受城隍庙管，有牛头马面、阴曹地府。城内的住户主要是地主大户和服务于他们的各种小人物。这里的建筑也与其他地方不一样，弄堂狭小，两边是数丈高的风火墙，地主们住在里面，带有统治和防卫的特征，颇有点欧洲中世纪城堡的风格。

第四种类型的一个镇是同里镇。同里是我姐姐的出生地，我家在搬到松陵以前就住在那里。同里距运河边上的松陵只有六公里，离东南自苏州到上海的水路要冲屯村镇五公里半。同里镇本身四面环水，似乎是一片藏于水泽中的岛屿。它的周围地区河塘交叉，漾湖衔接，是典型的湖沼水乡。解放前的同里不通公路，只靠摇小船进出。对于一个不熟悉水道的陌生人来说往往在水面上转悠半天也还会找不到进出之河道。正由于同里处于交通闭塞的地理位置，具有不同于一般的水乡地貌，它就被地主阶级、封建官僚选中作为他们的避难所和安乐窝。解放前这个小镇上集居着大量的地主和退休官僚。据土改时统计，全镇 2000 户人家中有 500 多户地主，占 1/4。地主阶级找到同里这个安全岛，修起了与苏州名园可以媲美的园林，现今正在修复的退思园只是其中之一。有名的评弹珍珠塔的故事据说就发生在这个镇上。同里过去可以说是一个消费、享乐型的小城镇，现在正在改造成为一个水乡景色的游览区，已经成为文化重点保护区之一。

第五种类型的一个镇是平望镇。平望镇地处江浙之间，形成北通苏州、南通杭州的门户，历来是兵家必争之地，因此它屡遭兵燹。自古代的吴越之战，到近代军阀之间的江浙战争，战场都是在平望一带。日本侵华时，它又几乎被夷为平地。近年来平望已成为水陆交通干线的交叉点。历史上有名的大运河经过平望，沟通苏州和杭州。有公路东达上海、南通浙江、西联南京和安徽，成为吴江县内最大的交通枢纽。

平望的地理位置和交通条件使它具有两面性：一方面是易遭战争攻击和破坏，因此在解放前曾经几度由兴而衰，一直未能稳固地发展起来；另一方面由于交通发达，物资流畅，具有发展经济的优越条件，使它常能衰而复兴。解放后，战争的威胁消除了，党的三中全会后，"左"的干扰被排除，便利的交通条件使它争得了成为大城市工业扩散点的地位。据说上海的一些工厂在扩散过程中，开始也找过铜罗等几个小镇，但是最后还是在平望落脚。平望就这样一下子冒了出来，成为近来吴江各镇中发展得最快的小城镇。

必须指出，上面列举的五种不同类型的小城镇，只是小城镇定性分析中分类工作的尝试。分类的对象只限于在吴江县初步走访过的镇，待调查深入后，很可能还有应当提出的另一些类型，比如以渔业为主的社区，尽管人口较少，也可以因它的特点而成为一个类型。至于在吴江县之外，全国各地的小城镇无疑还有许多各有特点的类型，比如以矿区为主的城镇等等。而且有些地方的商品流通还处于形成固定城镇的过程中，只有一些具有日中为市性质的集、墟、场、街等场所。这些都需要进一步调查研究，所以这里所提出的类型是既不完全也不齐备的。

还应说明，提出类型的目的，是为了突出这些城镇的特点，使我们对小城镇的概念不至于停在一般化的笼统概念上，而要注意到各个小城镇的个性和特点，但在突出特点的同时，不应当忽视小城镇所具有的共同性质。小城镇的共同性质，就是上引胡耀邦同志所指出的它是农村的政治、经济和文化的中心。小城镇的分类是以此共同性质为基础而就其不同的侧重点进行的。比如松陵镇固然具有全县政治中心的特点，但同时也是附近农村的经济、文化的中心。震泽镇固然是吴江县西南一片包括若干乡的商品集散中心，但同时也是乡一级的政治、文化中心，而且近年来已成为小型社队工业的中心。盛泽镇固然是当前地方丝绸工业的中心，但同时也是附近农村的政治、经济、文化中心。所以上述某镇具有某种特点，只是指它在小城镇所共有的许多职能中所表现的突出方面。

通过这样的分类，使我们注意到各个城镇有它的特点，而且这些特点是各镇的具体历史形成的，因此在建设这些城镇时不应当一般对待。比如前面说的同里镇，它原来是地主阶级和退休官僚聚居的地方。土改后，它原来的经济基础已被摧毁，要建设这个镇，显然不能走平望的道路，因为它不在交通要道上；也不可能走盛泽的道路，因为它没有传统的工业。但是它却有幽美的园林，有水乡特色的建筑和河道。这是一个前人从经验中选择出来的退休养老的好地方，为什么我们不能把它建设成为一个休养和游览的园林化城镇呢？加拿大有维多利亚城，我们也可以有一个足以同它媲美的同里镇。这就是说，以小城镇的特点来分类，对于我们确定小城镇的发展方向是有用处的。

三

吴江县的小城镇在解放后发生的变化，大体上可以分为前后两个时期，分界线是在 70 年代初期。70 年代以前是小城镇的衰落和萧条时期，在此期间，小城镇逐步失去它赖以生存的基础；到了 70 年代初期，小城镇有了转机，到了后期，党的三中全会以后才呈现出发展、繁荣的景象。

自 50 年代到 70 年代初，吴江小城镇的人口一直处于停滞甚至下降的状态，这与吴江全县人口的迅速增长相比是令人难以置信的。以盛泽镇为例，它还不是人口下降最多的镇，50 年代初就有 2.2 万人。其后 20 年中人口总数持续下降，近年才有转机，到 1981 年才达到 2.6 万人。2.2 万的人口基数，如以全国平均的自然增长率来计算，至今应该有 4 万余人口。所以我一听到这些数字，就说其中"大有文章"。什么文章现在还没有完全搞清楚，正在继续调查研究。这里让我们先看看吴江最南端的铜罗镇的人口变化概况。铜罗在解放前叫严墓，镇的类型与震泽相似，以烧酒和肥猪出名。全镇 1952 年有 2475 人，1962 年有 2488 人，1972 年是 1900 人[①]，1982 年人口普查时城镇户口人数为 2007 人，30 年来城镇人口下降 19%。据初步调查，1951 年土改时为了分得土地有 60 户老家在乡下的小店铺关了门，约 150 人回乡务农。同年还有一二十名青年参军赴朝，其中只有个别人后来回镇。从 1952 年到 1957 年，特别是在 1956 年的"对私改造"期间，又有约 200 人离镇外出。这批人大多是做生意的业主和学徒，其中有文化的进入附近大、中城市的国营部门，有技术的则流入上海郊区和浙江的一些县城。据反映，当时他们觉得私人经营生意是一种剥削行为，连在私人店里当工人也不光彩，所以大家要另谋出路。1958 年的

[①] 1972 年人口未统计，这个数字是由前后三年的人口数推算得来的。

大办农业和支援农业,以及1963—1964两年的职工下放,镇上又减少了近50户居民。除了上述的人口外流,还有青年学生考入大、中专学校,外省市招工,知识青年上山下乡等也使镇上人口有所减少(其中上山下乡的知识青年绝大部分后来已回镇)。

像铜罗这样的情况,在其他小城镇也程度不同地发生过。人口下降是小城镇衰落的表现之一。那么小城镇衰落的原因何在?其后果又如何呢?

1957年合作化高潮时,我去江村做过一次调查,即所谓"重访江村"。那时农民的生活比解放前有了很大改善,但是传统家庭副业已经衰落。农民对我说:肚子可以吃饱了,就是手头没有现钱。由于执行以粮为纲的方针,其后的近20年只重视粮食生产的发展,农村的商品经济长期没有恢复。直到70年代初期,由于社队工业的兴起才使情况有所改变。党的三中全会后,贯彻了多种经营的方针,农村才开始走上繁荣。1981年我三访江村,老熟人不再发牢骚了。农民同我谈的都是卖兔毛得多少收入,以及要求我帮助社队工厂推售产品一类的话。当时农民不仅能吃上三顿干饭,而且手上也开始有钱买东西了。原因是他们集体的和家庭的副业发展了,而且开办了社队工业。农村里有东西能卖出去,换到钞票,就可以到市场上去买他们生活上需要的用品了。吃饱、穿暖、有钱花是农民生活改善和农村经济繁荣的具体内容。

把这两次在江村看到的情况与铜罗镇的人口变化联系起来,可以看到小城镇衰落的原因和后果。从农村方面看,由于以粮为纲,搞单一经济,取消商品生产,农民不再有商品到镇上来出售,小城镇自然也就失去了作为农副产品集散中心的经济基础。从小城镇方面看,由于提出变消费城为生产城,搞商业国营化,集体和个人的经商受到限制和打击,居民无以为业,不得不到处找活路,小城镇留不住居民,人口下降。总之,由传统的重农轻商思想出发的左倾政策,是造成小城镇衰落的根本原因。小城镇越衰落,作为它的乡脚的附近农村发展农副业商品生产的阻力就越大;反过来,农村商品经济水平愈低,作为其中心的小城镇的衰落就愈发加剧。所以农村与小城镇间经济上的恶性循环是小城镇衰落的必然结果。当然,上述因果关系还有待于用客观事实有系统地全面加以检验。

下面我再谈一点有关商业渠道的问题。解放前,农村和城镇的物资流通除食盐外全由私营的商人经营。解放后实行了统购统销,农村里所生产的粮食、油料、生猪、蚕茧等主要农副产品以及若干种生产资料都纳入了国营的流通渠道。各级行政部门都设立粮食、副食品、进出口贸易等机构,县级成立公司,县以下设所或设站。这样的商业改革使那些没有设置行政机构的小城镇失去了与周围农村的主要联系。但1958年以前,小城镇的商业除了国营这一渠道,还有集体性质的供销社、联营合作商店以及个体户等多种渠道。自从公社化以后一直到"文化大革命"期间,个体商业不断受到打击,连农民提个篮子在镇上卖几只鸡蛋也要作为"资本主义尾巴"割掉。联营的合作商业被"利用、限制、改造",不能不向国营商业和供销社靠拢,以致有的镇最后只剩下几家供给开水的茶馆和点心店。原先由农民集资起家,属于集体性质的供销社则逐步国营化,变成全民所有制。最后几乎一切商品都按行政区划上拨下调,只在国营商业这一条渠道内流通。

商业渠道的统一国营化,引起了小城镇的巨大变化。凡是设置行政机构的小城镇,都有国营的流通渠道,在收购农副产品和调拨分配农民所需物资上占绝对优势，这就使得作为全县行政领导和物资批转中心的县城松陵镇成了吴江小城镇普遍衰落的一个例外，它的城镇人口因机构增多、干部调入而一度相持不动，后来还略有上升。一些设置公社机构的小城镇在总的衰落趋势中借着国营商业和供销社之力得到挣扎余地，而那些没有设置行政机构的小城镇受到被淘汰的压力就相当严重。在庙港公社的区域里原先还有陆港、更溇港和罗港等几个小镇，解放前它们和庙港一样都是太湖东南岸边商业性的渔港。据说陆港商业全盛时有50户人家做生意，集镇规模虽不及庙港，但它的乡脚范围与庙港相当，也有五六华里地。更溇港更小一些，只有近20个"连家店"[①]。解放后，庙港镇先后设置区政府和公社机构，陆港、更溇港变成庙港下属的乡和大队，只有基层政权组织而无相应的一套行政机构。从1956年开始，这两个小镇的商业逐步被庙港吞并，商业人员大都进入公社的商业机构。到"文化大革命"后期，更溇港集镇完全被吃掉，人去集空，只留下冷落的石板街和残破的店铺门面，退化为农村的居民点。陆港商业虽然也被蚕食去大部分，但它地处庙港与七都两个公社交接处，原属于陆港乡脚的村子离公社较远，主要是凭借了这一优越的地理位置，镇上留下了两个商业门市部和一家茶馆，三十几名商业人员在那里顽强地撑住着小集镇的地位。

从全县范围来看，没有设置行政机构的小城镇大多数被吞掉了，像陆港那样已吞未咽下的是极少数。这个吞并过程值得进一步记录下来加以分析。

[①] 解放前农村小集镇的店铺中有一种前门开店、后屋住家属的叫做连家店。

用行政渠道来控制商品的流通，势必造成农民买难卖难的困境，而商业本身在经营上也容易滋长官商作风。据农民反映，收购农产品的机关要货时急如星火，不要时弃如敝屣。比如兔毛，去年由于某种原因价格大跌，养兔的农民叫苦连天，也不明白为什么同样的兔毛一下子就不值钱了。小城镇和农村里原有众多的流通渠道已变成了单轨，适应不了这几年来农村发展商品经济的新形势，实际上已成了农村经济继续发展的障碍。

商业国营化的过程是在"化消费城为生产城"的政策下进行的。这一政策对于我国的城市建设固然有其积极作用，但由于当时对消费和生产这两个概念的涵义没有搞清楚，以致我们对小城镇性质的认识发生了偏差。在我国旧的传统思想中，消费不是一件好事情，它是指不事生产，靠着人家吃吃花花，实际就是指剥削享受。而在小农经济的眼光里，生产是指有实物收获的劳动，不包括商品的流通。这样我们一方面把小城镇的商品流通职能排斥在生产范围之外，归入消费中去；另一方面把地主官僚对农民和雇工的剥削和挥霍看成所有小城镇唯一的基本性质。以后又进而把做生意、消费、剥削这些概念都画上等号。表现出来的是逐步限制、打击小城镇的个体和集体商业，这就大大削弱了小城镇作为农村地区商品集散中心的地位。然而城乡的工农业产品不能不流通，而流通总得有渠道。在集体、个体等贸易渠道全都被堵死的情况下，供销社非走向国营化不可，国营商业就不能不包揽一切。但是，国营商业固然可以用行政手段把物品流通包下来，却包不下小城镇上原有的经商劳动者，于是小城镇居民中很多人无以为业，纷纷找出路。其中最有办法的人挤入了上海、苏州等大、中城市；稍次的进入当地的国营企事业；没有办法的也不让在镇上吃"闲饭",一批批地被动员下放到农村。最后那些病残体弱、无法下乡的人留了下来,依靠社会福利型的小手工业生产维持生活。这一过程在铜罗镇的人口变化中看得很清楚。它表明在经济基础动摇以后,小城镇作为人口的蓄水池也就干涸了。无以为业的人口是留蓄不住的,不能不向大城市和农村两面泄放,小城镇本身日见萧条冷落。

这里需要补充说明三点情况:第一点是在这一时期小城镇衰落的总趋势中,吴江县也有新兴的例子。苑坪和金家坝这两个公社集镇就是由村上升形成的,它们都是设立新的公社行政机构产生的结果。第二点是从50年代后期起,吴江的县办工业有较大的发展,例如盛泽镇上的丝绸工业从作坊手工业、机器工业,一直到专业化的若干道工序配合的现代丝绸工业。但是这些县属工业在经济、管理等方面都隶属于县的工业部门,它与小城镇可以说没有多少实际联系。第三点是有少数小城镇的衰落是由于自然灾害、地理发生显著变化等多种因素引起的。如松陵西南五公里处的南厍,以前是吴江西北部地区出入太湖的主要港口镇,每天有三四百条渔船和捞水草的农家船停靠南厍,商业兴旺。1949年太湖发大水,南厍的店铺被洪水席卷。公社化以后围湖造田,南厍失去濒临太湖的港口地位,再加上行政设置的变化,南厍集镇也就退化消失了。

四

由于看到小城镇周围农村生产的单一化和镇本身商品流通职能

的丧失导致小城镇的衰落，在1981年又看到农民家庭副业的兴旺和听说那几年吴江小城镇建设也在繁荣起来的情况，我曾产生过一种错觉，以为是农副业商品生产的发展促使了小城镇的复苏。后来经过实地调查，才发现，吴江小城镇兴盛的主要和直接的原因是社队工业的迅速发展，而不能说是多种经营、商品流通的结果。

以与上海郊区接壤的莘塔公社集镇为例，在1975年以前，莘塔公社的农业经济路子越走越窄，农业只是种粮食，副业只是养猪，农民收入常年在150元上下徘徊。从公社镇来看，不用说新的基建，就连原有民用建筑的维修也缺乏资金来源。居民住宅日渐破败，危险房屋越来越多。镇区内两条宽只有3米的过街楼式的沿河小街狭小敝陋。自1975年以来，该镇面貌大变。现在已盖起许多新的厂房、居民职工住宅和一座能容纳1000多人的电影院，马路宽达18米的新街区颇有现代气派。这些基建的总投资共达356.8万元，其中有258.1万元来自莘塔13家社办工厂上缴给公社的利润，占总投资的72%以上。

莘塔的社办工厂只有原公社农具厂（现为油泵厂）一家是在"大跃进"年代办起来的，其他的工厂都是在1975年前后创办的。据1982年资料，这些社办厂中，年总产值超过百万元的有油泵厂、灯泡厂和客车厂三家。若把全社的队办企业也统计在内，社队工业共有57个企业，务工社员2098人，占全公社劳动力的17%。全年总产值1026万元，利润66万元，其中上缴给国家的所得税12万元。以务工社员工资和参加年终分配利润这两项计算，全公社2万余人人均工业收入为49元，占年人均总收入的15%。

从农副工三业产值结构和分配结构来看，莘塔公社总产值中农业占33%，副业占13%，工业为54%。在社员人均分配水平

327元中，农业收入为190元，工业收入为49元，社员家庭副业收入是88元①。

这一例子告诉我们，莘塔在70年代中期开办社队工业以后，改变了农村一段时期以粮为纲、单一经济的局面。社队工业的发展为镇的基本建设提供了主要的资金来源，增加了农民的年终收入，而且吸收了接近1/5的农村劳动力。

从莘塔看到的基本情况在吴江县乃至整个苏南地区是普遍存在的。各个公社在介绍社队工业的好处时，都集中在吸收劳力、增加收入和发展公社集镇建设这三个方面。为什么苏南地区的社队工业在70年代能得以发展，遍地开花呢？对此不能不从该地区的历史传统和特定的社会条件去考察。

苏南地区的历史传统可以概括为人多地少、农工相辅。苏南、江浙一带，人口稠密，经济发达已有悠久的历史，人称"上有天堂，下有苏杭"。人口密度越大，人均耕地必然减少，所以在农业社会里，在一定的范围内，人口密度与经济发展水平是相矛盾的。然而我们的祖先却闯出了一条路子，使人口稠密与经济发达巧妙地结合在一起，那就是男耕女织，相辅相成。这种农业与手工业的结合一直持续了几千年。我30年代在江村调查时还曾看到农户的收入是工农相辅，一半对一半。人多地少，要富起来，不能完全靠种庄稼，在粮食作物之外要种植其他经济作物，并从事农产品加工性的家庭手工业。这就是农工相辅这一历史传统的本质。这个道理在现代人眼里看来很简单，可古人开出这条路子时的艰辛是今世无法想象的，而这条路子作为一个根基开出新的花来也

---

① 社员家庭副业是根据供销社收购系统的数据所作的测算。

是古人始所未料的。因此，依我看来，现在所谓离土不离乡的遍地开花的社队小工业，就植根于农工相辅的历史传统。地少人多、农工相辅是社队工业发展的内因。

在这几年的农村调查中，凡是所接触到的基层干部，只要一谈到人口，都说有一股压力压得他们喘不过气来。当解放初期出生的那批人在60年代中期进入劳动年龄时，农村就开始出现窝工现象。此后劳动力增长的速度逐年上升，年工分量猛涨起来，而同期粮食产量的增长却越来越少，到1970年前后平均亩产显示出已达到极限时的起伏波动。这时农村已不是一般的窝工，而是由于劳力的剩余，农民开始在那里抢工分了。我曾请一位县委书记算了一笔账，假定现有的劳动生产率不提高，现有的粮食产量不降低，全县可以有多少剩余劳动力？他的计算结果是在1/3到一半之间。如此大量的剩余劳动力是一股无法长期压抑下去的力量，一旦有了某种条件，它就会冲出来解放自己。正如当地同志所说的那样，办社队工业是"逼上梁山"，是将压力化为动力。

人多地少只是一股内在的动力，农工相辅的实现还需有外在因素的触发。社队工业兴起的外在因素就是"文化大革命"这一特定的社会条件。十年动乱，全国遭劫难。然而在吴江、在苏南的农村在一定意义上却可以说因祸得福。社队工业正在这时狭处逢生，发展了起来，所以有人说社队工业这是"乱世出英雄"。对此我起初颇觉意外，后来听了一些社队工厂的开办发展史，才了解到大城市里动刀动枪地打派仗，干部、知识青年下放插队这两件使城里人或许到现在还要做噩梦的事情，从另一面来看，却成了农村小型工业兴起的必不可少的条件。

办工业需要原料、劳力、资金、设备、技术和产品市场。农村有足够的剩余劳动力,这是没有问题的。那么其他几个条件社队工业是怎样解决的呢?

铜罗镇有一家生产化工产品的工厂可以说真正是白手起家的。1968年,一个城市青年插队到吴江的一个公社。这个青年的父亲在化工企业工作,他打听到某一化工产品因为派性纠葛而濒于停产,而这一产品又是另一个企业的必需品。于是他就帮助这个公社与需要这一产品的企业挂上钩,这一企业把原料、技术、设备,甚至一部分资金全都包了下来。就这样,农民便在几亩地上办起了化工厂。类似这家工厂的例子比比皆是。因此社队工厂的同志说,那时的办厂条件多数是大中城市主动送下来的。

大中城市为什么要主动送下条件让社队办厂呢?道理很简单,"文化大革命"中城市里的大、中企业有不少在打派仗,搞停工闹革命,没有稳定的局面自然不可能进行正常的生产。但社会生活不能没有商品。尤其是一些外贸产品的生产还得完成计划。而相比之下,农村的局面要比城市稳。于是城市里不能生产,就转移到乡下去。那么由谁来牵线转移?从吴江的实际情况来看,主要是那些家在农村的退休工人以及下乡的知识青年和干部。尽管目的各不相同,但他们实际上却成了城乡经济的中介人,做了一件自己不一定意识到其意义的事。社队工业就是在社会需要大于社会生产,农村局势相对稳定,而且在城市与农村之间有了中介人作联系的条件下产生出来的。等到十年内乱结束,苏南的社队工业已渡过了最关键的初创时期,进入了它的发展阶段。

工业发展不同于农业,它必须要有一个集中的地方。这个地点一要交通便利;二是对来自各个村庄的务工社员来说地理位置适中。这两个要求使社队工业找到了处于衰落的原有小城镇。在吴江县可以看到，凡是公社集镇都是社队工厂最集中的地方。在县属镇，由于镇、社体制分设，社队工业不能侵犯镇区，于是就傍着老镇，在外围形成一个社队工业区。

在这里我们应当注意到在吴江县的七个县属镇内，还存在着另外两种工业，一种是县属工业（包括全民或集体），另一种是镇办工业。县属工业的发展较早，一般是在五六十年代开办的。它对保住小城镇一部分人口和为附近农民提供就业机会是起了作用的，而且近年来这部分工业也出现了新飞跃。然而县属工业与它所在的镇之间没有发生经济上的联系，它只对国家和县交纳税收和上缴利润。所谓镇办工业在1966年以前大都属于社会福利型的集体小手工业组织，实际上是残留在镇上的剩余劳力进行的生产自救。由于在"文化大革命"期间各级行政需要自找财源，搞"分灶吃饭"，灶灶要自己生火，所以镇这一级也得找各种门路办工厂。于是镇办工业就在集体手工业基础上与社队工业同时发展起来，现在也达到相当的规模。

到"文化大革命"后期，从县、镇到公社、大队，各级都在那里积极办工业。甚至连学校也要办工业。震泽中学是江苏有名的重点中学，出了人才。这份功劳部分要归到六神丸的瓶塞子，这不是虚言。不搞生产瓶塞的校办工厂，这个中学的校长就难以当家。学校的设备，教师的宿舍，学生的伙食补贴，都要向校长伸手，校长又到哪儿去要呢？培养我们子弟的教育经费如此不足，要由学校自己办工业来弥补。我听了以后总觉得心中有一股压抑。由此我也明白了为什么从社主任、镇长到县长对办工业这样积极。1973年以前吴江县解放30年只铺了3公里的县级公路，10年铺1公里。没有其他渠道找经费搞建设，它怎能不办工业！尽管当时条条框框还很多，但各级自有办法，各显神通争财源。社队工业如同鸭子凫水，下面已经动了起来。等到三中全会解开了捆住的手脚，社队工业和其他各级小工业就如雨后春笋一下子生长了起来，蓬蓬勃勃地向前发展。

由此看来，苏南这些年来小城镇的复苏和繁荣，是小型工业，特别是社队工业带动的结果。而集体商业的经济活动却还没有真正活起来。我们从事科学研究，不能笼统地说什么小城镇繁荣发展了，而要看小城镇里繁荣发展的是什么东西；它的这种发展又给小城镇与农村之间的联系带来哪些新情况、新问题。所以我想从上述的变化出发回到点与面的关系上，提出一些值得研究的问题，谈一谈对小城镇现有工业、商业、服务业的认识，来共同探讨怎样才能使小城镇真正成为农村的政治、经济、文化的中心这个基本问题。

五

党的三中全会以来，通过调整改革，大中城市的工业生产逐步走上了正轨。在这种形势下，人们对社队工业有两种估计：一种看法是社队工业发展是钻了城市工业停滞的空子，所以城市工业的发展严重威胁着社队工业的生存，前途并不乐观。另一种看法认为城市工业与社队工业不但不相克而且是相辅相成，因此对社队工业的前途不必悲观。这两种估计提出了一个共同的问题，怎样认识、处理城市工业与社队工业之间的关系。这是一个在发展中提出来的课题，我们应当用发展的眼光去深入全面地做研究。

目前社队工业的确存在不少问题，而对这些问题起制约作用的关键是社队工业生产不稳定。我所见的不少工厂很多是两三年换一块厂牌，一两年转一个产品。这样做固然有作为新厂可以免税的奥秘在内，但根本上还是缺乏稳定性。

我们不能满足于市场调节稳定性差这种回答，而应当从社队工业的实践中，去解决在社会主义条件下的市场调节怎样能够达到企业稳步发展的问题。首先不能一般化地对待社队工业，而应当从具体事实出发去分析社队工业里不同的类型。下面先列举一些我们见到的不同类型的社队办的工厂。

吴江县社队工业里有不少是丝织厂。办丝织厂抓住了当地农村具有丝绸手工业传统的特点，而且它作为劳动密集型工业，利润较高。按理说这种工厂是应该稳定的，然而绝大多数社队丝织厂的原料不是蚕丝，而是化学纤维。在70年代，化纤产品是热门货，只要能生产不愁无销路。但随着大城市化纤工业的发展和人们对衣着需求的改变，这两年来吴江县社队丝织厂的产品市场离本地越来越远，采购员采取了你占城市我下乡，你在平原我上山的办法，一直把产品销往福建山区、安徽、青海等地。尽管如此，产品的库存积压还是有相当数量，去年化纤织品降价，损失不小。

庙港有一家蔬菜加工厂是在1980年创办起来的，共有30余名固定工人，生产各种酱菜，主要是小黄瓜和大头菜。这个厂的原料都是本公社农民自己种的，1982年它向全社收购蔬菜总值达110万元，增加了农民的收入。工厂本身利润最高达15万元。它的产品有半成品和成品两类，半成品销往山西，成品除当地自销外还销往上海、苏州和由外贸出口远销南洋各地。

平望现在有上海缝纫机三厂的一个分厂，它是1981年6月由上海缝纫机三厂和吴江县农机厂联合投资、共同筹建的。总厂与分厂两家联合生产蜜蜂牌家用缝纫机。分厂虽不是社队工厂，但它一方面为总厂提供一部分机头零件并组装一些整机；另一方面则与梅堰、震泽、金家坝的几家社办厂协作为上海总厂及其本身生产机架铸件和台板。这几家社办厂的原材料由上海供应，产品归上海接受，按照总厂的计划组织生产。分厂的原料也来自上海，技术由上海派人指导。分厂所获利润和超产的部分，与总厂对半分成。

上面三种社队工厂有可能是吴江现有社队工业的三种基本类型。第一类是原料和市场都不在当地农村，只是利用当地劳力的工业。在目前社队工业技术水平还较低、品种式样受到资金匮乏制约、商情信息基本上还靠当面碰头交流的条件下，这类社队工业忽起忽落不能稳定是必然的。第二类是原料来自当地农村，市场也比较可靠的工业。这类工业实际上是当地农副产品的延伸工业，农副产品与工业原料衔接起来，是社队工业中最稳定的一类。第三类工业的原料来源和第一类相同，并不是本地自产，但由大工厂供应，市场也是大工厂承包，性质上它是城市大工业的扩散，相当于大工厂的一个附属车间，所以它只要能维持住与大工厂的关系也是相当稳定的。

从吴江全县来看，第一类工厂占绝大多数，第二类工厂是少数，第三类工厂只有几家。因而从总体来看，全县社队工厂还是处于不稳定阶段。

对社队工业做出上述分类，是为了说明在基本上属于市场调节的情况下发展社队工业，必须根据农村地区的特点去确定能够发挥自己优势的工业方向，才能保持稳定性。因此我认为应当把工业的重心转移到第二类上去，要大力发展食品工业和具有地方特色的轻纺工业或手工业。这是基于我对社队工业应当握有原料和市场的主动权才能稳步发展的认识。当然哪些原料适宜由社队工业去加工、它掌握主动权的比例应多大等问题，尚需进一步具体化。但农村工业的原料与农副产品衔接起来，进行劳动密集型的工业生产，以地方特色拓宽国内与国际市场，这些无疑是社队工业选择发展方向时应该遵循的普遍原则。第一类工业在特定的历史条件下是送上门来的，而现在却要到处磕头找原料和市场。这说明它作为农村工业的先导任务已经完成。这类工业将来是否会有新的出路，那要看整个国家工业怎样打破大而全、小而全的工业体系以后才能预测。第三类工业看来是有前途的。从世界范围看，大城市工业扩散是一个趋势。大城市人口密集、土地贵、工资高、污染严重等，已使它的工厂不能再继续发展下去。资本主义国家的工业已向郊区和附近农村扩散，现在甚至扩散到第三世界的国家中去了。这种工业扩散曾引起严重的污染扩散的后果。但是我们社会主义国家对这种恶果是可以避免的。我曾说过，我们应当提倡"大鱼帮小鱼，小鱼帮虾米"，要求大、中城市的工业帮助、促进农村社队工业的发展，社队工业也可以帮助更小集体工业的发展。最近我看到江都宜陵的一份调查报告，里面说是那地方有个社队办的蜂乳加工厂，把装蜂乳的玻璃管、包装盒等分到各个生产队去制造，使得这个公社的许多生产队都得到好处。这不是"小鱼帮了虾米"么？所以工业要打破大而全、小而全，要一层一层地扩散下去。但是大、中企业不应当把污染也扩散给还不怎么懂得污染为害的农民，而是把就业机会和工业利润扩散出去，这样它自己可以集中精力提高产品质量和经营方式以增加本身利润。这正是我国社会主义制度优越性的体现。

工业要打破大而全，不仅是形式问题。工业规模越大，越能趋向合理化，这是别国的经验。我们不该不假思索地把它硬搬过来。我们首先要考虑到怎样在发展工业中解决广大农村中居民的生活问题，而不应重复西方资本主义国家工业发展、农村破产的老路。其次，要考虑到我们的企业经营管理方式必须适合我国当前的国情。毋庸讳言，我们对大企业的经营管理还缺乏经验，以致一些大的国营企业不能赚钱甚至长期亏损。现在有的社队工业想稍稍扩大点规模，结果他们自己说是"骑上了马背下不来"。因此，我认为应当注意研究社队工业的规模和适应当前农民水平的经营管理方式，在这个基础上，通过实践培养出一批能管理工业生产的基层干部，为我国工业进一步大发展创造人的条件。

社队工业具有顽强的生命力。有个队办工业赔了钱，我问他们怎么办？回答是赔钱还得搞，这是因为工厂看来是赔了钱，但是生产队每一家都有人在厂里做工，挣得工资，所以不允许关厂，而宁可少拿一点工资。我因而想到这些社队工业很有点像是传统家庭手工业的扩大和集体化。家庭手工业是不计工资、只算收入的。所以从社队工业来说是赔了些钱，但如果把工人们的工资算进去，对全生产队的农民来说，还是增加了收入。赔钱还要办下去，体现了社队工业的坚韧性和顽强的生命力。这种坚韧性来自传统，来自人多地少的现实。这种顽强的生命力使它在不稳定中要坚持生存下去。

赔钱还要办；一家出一个工人，机会均等；凡此种种，看起来都与现代工业的讲求效率、利润、择优挑选人员等经营原则相背离。要实现工业现代化，这些是应当改进的。但是这些是具体存在的现象,自有它发生的社会原因。人多地少和工农相辅的基本情况不改变,这种现象也不易改变。我们应当因势利导,转变它的落后性为开创新工业服务。日本企业家引为自豪的所谓Z式管理,无非是利用传统的"我照顾你一辈子,你得终生为我服务"的从属关系作为经营管理中发挥劳动积极性的有效方式。而我们农村中人际关系的传统要广泛深刻得多。当然其间良莠不齐,应该对它们加以分析和考察,做出区别,弄清哪些东西可以利用和利用到什么程度。我们不应以虚无主义的态度看过去。要真正懂得中国的特点,并根据这些特点搞社会主义现代化,就要研究可以生长出新东西来的旧事物,甚至要用旧形式来发展新事物。最终使旧的转化为新的。

社队工业的发展使一部分农民转化为工人,县办和镇办工业的发展也招收了相当数量的农民工。这就是说现在已经有不少农民到小城镇里来了。据调查,这五六年来,小城镇的实际聚居人口与户口在册的人口相比,普遍增加了1/3。因此,人口普查所得的小城镇人口与实际情形差得很远。这些农民工到了镇上与镇上工人一样干活,甚至那些条件最差、最累、最重的活往往是由他们来承担,他们实际上是工人阶级队伍中的新成员。然而镇上的户籍里没有他们的名,不能吃商品粮,不能调整工资,不能参加工会,其中的党员还不能在工厂里过组织生活。这批人数目相当大,据不完全统计,1982年江苏全省的务工社员人数达到527万人。而全省城镇户口的劳动力总数只有606万人。换句话说,在大中城市及小城镇从事各种非农业工作的人数中,农民工与城镇户口的工人在数量上已相当相近。农民工挑着小城镇工业1/3的担子,但现在还没有能列入工人阶级的队伍,享受工人的权利。我们必须正视这一现实,有责任把这一事实反映出来。应当深入考察这批人走出村子到小城镇上做工的全过程,研究他们的社会地位和生活、工作、思想感情。这是中国工业史上未曾出现过的新情况。他们在我国现阶段的工业发展中将起什么作用?这是一个大问题。

我国的商品粮不足,或许还有别的原因,在50年代不得不划分城镇户口和农村户口。可是后来当城镇户口和铁饭碗结成一体,这两种户口的差异就大大超出了划分时的原意,出现了许多新问题。譬如明明是工人,却偏要给戴上一个帽子叫做农民工。农民的孩子拿到大学的入学通知书,家长要请客、放鞭炮庆祝。大城市里的青年不愿考重点院校,高考分数逐年下降。这些现象大家熟视无睹,习以为常,也就不会去考虑农民工的称呼,农村青年上大学要请客、放鞭炮等的意义究竟是什么呢?据我看来,这些现象的发生不能不归根到户籍制度里存在着的已经和当前新局面不相适应的成分。

在当前的情况下,不仅吃商品粮的城镇居民在群众眼中比农民工高一等,就是在农民工和务农社员之间也有高下之别。据说一些村里的姑娘当上了农民工,她们的婚姻就发生困难。她们不可能嫁给被称为"街上人"的有城镇户口的男青年,因为她们的户口还在农村,她们在别人看来还是乡下姑娘。据说娶乡下姑娘最怕的是生了孩子也成了乡下人。可是这些姑娘们觉得自己已经不完全是乡下人了,她们也不大愿意再嫁给她们认为的乡下人。务农的男青年自己也觉得配不上这些姑娘,不敢高攀。这就产生了一个新的社会问题,有不少悲欢离合的故事。

在实地调查中,时时可以觉察到有一股不可遏止的力量在驱使那些基层干部不能不开动脑筋朝前赶。我也受到一些感染，提出上述几个问题作深入研究的引子。我似乎感到自己盼了数十年之久的东西就在眼前，农村真正的工业化、现代化正在社会主义条件下出现，然而自己对其中许多有着深刻历史的现象还未能透彻地理解，还需继续观察。

江苏其他地区的条件有什么不同，他们是不是也走苏南社队工业的路子？全国农村社会经济发展的步子怎么走法？它从苏南的经验中能得到些什么？这些问题一个接一个地在我心里盘算，希望今后的研究能向这些方面开展。

吴江的社队工业走过了十几个年头，三中全会后的迅速发展也有五年了，其间有成功的经验，也有失败的教训。现在应是加以回顾总结的时候了。我们应当对社队工业的多样性和复杂性进行客观全面的分析，对社队工业中发生的问题做出科学的说明。

六

小城镇作为商品的集散中心，它的商品流通与农村的经济发展之间具有互为前提、相互作用的关系。现在主要的问题是要搞清楚商品的流通环节和开通商品的流通渠道。

商品的流通环节，是指商品从生产者那里出来到达消费者手上中间所经历的步骤。比如某一工业产品由上海的工厂生产后运往苏州；苏州的物资部门将它分配给吴江县；吴江的商业机构再把它分拨到各公社；公社供销社又把它批发给集体商业，最后由门市部出售到农民手中。商品就是这样经历了五个非直接消费的部门一步步地转运给消费者农民。这每一次转手都是商品流通的环节。同样，农副业生产的商品也要经过若干环节作相反方向的流通。这里我们首先要了解的是目前商品流通要经过哪几个环节，以及各个具体环节对于商品流通究竟起什么作用。

让我们撇开大、中城市，先取出从小城镇到农村这一段来作考察。从这一段商品流通环节的具体分析，就可以看到小城镇之间还有大小不同、层次高低之别。

前述的类型分析表明小城镇对农村的主要作用可以因类型不同而有所侧重。然而即使是同类型的小城镇，对周围农村所发生的作用也不是等量齐观的。例如同是作为农副产品集散中心的小城镇，震泽的乡脚大，庙港的乡脚就小得多。因此，由小城镇作用影响范围的大小，反映出一个有系统的高低不同的层次来。

城镇层次的划分，过去大多以人口数量的多少为标准。然而小城镇商业作用的层次分析，单以人口为指标是不够的。因为人口大体上相同的城镇，在商品流通环节中所处的地位却可以不同。在目前我国商品流通的过程中，行政的因素特别重要。许多不同等级的行政性的商业机构决定了商品流通的环节。所以我们不妨首先从城镇的行政地位入手来观察商品流通的过程。

吴江县的小城镇依据行政地位，可以分为三层五级：第一层是县属镇，在吴江人称七大镇。这一层小城镇的共同特点是具有镇和公社双重商业机构。县属镇又分两个级别，第一级是县城松陵，它有县、镇、社三重商业机构。第二级是震泽、盛泽、平望、同里、芦墟和黎里等6个非县城的县属镇。第二层是有公社商业机构的公社镇（或称为乡镇），吴江的16个公社镇也分为两个级别。第三级是商业人口接近于县属镇的八坼、铜罗和横扇，当地叫做三小镇。

这三小镇除公社商业机构外，还有若干县属商业机构的派出部门，其管理范围越出本公社。第四级是设置有公社商业机构的庙港、七都、莘塔、金家坝等13个镇。第三层是大队镇（或称村镇），这一层镇在区域上都属某一大队范围，在行政上并不附设商业管理机构。它不同于有下伸店和双代店[①]的大队中心村，区别在于有商店、服务业和集市贸易的聚合和有经常性的商业管理人员。第三层不再分级。在吴江县共有如前面所说的陆港等12个村镇[②]。

由此可见，商业流通的环节实际是以一层层的行政级别为依据的。那么商品是怎样在这些环节上运行的呢？实际情况要比工业品通过高层次到低层次再到农村、农副产品又反向运行的理论分析要复杂得多。

例如开弦弓村有一家下伸商店，这个店销售量最大的是火柴、糖果、香烟、酒、酱油、盐一类的商品。店里还有三只铝锅，据商店工作人员说它们在货架上放了整整一年。难道是开弦弓村人不用铝锅？不是。农民说买一只锅子要用几年，总得挑个好的，但这里只有三只，没法挑选。所以买铝锅之类的物品他们就要上震泽或庙港。村里的青年男女结婚时新房里所需要的一些用品还要到上海、苏州去买。开弦弓是一个村落，不是村镇。但从这里可以看出普通农村里农民生活各种必需品是分别由不同层次的城镇供应的。这里就体现了小城镇作为商业中心的层次来。一般情况下，农民生活中食用的如油、盐、酱、醋等一次性消费品，基本上可以在村镇得到满足。村镇商业的门市部一般不到10个，销

---

① 业务属供销社系统的大队代购代销店叫做双代店。
② 据乡村建设局调查统计。

售范围大都是在1公里以内。农民的生活日用的如热水瓶、脸盆等低档耐用的消费品,基本上是从乡镇或县属镇得到满足的。乡镇内同类商品一般都是独家经营的,花色品种与数量均较少,它们的商业门市部在10至50个之间,销售范围在3公里左右。县属镇内同类商品则有两个或两个以上的门市部销售,花色品种与数量比乡镇多,选择的余地增加。它们的商业门市部在50至100个之间,销售范围在5公里上下[①]。

小城镇的层次是层层包含的。这就是说,高层次的小城镇的销售范围不仅包含低层次的小城镇及其销售范围,而且高层次的小城镇自身也具有属于低层次小城镇的销售范围。例如假定庙港、七都、八都等乡镇和这些公社的农村都到震泽来买铝锅,那么对铝锅这一商品来说,震泽镇铝锅的销售范围就包含了以震泽为中心的所有乡镇及乡镇的销售范围。但震泽不只是卖铝锅,它同时也卖油、盐、酱、醋。就这些商品的销售来说,震泽镇的范围与陆港这些村镇的范围相差无几,都限于附近约1公里范围内的居民。商品的销售范围实际上就是吴江民间所说的"乡脚"。乡脚并不是以镇为中心的一个清晰的圆周,每一种商品都有各自的乡脚,所以一个小城镇的乡脚由许多半径不等的同心圆组成。小城镇层次的划分实际上决定于它们乡脚的大小。

小城镇层次分析应当深入到满足农民各种生活需要的功利评估。所谓功利评估,是指农民对购买何种商品、花多少时间、付多少成本的计算和均衡。功利评估的原则是以最少时间、最低成本去取得最满意的商品。小城镇的商业层次应当根据这样的研究

[①] 商业门市部数与销售范围都是吴江县各层小城镇的平均数。

结果来布局。我不知道现在的商业部门有没有一本在哪个环节该储备什么样的商品和每种商品要储备多少的账。如果没有这本账，就会产生有些环节上应该具备的商品无货供应，而在另一些环节上不该储备的商品又被囤积的不合理现象。例如我在广西大瑶山的新华书店买到一本《陆游年谱》，对我来说当然是求之不得，但在瑶山的书店里摆上这类书籍，恐怕是很少有机会被人赏识，难以遇上知音。

流通环节的合理化是商品流通的必要条件，道理是显见的，但做到合理化却需要做细致的研究。

疏通商品流通渠道是一件更大的事。党的三中全会以来，小城镇上行政化的单轨渠道发生的问题我们还不怎么清楚。我只是了解到集市贸易在吴江已经恢复起来，农民挑担上街，商贩摆了摊子，到处很热闹。松陵镇还为这样的集市搭了个玻璃瓦棚，使买卖人群不致淋雨，做了一件好事。虽然在集市贸易中有价格管理等许多问题存在，但我看主要的问题是为什么吴江县小城镇的集市贸易还只是停留在农民提上一篮鸡蛋在集市上等上半天的原始状态，而不是像北京北大附近中关村一带那样只用短短的一年多时间，便从日中为市的个体经商变成一排排集体合作的商店？

听说供销社也正在进行改革。对此我得首先说明自己是外行，又没有进行实地调查，目前还只能作为一个旁观者说几句。从客观形势上看，现在要供销社重新回到合作性质上去恐怕不那么容易，要国营商业把已经经营的那些项目让出来恐怕也有难处。据说前两年小镇上供销社和集体商业从体制上划清了。然而所谓的集体商业，其实还是供销社批发给它商品让它出售的国营附属机构。不客气一点说，那是换一把勺子去舀大锅里的汤。

那么小城镇集体合作形式的流通渠道怎样才能真正建立、发展起来呢？前些时松陵镇的同志写信给我，要我帮助他们买一部卡车，用它把凤尾菇运销到苏州市场上去。买汽车我当然是毫无办法，但这封信使我受到了启发。1981 年我把澳大利亚一位朋友送给我的平菇的菌种带回了家乡。1982 年吴江县农技所和松陵镇的同志试种成功并作小规模推广，有的同志还给它起了一个优雅的名字叫凤尾菇。经化验这种蘑菇不仅食用价值高，而且体积大，产量高，每斤以七分钱的成本能卖得六七角钱，它还能立体柱形栽培，适宜作为农村家庭副业。可是在农村里初步推广后，县城内的市场太小，苏州和上海却很欢迎这种食品，于是运销的问题就发生了。所以他们要我设法买卡车。这封信给我的第一个启发是新商品要走新的商业渠道。既然原有的商品走集体形式的流通渠道困难重重，新的商品或许就比较容易创出新的方式来。我们应当支持奖励生产者自己组织起来作集体流通的新的尝试，一切好的形式都是从尝试中出现的。我们要积极发展小城镇，就要从一切方面用各种方法去尝试新的发展。

由此我想到应该进一步研究农村产品商品化的问题。凤尾菇产量大了就想到自己要买汽车运销，那是商品产量的提高促使他们想到的，如果农村除社队工业外的商品生产还不足以满足附近几个小城镇居民的需要，那么手拎肩挑的集市贸易渠道就完全可以承担流通任务，自然不必也不会有更上一层楼的要求。然而 1982 年江村杀兔吃肉的事实又说明，农村经济商品化的水平必须有新的立足于国内市场的流通渠道才能巩固和提高，如果一味把身子靠在洋人的背上过日子，人家动一动小拇指，我们就要跌筋斗。所以我希望有同志能从对农村经济商品化的现状出发，深入探讨小城镇商业流通渠道与农村商品化程度之间的相互关系。

我从这些事实又引出一个看法,小城镇商业的发展之所以没有社队工业的发展快,原因是受到原有商业渠道压抑的农村商品经济对小城镇的冲击力还不够强。一旦这种冲击力强大起来,包揽式的流通渠道就非得改革不可。现在农村经济尚处于生产责任制的低级阶段,商品生产的程度还不够高。要突破当前的局面,还有待于多种经营专业责任制的发展。看来从以家庭生产为单位的责任制到集体专业化生产的责任制,是当前农村生产力继续提高的必由之路。从整个苏南地区来说,集体专业化生产的责任制形式已经在某些方面出现。所以小城镇建设应当清楚地认识到客观的发展会带来的结果,以新的流通渠道的尝试和开辟,去自觉地适应、促进这一具有光明前途的新事物的发展。

七

小城镇怎样成为农村的服务中心、文化中心和教育中心,对此我只能谈谈自己的一些想法。

我四访江村时,听说在影片《少林寺》上映期间,浙江的南浔镇先贴出这部新片预告。震泽镇的电影院获悉这一消息后,赶紧抢先租到这部片子赶在南浔之前放映。这部片子在当时吸引了周围四面八方的农民。他们摇着船、带着孩子来镇上看电影。《少林寺》放映一周,卖座率始终不衰,使影院收入了1万元。农民上街看电影总得吃点面条、点心,还要往家捎回些东西。结果这7天内全镇商业的营业额增加了6万元。这件事在我看来是镇作为农村中心的生动例证。假如这种现象是经常性的，震泽岂不就是一个农村的娱乐中心和商业中心了么！

这件事说明小城镇的服务业是蕴有巨大潜力的。不是农民没有对现代社会生活的需求，而是我们不懂得农民的需求，致使小城镇上的服务项目、服务水平和服务质量远跟不上客观的形势。

为农村妇女烫发是现在小城镇的一个服务项目。1981年我三访江村时，很少见到有姑娘烫发。到四访、五访时，烫发的女青年逐渐多了起来。今年六访时看到，不论是社队厂的青年女工或是在田里干活的姑娘，头发几乎都弯曲起来，甚至连十二三岁还在上学的小女孩子也烫了发。据说她们大多数是到庙港和震泽的理发店里去烫发的，每次两元。每逢过年过节理发店日夜开业。在这件事情上庙港和震泽已成为农村姑娘的服务中心，而且为我们提供了测量这两个中心服务区域，即城镇乡脚的一个指标。但是农村姑娘烫发的风气完全是自发的。我们对电视机的下乡引起了什么后果可以说很不清楚。这些看来都是小事情、意义却十分深远的问题，需要我们严肃地进行科学的研究。

再说小城镇上的茶馆，过去这是附近农村的社会信息交流中心，城里的、镇上的、村里的信息都在茶馆里汇集，并散播到附近农村里去。它是民间相互咨询的服务场所，里面有社会新闻、有生产技术问题、有做媒等丰富的内容。现在民间的信息交流、咨询服务是否还在茶馆进行，还是另有场所和其他途径？在农业生产责任制和农副工综合发展的新情况下，农民到底有什么新的服务要求，怎样去满足他们的要求？这些都是迫切需要加以研究的课题。

在文化方面，除了电影院对农民开放外，镇本身现在很少有什么文化设施。青年们一般不上茶馆,又几乎没有文娱、体育等活动,连找对象在镇上也没有谈话的场所。去年松陵镇修了一座小公园,除了供人憩息,还有一些石条凳可坐,使农村青年男女进城来可以有个谈恋爱的地方。听说还有人反对,说是有伤风化。其实这并不是一个小问题。我看现在存在着严重的地缘、业缘内婚现象。青年男女没有正常的社交活动,不熟悉居住和工作范围以外的人,不得不在同村、同厂、同机关内部找对象,以致选择的圈子越兜越小。据说在一些交通闭塞的山村里,低能儿越来越多,原因很可能就是长期的近缘婚姻。所以扩大青年的社交范围对于反对父母之命、媒妁之言的封建包办婚姻,对于改变近缘婚姻是有积极意义的。男女青年有正常的社交活动,可以自己见面谈恋爱,这是一种文化中心的出现。文化中心不是一句空话,建设社会主义精神文明也不是空洞的口号。真正的中心作用是要使农民到小城镇来接头,在这里解决实际问题,满足农民的需要。也就是人与人要在这里碰头,物与物要在这里运转,信息要在这里交流。苏南、吴江这一发达地区的小城镇到底为农民做了多少事情?很值得我们去看一看、想一想。

在教育方面,使我最痛心的事是江苏的文盲率要比全国的平均数高,吴江更是高中之高。按理说,一个地区经济水平是与文化程度成正比的,实际上现在反过来了。其中的规律性值得深入研究。可我想提一个倒过来的问题:为什么要识字?不识字又怎样?如果不识字照样生活,收入还比识字的高,那就发生了为什么要识字的问题了。

这次我在太湖边上的庙港渔村里散步,我问了几个年龄不同的居民识字不识字,他们都对我摇摇头。年纪大的都是有经验的渔民，年轻的孩子们正跟着父兄们学打鱼。据说他们近年来的收入比农民高得多。我和他们的谈话中使我悟出他们不识字的道理来。这些都是多年甚至世代在太湖上捕捞的渔民。捕捞是搜集自然产物的生产方式，由来已久，说是原始经济也未始不可。这种生产方式需要有这一地区自然地理的丰富知识。在太湖里打鱼，就得充分掌握太湖的气候、风浪和鱼源。这是他们生活所依赖的知识。这些知识都并不靠文字来传递，而是口口相传并在实践里体验来的。要做成一个能靠捕鱼为业的太湖里的渔民，就必须从小就跟着父兄在船上生活。试问他们为什么要在学校里花费多少年学会几千个方块字呢？年轻时进学校而不去跟父兄一起经风浪，到头来恐怕会在打鱼时被风浪淹死在水里。但是如果要提高渔业的生产力，改捕捞为饲养，就是用人工去经营鱼塘以得高产，情况也就完全改变了。饲养员需要知道温度、湿度、水里含氧的成分等等所谓"科学知识"，这种知识不懂文字是得不到的。从太湖上的"浪里白条"变成鱼塘的饲育员，是从原始采集阶段的生产方式发展成饲育阶段的生产方式，也就是从不需要文字到离不开文字的发展过程。如果现在庙港的渔民安于在太湖里乘风破浪地以捕捞为业，那么我看文盲是扫不完的。我从太湖边上散步回来，对扫盲问题的认识似乎又深了一步。我们读社会发展史应当要用它来理解当前的实际问题：生产力不发展，教育普及不了。从这个角度去研究当前农村的教育问题，也会看到目前农村生产力的迅速发展不仅提出了普及教育的要求，也提供了普及教育的可能性。怎样才能满足农民对教育的需要呢？那就有赖于我们提供怎样的教育内容了。因此怎样把小城镇建成农村的文化教育中心，对我们来说应当是一个重要的新课题。

八

　　我的发言应当结束了，在末尾我想附带提出一个名词问题。我素来不主张在名词上浪费笔墨的，但是也不能不注意到名副其实的必要。"小城镇"这个名词最近大家已经习惯了，但是否还可以多考虑一下？用这个名词来指作为农村中心的社区是否妥当？我们的字典里对城、镇、集、墟、街、场、村等名词都有一定的释义，我在这里不再重复。但必须指出，当前各种社区需要划分出一条城和乡的界线，各层的社区用哪些名词来表达最为妥当还是个值得考虑的问题。

　　如果把"城镇"这个名词用来指作为农村中心的社区，从字义上看，它似乎应当属于城的一方，而实际却是乡的中心。为了避免这种因望文生义而可能产生的误解，不如称这种社区为"集镇"。我们知道有不少经济不太发达的地区，还没有形成固定的商业和文化中心，而停留在"日中为市"的定期赶集形式。津浦铁路进入安徽境内就有很多车站至今保留着某某集的地名。这些集所起的作用，程度上虽有区别，性质上是和吴江所见到的许多"小城镇"相同的。把这些集称作"小城镇"总不免有点牵强。所以我想不如把在吴江所见到的"小城镇"和这些集归在一起而称它们作"集镇"。

　　当然"小城镇"应当划归在城、乡的哪一边，还是一个可以研究讨论的问题。把它说成城乡的纽带，只说明了它的作用，而没有表明它是一个具体的社区。我主张把农村的中心归到乡的一边。但也可以考虑在城乡之间另立一格，称之为镇。麻烦的是汉字不习惯用单音节名词。镇字旁还得加个字，要加就不能再用城或乡，所以还是可以考虑称为"集镇"。

还要提到的是群众语言中有传统的分层模式，那就是"城里人""街上人""乡下人"。这种分层至今还有现实的社会意义，含有高低之别。上面提到过在婚姻上乡下人不敢高攀城里人的事就是一个例子。而我们所提到的吴江县的"小城镇"在群众语言中却包含了三个层次。作为吴江县行政中心的松陵镇的居民过去被称作"城里人"。松陵镇过去也确有城墙，解放后才拆除。其他的镇上的居民在群众语言里都不称"城里人"，而称"街上人"。但是像庙港一样的公社镇，过去并不是基层行政中心，只是沿太湖的港口之一，像是一个较大的村子，所以它的居民够不上称"街上人"，还是"乡下人"。有人看到在现在所谓"小城镇"里还存在着和群众语言相适应的层次，所以主张用"城镇""乡镇""村镇"来区别。"城镇"指松陵一样的大镇，即县属镇；"乡镇"指公社一级，也是体制改变后乡政府所在地的镇；其下则是"村镇"。这种意见值得考虑。我在这里只是提出来供大家讨论。我们的调查研究越深入，对我们用以识别事物的概念也会越来越细密，也会要求我们所用的名词更加确当切实。现在一般应用的名词都有待我们进一步去研究讨论。

今天我的讲话里还是用"小城镇"这个名词，因为我们的讨论会的名称就这样用的，不能因为我个人不成熟的意见就加以改动。这也说明了这些概念和这些名词都有其社会的根源和作用。即使改动也要有个过程。我个人的意见也会改变，一门科学在初创时期总是这样的。

最后，预祝这次讨论会开得成功。

1983 年 9 月 20 日

继续开展江苏小城镇研究 [1]

这次讨论会，对我来说，的确是一个很好的机会。我这两年来，是匆匆忙忙过日子，从早到晚，忙于应付，打个比喻是个"多频道"的电视机，一会儿这个频道，一会儿那个频道，中间还有广告。召开会议，又要讲话，不可能坐定一天搞一个问题。以前我写文章是不肯过夜的，要一口气写完了才睡觉，这样写的文章人家也会一口气看完。现在不行了，总是要被打乱。这次出来，集中了一些时间对小城镇问题想一想，学一学。各位的文章我还没有看完，可是，我确实看了十四五篇。从这里面我学到了不少东西。

我们这次讨论会大家感到有些新的空气，就是大家谈、大家讨论、发表不同的看法，这是符合当前学术发展的总趋势的。小城镇研究是个多学科交叉的，结合实际的，有理论指导的，科学的，实事求是的，能用来解决问题的，为社会主义建设服务的，这么一个课题。研究工作光闭门读书不行。搞实际工作，不研究，也不行。现在我们把各个方面聚集在一堂，一碰头大家觉得有点甜头。当然，甜头刚尝到，不可能很深，因为这还是个起点。

我们的任务越来越重，形势发展越来越快，而我们的能力有

---

[1] 本文是作者在"江苏省小城镇研究讨论会"结束时的讲话。

限，每个人都感到不能按部就班地工作，形势逼人！个人力量是有限的。我在吴江县庙港曾做了一首诗，其中我说我是"万顷一沙鸥"。太湖是万顷，我是一沙鸥，只靠自己一个人是不行的。看来，必须把我们大家的力量加起来，把各个学科的力量加起来，要集中各方面的力量解决这个问题。

研究小城镇这个问题，看来我们是抓对了。胡耀邦同志很早就提过这个问题。他在1980年各省、市、自治区思想政治工作座谈会上做了个讲话，其中第四部分，专门讲了一段小城镇建设的问题，很重要，我这里简要地讲给大家听听：

他说：我不久前到云南去了一下。云南的保山县有一个板桥公社，600户人家……考察一下板桥镇的历史，原来的600户中，有120户是从事手工业、服务行业，很热闹。现在一看，600户的小城镇，凄凄凉凉，破烂不堪。我们的国家，经过了抗日战争、解放战争、民主改革，后来又经过了"文化大革命"，小城镇里的住户，有许多搞农业去了，原来的商品经济的东西没有了。现在我们要发展商品经济，小城镇不恢复是不行的。要使农村里面的知识分子不到大城市里来，不解决小城镇的问题就难以做到。如果我们的国家只有大城市、中城市，没有小城镇，农村里的政治中心、经济中心、文化中心就没有腿……依我看，城镇，首先要解决发展方向问题，要好好地搞集体所有制，搞服务行业，搞手工业，搞饮食业……有些城镇，什么照相的，理发的，洗澡的，娱乐场所一搞，治安也就好了……这个问题我讲了好几次了。旧的体制一定要改革。要搞试点，摸索经验，把小城镇的建设搞起来。

这次的小城镇研究讨论会，我听了一个星期，感到很亲切，很具体。我们应当体会胡耀邦同志的意见，不要讲大话。他在青海省就讲种草经,谈种草种树,就同我们要在小城镇开照相馆、开澡堂一样,一切要从最基本的小事做起。不要说大话,好像高深得不得了。其实我们已经离现实有了很大差距,不能再腾空了。

现在的客观情况是农村发展了,大城市又挤得不得了,农村里的剩余劳动力越来越多,只有找个办法,使人们既不到大城市去,又不集中在田里干活,这就是"离土不离乡"。这个办法是农民自己创造的,是群众创造的。可是究竟全国的小城镇能容纳多少人?我看至少能解决1亿人。这只是一个设想,当然,容量不是死的,发展到什么时候能吸引多少人,容纳多少人,现在还不能肯定。要容纳1亿人,那就要做很多工作。可以设想,乡道一通,铺上一层砖,能骑自行车了。白天在镇上做工,晚上回农村睡觉,小城镇就能容纳更多的人。

我小时候喜欢下围棋,要做活一块棋必须做两个眼。今年春天,我一直在想,我国人口这盘棋也要做两个眼,一个眼就是发展小城镇,另一个眼要做到大西北边区去,可是那个眼不容易做,先得解决生态平衡问题。关于祖国的建设,胡耀邦同志提出了远见,十年二十年后,我们的发展中心要转移到大西北,现在就要种草种树。这么一个大的战略方针,当前要落实在种草种树上,要把恶性循环改为良性循环,从种草种树开始。耀邦同志不讲别的,讲种草经,我们的脑筋不要在空中,要落地,思想落地。小事情做好了可以解决大问题。我们的小城镇研究也不光在搞好小城镇,事关中国怎么生存下去的大事,是大问题。

小城镇,现在一看,复杂得很,有各种不同类型的小城镇。昨天看了一份材料,是关于南京市大厂镇的,这是个大城市的卫星城镇,工业搞得很好,取得了一些经验。当然问题也不少,还要调查调查，从中可以学到很多经验。

大城市和小城镇的关系是大鱼与小鱼的关系，大鱼要帮小鱼、小鱼要帮虾米。我说这是社会主义的公式，有别于大鱼吃小鱼、小鱼吃虾米的资本主义公式。大厂帮小厂的例子已经很多，可是小鱼怎么帮助虾米？有个镇搞了个蜂王精，这就是所谓一镇一品。一品搞好后，把许多辅助性生产扩散到农村去，生产队也搞起小工业来了。靠一个镇，靠一个传统产品带动一大片。这对我启发很大，小鱼是可以帮虾米的。为什么这么做，做了有什么好处？大家一看宜都农村发展的实际情况就清楚，农民富起来了。

还有很多问题需要分析。我早年参加了北京市的计划委员会，同梁思成先生在一起，那时我们思想分两派：一派说把北京这个城丢掉，另外在北京之外造一个新城；一派说，北京不能不要旧城，只能把旧的变成新的。这两种思想斗争了很久。那时我们没有经验，不知道究竟怎么办，回想起来，我们经常碰到这类问题。

对于小城镇的建设，如像吴江县同里镇怎么发展，能否旧中出新，推陈出新？做起来要花很多脑筋。所以，我们得抓几个点，研究研究，这不是小问题，需要我们动脑筋。

这次讨论会好在各方面的人都有，有科学研究系统的，有政策研究系统的，有城建规划系统的，还有做具体工作的同志。我们大家聚到一起来，有很多共同的东西，也有很多不同的东西。正因为有不同的地方，所以要聚在一起，互相交换意见，交流经验，互相启发提高。我们可以总结一下，想一想，像这样的会，我们是不是真的学到了东西？会上的材料，我看了，觉得很不错，很多数字是很有意思的，它反映了量变和质变的状况。我们的原始资料很多，还没有完全开发出来。有些文章描述了基本情况，但没有把问题点出来，或者是看出问题了，但没有深入下去。

中国有它的特点，小平同志抓到了这一点，为了抓到这一点，我们搞了多少年，花了多少代价。我们就是要在找准特点的基础上，尽量地接触实际。例如，我们要使生产发展，使商品经济发展，可是又碰到重农轻商这个传统观念。这些问题，不是学几篇文章就能解决的。要到群众中去，才能摸索到重农轻商的来源，才能进一步研究怎么样使我们的商品流通渠道在社会主义轨道里活起来。

今后我想这样：我们的典型调查，还有很多缺门。我们还要继续解剖一些麻雀。比如，镇上的人同农村里的人，他们的生产关系、劳动关系如何，有什么新变化？这个问题很重要，张雨林同志关于农村剩余劳动力分层转移问题的那篇文章就很值得一看。我们现在知道小城镇有一些工业是大城市扩散下来的。这种工业刚刚开始，而且很有前途，它符合于当前现代工业的发展趋势。另外还有些工厂和城市里的大厂挂上了钩，它们和工厂的关系，就像大鱼同小鱼的关系，究竟怎样，矛盾何在？这就大有文章可做，要深入下去。再进一步到上层建筑，城镇如何发展乡土文化，怎样起到农村文化中心的作用？也值得我们深入研究，也是大有文章可做。

研究小城镇，我们刚刚起步，方法是对头了，可做起来，还须花大量的劳动，还要引进新的研究技术、方法。在研究课题上我们还有许多缺门，要想法子补足。吴江的调查已有了一点结果，我们不能像猴子摘包谷，一边摘一边撒，拿一个丢一个，而要扎扎实实，一步一个脚印。第一步在吴江要补上缺门，我们把小城镇分了几个类型，可是盛泽还没有研究，松陵也没有，几个大的镇，我们都要去调查。

第二步，建议各个市委政策研究室的同志，选择几个点深入下去，做些调查研究。每个市的调查点不要多，今年、明年搞它两三个，多了吃不消。这样我们从吴江出发，逐步向面上发展。希望南京地理研究所的同志和我们一起来做典型调查，找出一套指标，有一套能反映基本情况的指标，然后进行大面积的定量调查。一下子也不能搞得太大，要从小到大，可能的话，我们可从吴江一个镇做起。一个镇做好了，事情就好办了。我们要请大家一起把指标定下来，试一试，这是明年做的工作。

第三步，明年我们要准备过江。"烟花三月下扬州"。江苏有苏北、苏中、苏南。苏北的面积比苏南大，它的基本情况同皖豫一带地方相似，可以从苏北开始突破。过了江还是照我们原来的办法做，先去探索，再找点，深入搞下去，然后在面上展开。这个办法是否可行，请大家考虑。

现在是上面有压力，地方有要求，都要求我们把事情办好，不办好人家要责备我们。我们自己力量不大，也要挑起这副重担。江苏的事情必须以江苏为主，去挑这个担子。我们中国社会科学院要尽一切力量支持你们，需要我们的地方我们不推却。我们希望江苏的同志逐步把力量放到下面去，但必须有一个中心，需要一定程度的协作。这个中心，不是个行政机构，没有上下级之分，只是一个协作性的学术团体，大家推我做学术指导，我当然不好意思推却了。实际上需要我们大家出力量，共同交流、互相合作。不要用行政工作的一套去领导学术工作，学术工作有学术工作的特点，同行政工作是有区别的，由于不注重这一点，我们已花了很大代价。看来我们可以组织一个松懈的联盟，这样可以帮助大家发挥积极性，既有创造的劲头，又有共同的目标。

我希望，我们的工作有所贡献。我们要开辟一条渠道，把我们对小城镇建设的意见捅上去，提供给我们的决策机构去研究。我们要组织各方面力量，请懂科学的人来会诊：拿出科学的东西来，供我们的领导采纳实施，这才是对党负责。各位回去之后，根据实际调查的情况，把好的意见集中起来。各方面的意见集中起来，就不再是哪个人的意见了，就可以比较正确地反映当前的客观形势了。

讨论会开了7天，收获是大的。我们大家的时间都很宝贵。我们要把丢掉的十年二十年抢回来。人家发展得很快，我们要比人家速度更快一点才行，才能追上去，超过人家。我们所处的时代是一个伟大的时代，紧张的时代，我们这一代不把事情做好，下一代就不得了啦。因此，我们要善于利用时间把事情做好。我希望明年再开这样的会，也许一步将比一步大，我们每一步要向前走，当然要尽量跑得快一点。

1983年9月27日

小城镇 再探索

一

我们的小城镇研究是从农村研究的基础上发展出来的。1981年我三访江村时,还只是以一个农村为范围进行观察,但是这年年底四访江村时,我们就提出要"更上一层楼",从农村升一级,去调查研究作为农村政治、经济、文化中心的集镇。我们曾访问了吴江县的一些集镇,发现这些集镇正在从衰落转向繁荣。除个别例外,在过去30年里,绝大多数集镇普遍存在着人口外流,人数增长缓慢,甚至下降的现象。党的十一届三中全会后出现了新局面。这些集镇的册外人口大增,有些镇竟达居民总人数的1/3。所谓册外人口是指住在镇上而没有户口的人。我们看到这里问题很多,所以决定从1982年开始,把小城镇研究列为我们调查工作的重点。这个意见得到了江苏省委的支持,因为就在我们提出这个意见不久之前,江苏省委在常州举行了一个城市工作会议,提出发展小城镇的主张,真是"不谋而合"。因此,中国社会科学院社会学研究所就和江苏省社会科学院社会学研究所联合组成了小城镇的调查研究组,开始这个课题的调查研究工作。

为了深入探索这个新的课题，我们采取了"解剖麻雀"的方法，把小城镇数量上号称"多子女"的吴江县作为解剖对象，并提出"类别、层次、兴衰、布局、发展"的十字提纲。我们的工作分两个阶段，先是从上而下，向各级党政干部请教，初步了解从县到镇的基本情况、有关的工作经验和已看到的问题。然后，按不同类别和层次，定点、定人、定题，课题组同志分别下乡做实地观察。去年秋季集合汇报，并邀请了中央有关部门及江苏省委政策研究人员、江苏省有关各市各县各镇领导干部，以及有关研究机关和高等院校的研究人员一起进行多层次、多方面、多学科的学术讨论。这就是1983年9月21日到27日在南京举行的江苏省小城镇研究讨论会。我在会上作了《小城镇 大问题》的发言。课题组及其他参加会议的同志提交讨论的一些论文，经过修改提高已汇编成《小城镇 大问题》（江苏省小城镇研究论文选第一集），今年7月份可以出版。在这次会上成立了江苏省小城镇研究会。

1983年全国政协组织了有北京和南京各方面专家参加的小城镇调查组，从11月11日到12月6日到江苏的常州、无锡、南通、苏州四市和部分县、镇参观访问，对江苏小城镇讨论会所提出的问题和观点进行"会诊"。调查结束后，在苏州总结，会上的发言正在整理，陆续将在《社会学通讯》上发表。我这篇《小城镇 再探索》就是以我在这次总结会上的发言为基础，整理而成。下面我只想把个人在四市和部分县、镇访问中的体会做一简要的叙述。

二

农村经济的繁荣，带来了小城镇的复兴。党的十一届三中全会后，在短短的 5 年中，广大农村落实了各项经济政策，全国农业生产，除了极个别地区，都有了普遍的显著的提高。农民确实富裕起来了，这是有目共睹的事实。我们所调查的苏州、无锡、常州、南通四市，在近年农村经济发展上，在江苏省来说是站在前列的，而江苏省在全国的经济发展上又是站在前列的。1982 年江苏的先进记录是"两个超过 500 亿"，即粮食 571 亿斤、工业总产值 502 亿元。1983 年再创的新记录是"六、七、八"，即粮食 610 亿斤、财政收入 72 亿多元、工农业总产值 824 亿元。

在我们调查期间，1983 年农村的各项指标尚未结算，省委农村工作部提供的资料：1982 年江苏全省社员人均收入 309 元，比 1978 年增加 154 元，四年翻了一番；同年间，粮、棉、油总产量年均增长率都在 4% 以上；主要副业项目的年均增长率都高于 10%；乡镇工业（公社及生产大队两级所办企业）总产值四年也翻了一番，占农村工农业（生产队所办企业算作农业）总产值的 42%，占全省工业总产值的 1/4。

我们调查所经过的地方，农民住宅已在更新，使得农村面貌焕然一新。长江北岸开始"草房改瓦房"；苏、锡、常开始"瓦房改楼房"。有些地方沿路可以看到装上阳台，阳台上摆满花卉的别墅式两层楼房，一幢接一幢地绵延几里。集镇上百货公司、电影院、文化宫、书场的新型建筑在宽阔的大道两边耸立，使旧上海的边缘市容相形见绌。有些生产大队开始兴建公共浴室。无锡县前洲乡的一位青年在他花费 1 万元建起的三层楼的新居中掰着手指告诉我们：近几年，他和他那在队办纺织机械厂工作的妻子一起，每年收入约 4000 元，除了全家三口的日常开支，可以积蓄 2500 元到 3000 元。这种人家在前洲乡一类的农村里是很普通的。

江南鱼米之乡出现的"建屋热"是农民丰衣足食之后开始解决居住问题的反映。有些地方农民造房子已超出了居住的需要，部分是属于家庭副业的生产投资，还有部分是属于"实物储存"。农民从商品生产中获得的收入，一时已消费不了。江苏农村在1982年末的储蓄额达20亿元，在苏州市平均每个农民有78.9元存进银行。但是有理由相信留在农民口袋里的现金很可能超出此数，这部分余资按农民的传统心理，要变成不动产才放心，所以也构成了兴建房屋的一种动力。无论怎样，在这四市的农村中已出现的小康气象是十分动人的。

使这地区农民富裕起来的主要因素是农村经济结构发生的变化。这些年来江苏全省农副工三业各以不同的速度逐年增长，其中农产品产量的增长率最低（约4%），乡镇工业（即社队工业）的产值增长幅度最大（约90%）。这意味着在农民的收入中，来自农业的比重相对降低，而来自工业的比重越来越大。在我们调查的四个市中，以县为单位，工业产值占总产值的比例，都接近或超过一半，特别是长江以南这三市的县一般都在70%以上。1983年这三市中有无锡、常熟、江阴三县的工农业总产值各超过了20亿元，其中农业产值只占10%—20%。据1983年统计，江苏已有塘桥、乐余、前洲、玉祁、周庄、华士、黄巷等七个乡的工农业总产值超过了1亿元，这些乡的工业产值都占90%。农民富裕靠工业，已成了普遍的事实。

值得特别注意的是，由于这些地方工业办得好，因而富裕起来的乡村，农副业收入所占的比例不断降低，而在绝对数字上却相应地增长，速度也较工业不发达的乡村为快。这个事实应当大书特书，因为它向人们展示出我们社会主义建设中的一种崭新的特点：中国社会基层的工业化是在农业繁荣的基础上发生、发展的，而且又促进了农业发展，走上现代化的道路。

这个特点的重要意义只要和西方早年工业化历史相对照就容易看得清楚了。欧洲工业化初期，在集中于都市里的机器工业兴起的同时，农村却濒于破产，农民失去土地，不得不背井离乡涌进城市，充当新兴工业的劳动后备军。资本主义国家现代工业的成长是以农村的崩溃为代价的，这是西方资本主义工业化的道路。与此相比，我国在社会主义制度下，党的十一届三中全会以来却出现了上述的那种基本上和资本主义工业化迥然不同的新道路：农民在农业繁荣的基础上，以巨大热情兴办集体所有制的乡镇工业。这种乡镇工业以巩固、促进和辅助农业经济为前提，农副工齐头并进，协调发展，开创了农村不断繁荣兴盛的新局面。这种工业化的道路，从具体历史发展来看，并不是从理论上推论出来的结果，而是农民群众在实际生活中自己的创造。经过了多年实践的检验，"实行几亿农民离土不离乡，积极发展乡镇企业"，终于被肯定为从我国国情出发的一个具有战略意义的方针。

三

在吴江县的集镇调查过程中，我们看到了集镇的转衰为兴是由于当时所谓社队工业——即现在所说的乡镇工业——的兴起。我们这次四市访问证实了这是这个地区共同的特点。

据反映，苏南地区的乡镇工业虽发生于70年代的初、中期，但那时是"偷偷摸摸地搞"，一般说来工厂为数不多，规模也较小；如雨后春笋般地蓬勃兴起，是党的十一届三中全会以后的事。例如无锡县的前洲公社1970年仅有一个农机厂，12名工人，全公社的工业产值才150万元；到了1982年，工业产值达到7388万元，增长了48倍，务工社员也增长到7700余人。从无锡全市范围来看，1978年以来乡镇工业的产值和利润分别以年均23%和7%的速率递增。

这一情况的发生，如我过去已经指出的，只有从乡镇工业与农业之间的内在联系中才能找到答案。苏南是一个农业开发历史悠久的地区，农业经济的发展吸引和积聚越来越密集的人口。为了解决人多地少的矛盾，维持住该地区的"天堂"之富，这里很早就在农业稳定发展的基础上产生了家庭手工业。"牛郎织女"的传说反映了夫妇之间的分工和合作，表明了农业与手工业在一个家庭内的有机结合。这就是苏南地区人多地少、农工相辅的历史总结。

建国以后，苏南的农业由个体经济走上了集体经济的道路，农业生产力获得了前所未有的解放。可是，由于人口的一度失控，人多地少的矛盾在这里越来越尖锐，70年代初四市的人均耕田已经降到一亩上下。在党的十一届三中全会前，农村经济政策又受到"左"倾思想的影响，"以粮为纲"变成了单一的粮食生产，破坏了这一地区工农相辅的传统结构。越来越多的农业劳力没有别的出路，不得不以成倍增长的成本在有限的土地上搞强化开发，那是增产不增收的路子。据苏州市的测算，70年代中期以来，纯农业的收入长期在人均100元上下徘徊。

我在《小城镇　大问题》一文里已经说过，江苏怎样在十年动乱中"逼上梁山"地找到发展乡镇工业的道路。我也指出过，农村的剩余劳动力寻找出路是乡镇工业发生和发展的内在因素。据我们这次调查的四市来说，以劳均 4 亩耕地计算，农村里就有 1/3 以上的剩余劳力，仅苏州市的五个县就有 120 万人，约占该市农村总劳力的 50%。这些原来被"大锅饭"所吞没的农村剩余劳动力，一旦在自办的工厂里找到了从事生产的机会，就成了农村里新增的生产力。党的十一届三中全会确立了生产承包责任制以后，农村里家家户户都发现了从有限的责任田上大可腾出手来另找生财之道，于是乡镇企业就遍地开花地在农村里生长了起来。因此，我们可以说，乡镇工业是农村剩余劳力以新的劳动手段与新的劳动对象相结合的产物。它是农民依靠集体的力量办起来的工业，它不但不会损害作为自己基础的农副业，而且能在为国家财政收入做一定贡献的同时，主动地承担起支农、补农和养农的责任，形成了我在上节里所提出的我国工业化的新道路。

从江苏全省来看，1983 年乡镇工业向国家纳税 11 亿元，占全省财政收入的 1/8。在 1979 年到 1982 年四年间，乡镇工业的利润中有 20% 以上用于购置农机、进行农田基本建设、兴办农村集体福利事业等，总额达 14.5 亿元，相当于同期国家对全省农林、水利、气象的投资总额。与此同期，乡镇工业工资总额和返队利润累计有 59.9 亿元，其中 1982 年为 17.9 亿元，以全省农业人口计算，人均收入 35 元。苏州市的同志说："我们这里正是由于乡镇工业的发展，依靠以工补农这着棋，才稳定了务农社员的生产情绪，促进了农业生产的继续发展。1982 年，全市五个县农村人均 255 元的集体分配收入中，来自乡镇工业的为 130 元。实质上，这是在弥补粮食价格背离价值的差额上，在国家宏观调节手段不足的情况下，乡镇工业为国家分挑的一部分担子。这副担子非挑不可，因此，乡镇工业也非办不可。"上述数字表明了苏南的乡镇工业对农副业的巩固、发展和农村的繁荣所做出的贡献。在调查中我们看到，凡是工业办得好的地方，随着工业对农副业的补养成分越大，农副业的发展也就越迅速。这不是偶然的现象，而是必然的联系。

乡镇工业补贴农业并促使农副工综合发展的这种作用，在形式上类似于历史上农民的家庭手工业。正是在这一意义上，可以认为乡镇工业是根植于农工相辅的历史传统的。但在新的历史时期下，农工相辅已不再以一个家庭为单位，而是以集体经济的性质出现。从一对对的"男耕女织"到一村一乡的农副工综合发展，使农工相辅的传统在社会主义制度下发生了历史性的变化。这一进步迅速改变了农村的面貌，使农民的富裕得到了保证。在调查中，四个市的干部和群众都提到这样三句话："农业一碗饭，副业一桌菜，工业面貌改。"意思是说，农副业过关，充其量是解决温饱问题和略有余款，只有办起乡村工业，才能使农村的繁荣具有坚实的基础。这是各级干部与农民的切身体会和自觉行动，是一种"与荣俱荣，与枯俱枯"的感情。苏州的一些同志说，要是回过头来，把转移到工业上去的几十万劳动力重新捆在一人一亩的土地上，这是万万要不得的。

四

乡镇工业不仅与农业之间有着历史的内在的联系，而且与大中城市的经济体系之间存在着日益密切的连结。在旧中国，自从上海成为通商口岸的上百年间，外国资本和官僚买办资本就从这个商埠出发，沿着沪宁铁路把吸血管一直插到苏南的农村。首先被摧毁的是农民的家庭手工业；接着农业也独木难支；最后农民忍痛出卖土地，到上海去做工——走上了西方资本主义工业化的道路，还要加上半殖民地的性质。

解放前，由于农村破产，被迫走入城市的农民在工厂里学会了现代技术。他们在当前乡镇工业发生和发展中成了一个积极因素。据无锡市反映，解放前上海的钣金工中有近一半是无锡人，形成了上海机械工业中的所谓"无锡帮"。这些工人原来就是从农村流入城市的农民。中国的工人和西方国家不同，他们多半是只身进城，挣钱养活乡下的家口。这种"藕不断，丝还连"的状况至今还起着作用。我们走访了28家乡镇工厂，它们的创业都与各种各样的"关系"有关，而其中大多数就是由有乡土关系的退休工人或干部牵线搭桥或提供技术力量而诞生的。但乡土关系只是乡镇工业得到促发和催化的条件，乡镇工业与大中城市日益密切的连结是在党的十一届三中全会以后逐步发生和加强的。

在常州湖塘镇，一家社办的柴油机厂正在为常州市内的国营厂生产配件。据说近年来由于那家国营厂的生产量供不应求，要扩大生产规模，但是由于受到市内土地、资金、招工指标等许多条件的限制而无法展开。于是就通过某种关系找到了湖塘的社办厂为他们生产配件，形成了"一条龙"工业体系，生产关键部件和承担总装任务的"龙头"设在市内，"龙尾"则摆在集镇或乡村。在无锡、苏州等地，看到有不少轻工产品，如液压标准件、各式服装等订上了上海的商标出厂，询问之下才知当一些城市工业转向高精尖产品时，同样受到条件的限制而无力再承担市场仍有需求的老产品生产，于是将老产品连同技术一起转移到乡镇工业，这被称为"产品脱壳"。

"一条龙"和"产品脱壳"都是城市工业与乡镇工业相联系的形式。目前联系的形式很多，大体上可以归纳为下列六种：（一）合资经营，产品或利润分成。（二）产品脱壳，部件扩散。（三）来料加工，保质保量。（四）技术支援，协作收费。（五）支援资金，补偿归还。（六）技术转让或专利转让。这些归纳和分类是否详尽和科学尚需研究，但可以说明，在党的十一届三中全会以后，由于经济体系的调整和发展，由于城市条件的限制，城市工业与社队工业联系也越来越密切，全面广泛的经济、技术合作正在逐渐取代那种只是通过几个"关系户"作媒介的联系。

以所调查的四市来说，在城市工业与乡镇工业的经济、技术合作中，可以清楚地看到，与上海市联系的乡镇工业最多，与常州、苏州、无锡、南通等市联系的次之。这就是说，上海市的经济发展对乡镇工业乃至地区的经济产生了重大的影响，起着中心的作用。从无锡县的情况来看，在全县两千多个乡镇企业中，与上海、无锡等大中城市工业、科研单位挂钩的已有709家，协作项目895个，其中与上海、无锡两市协作联合的居绝大多数。由此可见，乡镇工业是以城市工业为依托的，城市工业是以乡镇工业为后方的，他们的相互依赖性在不断增大。特别是在乡镇工业经过了1980年和1982年两次整顿以后，它在城市工业体系中占有了一定的地位。仅以沙洲县锦丰公社玻璃厂为例，它在上海跃华玻璃厂的支持下，已年产30万标箱的民用玻璃，在华东地区属可数之列。据说，上海、无锡等市的工厂企业，向同他们挂了钩的乡镇企业提出了这样的要求："心连心，不变心，一条心。"因此可以说，苏南的乡镇工业实际上已经成为城市工业体系中的一个组成部分。不仅是乡镇工业离不开城市，城市工业也离不开乡镇工业，两者的密切连结是区域经济发展的必然现象。

在苏南地区，城市工业、乡镇工业和农副业这三种不同层次的生产力浑然一体，构成了一个区域经济的大系统。这是一个在社会主义制度下农村实现工业化的发展系统，展现了"大鱼帮小鱼，小鱼帮虾米"的中国工业化的新模式。当然，对这个系统内各部分之间联系的细节还有待进一步研究，然而系统中各个部分的不同作用是明显的。从苏南地区的实际来看，这一区域经济系统已具雏形，各自发挥自己应有的作用。所谓区域经济系统，是指一种在特定的地域范围内才具有它意义的经济模式，一旦越出区域，发展模式就会改变。在常州市的金坛县和南通市的如皋县，可以明显感到它们已是上海经济区的边缘地带，因为那里的经济发展已具有许多不同于整个苏南地区模式的特点。

当前，乡镇工业面临着不少迫切需要解决的问题和困难。其中普遍反映的有：（一）能源和原材料的供应缺乏计划渠道，乡镇工厂中有一部分变成了做做停停的"开关"厂，好几个县的负责干部在为煤炭、钢材而煞费苦心，千里奔波。（二）技术力量薄弱、人才缺少。（三）环境污染的治理和劳动保护的条件较差。（四）担心在1984年取消低税率后，乡镇工业将会处于劣势。对这些问题，还需要更深入地调查研究，才能提出切实可行和因地制宜的解决办法。

五

随着乡镇工业的发展，大量的农村剩余劳动力有了一条出路。

据无锡市的统计，全市乡镇工业和其他乡镇企业已经安排的劳力占农村总劳力的34%。其他三市的情况与无锡市大体相仿。这意味着在苏南地区，农村劳力总数的1/3以上，已脱离了农业劳动。从全省范围来看，乡村工业的职工总数为400多万人，这一数字接近全省城镇户口的工业职工总数。与此同时，由于多年来集镇本身人口萎缩，县属和镇办的企事业发展也因人员缺乏而用各种方法招聘和使用相当数量的非正式职工，其中绝大部分是农村劳动力。据省劳动局统计，不包括外发加工部分，1982年全省城镇企事业单位共录用了农村劳力99万人。这一方面使农村的人口压力得到了一定程度的缓和，另一方面使这部分农民开始以新的劳动手段与工业生产的对象相结合。于是，在江苏农村形成了一支具有独特性质的劳动队伍。

各地对这支劳动队伍有许多称呼，例如农民工、务工社员、亦工亦农人员等等。叫法虽然不同，但意义却相同，那就是农工相兼。因此，兼业就是这批劳动者具有的独特性质。然而从实际上看，该地区的劳力剩余量是一个随着农时而变化的数字，农忙时剩余少些，农闲时则大量剩余。这就要求在剩余劳力转向工业的时候，应当保持他们在适当时间内能从事农业的弹性，以保证农业的稳定。因此，兼业是农村经济协调发展的需要。

在苏南农村，从人口与土地的总量上分析，就是在当前的技术水平上说，劳动力剩余已经成为严重的问题，因而剩余劳力向工业、商业、建筑、运输、服务业的转移是一种好现象，而且，这也是社会主义农村长远发展所需要的。现在县、乡干部已经改变了过去那种把农村看成可以无限制地吸收劳动力的观点，而全力以赴地为剩余劳力谋出路，开辟新的生产渠道，这是值得赞许的。

我们走访的乡镇工厂往往是采取每家农户出一人的招工办法。这样做似乎不合择优原则，但是却有符合农村具体情况的一面。他们告诉我们说，这样既可以保持农户在收入上的大致均衡，同时也是出于兼业的需要。每家抽出一个劳力务工，其余劳力在家务农，务工的上班时做工，下班回家后帮助干农活。武进县湖塘镇新光毛巾厂的女厂长就是这样的兼业者，她有效地管理着一个有1800名工人（全部是兼业人员）的工厂，回家就务农。因此，在集体经济的基础上，工业与农业以劳务搭配的形式，结合到每个家庭中去，家庭成为兼业户。四个市中，兼业户约占农户数的80%左右。在乡镇工业较发达的无锡、常熟、江阴、沙洲、武进等县的农村里，除了五保户等特殊农户，几乎都是兼业户。

当然，对于兼业者来说，由于受到用工制度、上下班时间、工种以及家庭劳力状况等因素的制约，他们的兼业程度很不相同。大致上看，主要有三种状况：（一）以农为主兼营工业。这主要是指从事外加工的部分。务工者将刺绣、编织等手工产品承接回家，每天闲空时做工。（二）亦工亦农。这部分人一般是在非常年性的乡镇企业或离家很近的乡镇工厂工作，他们或者是在下班后仍从事相当数量的农活，或者是在农忙期间歇工务农。（三）以工为主兼营农业。这部分务工者一般都在离家较远的县城或县属镇工作，他们吃、住在工厂内，只是每周末回家做做帮手。

上述不同的兼业，实际上反映了由农民逐步向工人转化的过程，随着工农业生产水平的提高，农民有条件越来越多地转入兼业队伍，兼工程度也越来越高。在调查中可以看到，在从事工业生产方面，这批兼业劳动者中的绝大部分与城镇工人之间已经不存在本质的差别，他们同样与先进的生产力相联系，承担着约占办在镇上的工业 1/3 的生产任务；他们与有集镇户口的工人做着同样的工作，而且以能吃苦耐劳而受到称赞，许多人已经成为工厂中不可缺少的生产骨干，有的人实际上是没有职称的"技术员""工程师"和称职的管理人员。因此，他们无疑是从农村中生长出来的一批新工人，是中国工人阶级新一代的一部分。但是这些兼业者的户口在农村，吃粮靠农业。在工资待遇和劳保福利上，他们与城镇工人之间还存在着一定的差距，例如同工不同酬、劳保条件差、不能参加工会组织等等。对此，各地干部认为，粮油、户口关系的不变，不能成为否认以工为主的兼业者作为工人阶级成员的理由，他们要求工会组织接纳他们这批"与农村连着脐带"的新工人，并适当改善他们的工作条件和经济待遇。这确实是由苏南农村社会结构的变化而提出的一个新问题。

兼业劳动队伍的形成，不仅影响到社会结构，而且改变了人口的分布。整个苏南地区的人口密度很高，然而分布极不合理。多年来存在着两种相反方面的人口流动：一种是涌向大中城市的自然流向；另一种是将城镇人口下放到农村的政策流向。这两种流向，导致大中城市人口的膨胀和农村劳动力的严重过剩。与此同时，那些处于大中城市与农村之间的县城和集镇人口却普遍相对下降，形成了人口的两头粗、中间细的葫芦状分布，人口级差增大。

党的十一届三中全会以后，县、镇、社、队四级工业大多数是以原有的县城及集镇为基地迅速发展起来的，大批的农村剩余劳力到这些小城镇上来工作，这就导致小城镇人口数量上的增加和结构上的变化。以江阴县青阳镇为例，该镇总人口解放初期为 5500 人，1960 年为 5885 人，这 10 年仅增长 7%。从 70 年代起，乡镇工业开始吸收农村劳力到镇上从事工业生产。到 1982 年底，全镇聚居人口为 15366 人，其中兼业劳动者为 5114 人，占总人口的 33%。再以武进县为例，63 个小城镇现有聚居人口 25 万人，其中非农业人口 7 万人，占 28%；兼业劳动人口 10 万人，占 40%。青阳镇与武进县这种兼业者的比例在苏南地区只是一般水平。因此，在苏南地区，户籍人口数不能真正反映县城和集镇的人口规模。这些兼业者，绝大多数仍住宿在农村，每天在镇村之间做钟摆式的流动。县城和集镇就是以这种形式，控制农村剩余劳力向大中城市的盲目流动。从乡镇、县属镇到县城，各个层次的小城镇都在起着层层截流聚居人口的作用，从而减轻了大中城市的人口压力。

在调查中还发现，近年来这些地区开始用劳务输出的方式，将本地丰富的劳力、技能与边疆地区的开发、建设挂上了钩。仅南通市的农村集体建筑工程队就有 13 万人，现正在黑龙江、内蒙古、新疆等省、自治区进行施工。这些建筑队以质量高、进度快而受到建筑单位的欢迎。工人们既不带家属也不讲究生活条件，往往是一年的任务 10 个月就完成，然后回家帮助做农活，过年后再次外出。无锡、南通、常州等市县在劳务输出的同时，还在互利互惠的原则下，与边疆地区开展经济和技术合作。

如下两种人口流向，开创了在流动中改变人口不合理分布的新路：一部分劳动人口从农村向小城镇聚集，被称为"离土不离乡"；一部分劳动人口有组织地定期从本乡外出，被称为"离乡不背井"。在江苏全省，前者已达 400 多万人，后者也约有 100 万人。由此看来，"离土不离乡"和"离乡不背井"这两种方式，应该作为解决我国人口问题的两条具体途径来进行研究。

六

从历史上看，我们所调查的这四个市的集镇都具有商品流通的功能，而且可以说绝大多数是商业型的。在党的十一届三中全会以前，由于农村经济的单一化，由于商品流通趋向国营化、封闭式的单渠道，集镇上的商业萧条下来，集镇本身也就日渐衰落。70年代乡镇工业的发生，特别是它在党的十一届三中全会以来的蓬勃发展，奠定了集镇发展的经济基础。同时，由于工业原料的采购和成品的销售，急切要求流通渠道的支持。随着农村多种经营的发展，农村经济已从自给和半自给生产逐步走上商品生产的道路。过去那种狭隘的单轨流动渠道已不能适应新的需要。在这些压力下，集镇上的商业活动开始有所改变。从目前情况看来，流通渠道还需要大力疏通，否则将成为农村经济继续发展的障碍。据反映，现在集镇商业一般都具有国营、集体、个体三种经济成分，有国营公司、供销社、集体商业、乡镇工厂门市部、多种经营服务公司、个体户、集市贸易等七八条渠道。其中集市贸易（包括农副产品的长途贩运）的发展最为显著。据省供销社反映，1978年的集市贸易成交额为8.1亿元，只占社会商品零售额的8%；1982年达到22.2亿元，占社会商品零售额的13%。各地都反映，虽然一再地扩大集市场地并搭棚改善贸易条件，但仍然满足不了集市规模增长的需要。上市时间也由早市、定期集变为全日市、天天集。集市贸易的活跃，既是农村多种经营兴旺的标志，同时也反映了原有国营和集体商业渠道有不相适应的成分。如南通市海安县，去年饲养鸡680万只，国营商业部门无力承担全部的收购、储运任务,于是从事贩运活鸡的人逾万。据说,他们大多是用一辆自行车装着几十只活鸡到南京、上海去出售,人称"百万雄鸡下江南"。

这里,引出了目前在商品流通中的两大问题。

第一个是关于开辟着眼于国内市场的、与生产者利益密切相关的新的集体运销渠道的问题。吴江县农民家庭多年来以饲养长毛兔著名。去年兔毛大幅度降价发生了农民杀兔吃肉的事情。如今鸡与兔相比要幸运得多,因为它们毕竟运过长江,成为城里人的佳肴。兔毛是依靠国营渠道统一收购出口到国外市场,而鸡是由个体或联户的贩运者销向国内市场。这就是说如果不从打开国内市场着眼,如果商业收购部门与生产者之间脱节,那么农副产品的商品率就不可能保持稳定,也根本谈不上有大的发展,而只能维持在农贸市场热热闹闹的水平上。由此看来,现有的国营商业必须多向国内广大消费者着眼,并将自身的利益和生产者的利益真正连在一起,才能谈得上真正的改革。看来,要促进商品流通似乎应当首先着重开辟由生产者联合组成的新的集体运销渠道。

第二个是计划调节和市场调节的配合问题。乡镇工业的能源和原材料的需要与计划供应的比例,与它的发展越来越不相协调。不少同志反映,过去集镇所承担的城乡物资交流作用,只是将农副产品运往城市,把城市工业品供应给农村。而现在的集镇,已成为城乡经济体系中的一部分,因而在商品交换的内容上也发生了很大的变化。今天从城市运到集镇并通过它输向农村的,不仅是为数更多的日用工业品,而且有大量的供应乡镇工业的原料、燃料和各类机械设备。从集镇运往城市的,也不限于农副产品,更多的是以轻纺和机械产品为主的各类工业品。这一新的变化,提出了城乡之间在经济发展重点上要有计划地加以分工的问题。但是目前乡镇工业除了自己争取到的与城市工业挂钩的间接计划外，原材料和燃料的 70% 以上要从市场调节获取。农副产品的粮、油、茧、猪、禽、蛋、皮、毛、骨、花、果、茶等 12 大类的品种都由商业部门收购运往城市，其中大部分用作城市工业的原料。在计划与市场的供应量如此悬殊的情况下，乡镇工业的继续生存和发展确是困难重重。因此他们提出，希望在城市工业与乡镇工业有所分工的基础上，考虑国营企业让出一些品种或一定数量的、适宜于乡镇工业生产的农副产品，作为乡镇工业的计划部分；同时，对于其他的原材料与燃料也做适量的计划供应。

七

由过去商业型的集镇，转变为今天工商结合、城乡结合的农村政治、经济、文化中心，这对集镇本身的建设提出了许多新问题：

首先是建设资金的来源问题。在调查的 18 座小城镇中，可以明显看出，九个乡镇的新建筑数量都超过非县城的县属镇，而县属镇的规模都大于乡镇，产生这一逆结果的原因是县属镇的建设缺乏资金。虽然国家和江苏省都明确规定，工商税收附加、公用事业费附加和房地产税返还这三项费用要用于集镇建设，但是"杯水车薪"，无济于事。以苏州市为例，全市三项费用共 200 多万元，县属镇有 18 个，平均每个镇仅摊到 11 万元。而且这些费用大部分用于县城的建设，其他县属镇得到的只有数万元。不少县属镇的干部反映，这些钱连危险房屋的维修都不够，根本谈不上搞其他建设。县属镇不但与设在镇上的乡政府是平级，而且对在镇上的全民企业和县属大集体企业也是看得见、管不着。据一些县属镇干部反映，以往他们在整顿街容、修路铺桥时还可以向全民或县属集体企业集些资，但现在往往得到"不准乱摊派"的回答。他们认为这是对有关文件的一种曲解。他们说：集镇应当加以建设，建设必须要有资金，而集镇建设的资金不能依赖国家财政，只有靠集体集资的方式。因此，有权利者应当尽义务。凡是在集镇上的企业单位，按照不同的受益程度，规定集资的比例，是一条可行的解决建设资金缺乏的途径，它符合"人民城镇人民建"的原则。

其次是集镇的建设规划。对这个问题，调查组内的建筑学家在实地观察后认为：现在的小城镇建设存在着缺乏整体性、各自为政、见缝插针等等缺点，必须加以纠正。他们还提出了以建成农村发展中心的建设方向以及区分类型和层次、找出微差、合理功能布局、综合利用土地、体现地方风貌和时代气息等建设原则。

我们建议由江苏省建设厅牵头，并由清华大学建筑系和南京工学院建工系协助，在一两个小城镇（比如吴江县黎里镇、无锡县东绛镇），对建设规划进行具体的设计试点工作。

在集镇的经济发展、商业流通和建设布局中，有不少问题都涉及到集镇的行政管理体制问题。这个地区集镇的行政管理体制现状是：在县城里有县政府、镇政府、乡政府（或区政府）的多重垂直和多种并列机构；在非县城的县属镇上有镇政府、区政府（或乡政府）的双重并立机构；在重点乡镇上有区、乡双重垂直机构；在一般乡镇上有乡政府；在自然形成的小市集或新兴的大队工业点上一般没有设立行政机构。

上述各层次的县城和集镇中，体制上矛盾最突出的是非县城的县属镇（即建制镇）。在这些镇上，由于几套行政机构的并立，将城乡之间的联系人为地加以分割，影响了城乡经济的协调发展。在江苏全省实行市管县的情况下，这种镇乡分割的管理体制，看来应该进一步加以改革。据吴江县黎里镇实行镇乡合并、镇管村的试点表明，这样的体制改革加强了镇乡的经济结合，有利于城镇建设的统一规划，打破了庄园式的封闭体系，还能统筹安排农村劳力和统筹解决城镇居民的生活设施。但由于原先的经济实力是公社比镇要强得多的情况，镇乡合并以后，就势必提取一部分原来由社队所办工业的利润用于集镇建设，对农村一头的好处不明显。对此，需要进一步在实践中总结经验。

行政管理体制的另一个问题是如何加强块块的领导，逐步改变条块分割的现状。目前在集上的县办企业名义上是条块双重领导，实际上只承认条条而无视块块，以致造成政府办工厂、工厂办社会的现象。对此如何解决为好，也要进一步研究。

另外，为使一些具有特殊资源或旅游价值的集镇发展得更快一些，起到它们应有的作用，在行政体制上应采取改革措施。例如宜兴县的丁蜀镇，是一个与江西景德镇齐名的陶都，现实际聚居人口已达7万人，但由于它只是一个相当于公社一级的县属镇，在镇上又是丁蜀镇、丁蜀区、周墅乡三重并列体制，严重阻碍了它的发展。像这样在国内乃至世界有影响的陶都，可以考虑升格为县级市，由无锡市直辖管理。考虑到宜兴县的实际情况，可以由市属镇给予财政补贴。

在苏、锡、常、通四市调查近一个月，同志们越来越感到小城镇确实提出了一个大问题。研究这个课题，对探索中国式的现代化道路，有密切的关系。参加调查组的研究工作者和实际工作者，对这次携手合作表示满意，对江苏省和有关市领导机关的支持深表感谢。我们意识到这次调查由于时间的短促，只是走马看花，对一些问题的认识还很不够，有不少问题的研究只是刚刚起步。而且这次调查的是江苏境内长江两岸的集镇，还没有去看正在大步前进、潜力很大的苏北地区。我们从这次调查中所探索到的一些事实和观点还是具有局限性的。因此，对江苏小城镇的调查并不能结束，过去的调查只是第一阶段的摸索。为了全面地认识江苏全省小城镇的面貌，以便与上述地区的经济模式做比较，我们已迈开双脚，越过长江、淮河，正在对徐州、淮阴、盐城、扬州、连云港五市的小城镇进行考察。我们希望我们的探索能有助于社会主义建设新局面的开展。

1983 年 12 月初稿　1984 年 4 月改写

对苏北地区乡镇企业及小城镇发展的几点看法①

我4月21日到了徐州,根据江苏省和培信同志的建议,到苏北五市跑了一趟。时间仓促,走马看花,所以这次只是"探路"。

我对苏北不熟悉,来之前和现在的看法大不相同。过去总把苏北看成落后地区,脑子里对连云港的印象不深。如果说我的这种看法有代表性,就值得注意了。所以我一路过来,市里的同志要我讲话,我总是从"检讨"开始。

以前,我认为苏北在小城镇发展方面可能有另外一个模式,就是说性质上与苏南有所不同。现在看来不是性质不同,而是起点不同,条件不同。发展的路子可能还是一个,那就是"有农则稳、无工不富、无商不活、有智则进",这是第一印象。

第二印象,是苏北本身有其不同的特点,几个市有所区别,不能一言以概之,大体可以分几个区来看。

徐州市,工农业总产值比例大体是工三农七。县城的工业不错,县城以外就不行了,连传统工业也不多,乡镇工业刚刚起步。这些地方虽有资源,有一些采掘业,但还不能带动当地的经济发

---

① 本文是作者对苏北的徐州、连云港、盐城、淮阴、扬州等五市的乡镇企业和小集镇进行调查研究后,与江苏省领导同志交换意见时的讲话。

展，有如"第三世界"，仅仅提供原料。我看到的几个县，工业一般都集中在县城，一县一镇，就像"独生子女"。有的县城已有相当规模，比如丰县县城就比吴江县城漂亮。这个地区的公路两旁，只要看见了烟囱就是到了县城。县镇之间的距离约70公里（苏南约35公里）。流通方面则还以赶集为主，大多是生产者直接见面的交换。所以能不能说，这一地区的经济发展还比较"初级"。

从东海县温泉到连云港，这一带工农业总产值比例大体是四六开了。到了这里，我想到了一个问题，就是农民解决了温饱以后，他们就满足于此呢，还是有继续发展经济的更高的要求。所以我在赣榆提出了这样一个问题：现在农民手中的钱是怎样用的？今后怎么用？是全部用来改善生活，还是用一部分来扩大再生产？那里的干部告诉我，从今年1月到4月，农民个人或联户就买了300多台手扶拖拉机。这说明农民是有扩大再生产的强烈意愿的。

从徐州和连云港两地得到的印象是：苏北的起点与苏南不同，苏北在中央1号和4号文件之后，出现了个体专业户和联合专业户的迅速发展，在一段时间里可能还会有较大发展。苏南则是一起步就是集体搞，集体的力量大。所以两地积累的方式不同，苏北集资搞商店、办工厂的力量就不如苏南大；信息、运输、销售和技术方面也比不上苏南，而且还可能承担不起将会遇到的风险。因此苏北干部、领导部门的工作，责任更重，更吃力。但现在有些基层工作的同志还缺少"担子更重"的紧迫感。这与苏南有所不同。

盐城的区域性更清楚，沿海滩涂一带，历史上张謇曾在这里"废灶兴垦"，种植棉花，为南通纺织工业生产原料，这是资本主义的萌芽。现在，在社会主义制度下开发滩涂和建设小城镇，大有前途（8万平方公里，可容纳1000万人，大约相当于全省现在到2000年增加的人口数），利用得好，很有价值，对江苏经济发展的后劲更有价值，对解决人口问题也十分有利，应该专题研究一下。

盐城北部是徐州过渡到里下河地区的类型，已经形成了一些小的经济中心，有了建镇的萌芽。现在就应该着手进行规划，做到心中有数：哪些集镇需要建成建制镇？怎么建法？有些集市并非公社所在地，行政区域与经济区域脱节，这类问题还需要调查研究。又如在几个县的交界地带，往往有一些大集，但它们不一定能发展成经济中心，这些地方是否需要建镇？

我们看到苏北北部还盛行赶集，到盐城南部，赶集才不是商品流通的主要形式。这次在苏北，我去赶了两次集。赶集本身就表示农村里有多余的劳动力。为了几十个鸡蛋或两口袋山芋干，花上一整天时间到集上去卖。这种情况在山东、安徽、河南都有，看来经济不发达的地方，赶集还是流通的主要形式。但是随着商品经济的发展，这种形式将会逐步削弱以至消亡。从这里面我们可以看到商人的重要，要充分发挥商人的作用，提高他们的地位，建立为流通服务的队伍。在中国"重农轻商"传统观念的影响下，要做到这些并不是件容易的事。

里下河地区和前面提到的两个地区，经济发展相对要高一些。从工农业总产值比例上看，徐、连一块（除省辖市）大体是工三农七；盐、淮两市是工占46%左右，农占54%左右；到扬州就是工六农四；过江到苏南，工业占了七成农业只占三成了。所以从地势上看是北高南低，经济上却是南高北低，清清楚楚。再过去的扬州、南通，每一个地区都有它们自己的特点，需要进一步研究。比如盐城南部，几乎每隔15—20公里就有一个相当规模的小集镇，像这些地方，就应该考虑在这些小集市中找出合适的地点发展集镇，以形成为附近众多农村服务的中心。

为什么苏北过去曾经有过一段经济发达、文化繁荣的时期，古代的许多名著，像《水浒传》《西游记》《镜花缘》的著者都出在这一带。文学作品的诞生，伟大作家的出现，都是有他经济基础的。但是后来苏北经济衰落下来了，我看主要原因就是交通条件发生了变化，海运发展起来，大运河作用减小；到了近代，帝国主义入侵，战争频繁，苏北经济遭到严重破坏。

现在好了，我们碰到了可以一心一意搞经济的时候，苏北要抓住这个机遇。这里资源丰富，经过几十年的努力，水利建设取得了很大的成绩，农业生产稳定，工业开始起步，一派欣欣向荣。但是由于历史的欠账多，交通、信息、文化、技术还比较落后，各项事业都要抓，其中很重要的一条是要解决交通问题，但是只搞交通还不够，必须把生产发展起来才行，生产上去了，这些交通渠道才能派得上用场。为什么几十年前就通车的陇海路，并没有把沿线地区的经济带动起来，连云港只起了个吞吐作用。当然原因很多，这里也包括了过去长期以来，我们把主要力量集中在三线建设上，忽视了沿海地区的建设。现在看来加快发展连云港是当务之急，不仅要把连云港建成一个开放港口，而且要充分发挥连云港的优势，把它建成一个工业基地，能够带动周围地区的发展。这次听说市里提出要建民航站，这是件好事。我想是否可以发展小飞机，搞"空中公共汽车"，做到省内各个大城市之间一天可以跑一圈。这些飞机由省里自己管理、自己经营，搞商业性服务。另外，苏北的公路建设要大大加强，建公路费钱费力，可以发动农村里的剩余劳动力，搞承包。从这里边培养出一批专业人才，组成一支专业队伍，也可能可以走出一条劳务输出的新路子。

再一个是科技文化问题。苏北这么大一个地区至今还没有一所综合性大学，这是说不过去的。苏北工、农、医、师、理各科大学都应该有，下边各市还可以办专科。用常州的办法，自办公助。这里的中学教育是出名的，有许多很有名气的中学。当前农业发展了，工业冒了头，教育问题就摆到迫切需要解决的地位上了。

这次跑下来，我隐隐约约有种感觉，目前苏北的干部思想上可能有两种倾向：一是满足于从过去的"逃荒"变成了现在的"粮仓"；二是思想上还没有"离土"，就是还没有尝到苏南农民已经尝到的"无工不富"的甜头，只搞不离土的工业，甘心当"第三世界"。其实苏北有过辉煌的过去，著名的扬州八怪，就是从文学角度反映了当时一部分人，想摆脱封建主义的要求，资本主义要冒头但没冒出来。这段历史我们应当搞清楚，过去是什么样的？为什么改变了？现在是欣逢盛世，将来一定要后来居上！目前一些地方已经出现了好的苗头，如盐城大岗镇，引进技术搞新的工业，还研究新式的液压传动的自行车。这类典型不少。

针对苏北的特点，我们应该采取相应的政策，促进小城镇的发展，如怎样加快资金的积累；切实加强产前、产中、产后的服务等等。尽量避免苏北曾经走过的弯路，避免发生时起时伏的现象。依托大中城市，打破行政区划的限制，通过各种渠道加强与大中城市的联系，充分发挥城市经济辐射的作用，带动地区经济发展。注意利用香港中小企业同江苏企业的协作；把抓滩涂开发作为一篇大文章来做。

我们的小城镇研究课题，在江苏省的大力支持下，理论研究部门、实际工作部门和政策研究部门三结合，取得了较好的成绩。我想下一步仍在大课题的范围内搞专题承包，把研究深入下去。重点放在苏北，当然苏南的工作也不放弃，要帮助地方干部总结经验。另外希望省委能同意在今冬明春再开一次学术讨论会，邀请兄弟省的同志来参加。我将向教育部建议，南京大学办一个社会学系，希望省里也支持。

我认为从今年开始，江苏省的小城镇研究可以打出去，走向国际了。今年6月，香港中文大学将有10位教授来这里，重点考察苏、锡、常、通四市。我们可以向海外传递这样的信息——中国的社会科学是能够超过他们的。另外还有英国的学者，也想同我们交流。他们本来是想来看中国一些社会生活方面的情况，我向他们建议来看看乡村工业和小城镇，了解我们农村的新发展。此外，日本学者计划在适当的时候，与我国学者互访，研究有关小城镇的问题。

我认为吴江的开弦弓村，可以对外开放，那里有点落后的东西，比如没有抽水马桶，又有苍蝇之类，给外国人看看也无伤大雅。

总之，我们的研究工作还得继续下去，还需要得到省委、省政府的大力支持。

1984年5月6日

小城镇的发展在中国的社会意义[①]

一、中国各地的小城镇，大多产生已久。它们主要是农民的农产品和手工业产品的交换场所，也有一些是著名土产的制造及集散地。如景德镇的瓷器，丁蜀镇的陶器，盛泽的丝绸，高阳的土布，都闻名全国。但自古以来，中国内地的农产品贸易较为普遍的形式，是以生产者之间的交换方式出现，在定期定地的集市（街、墟）上进行。日中为市，交换完毕后各归其所，集上很少居户。经济发展，农村生产商品化程度提高以后，出现了以贸易为专业的商人。他们聚居在市上，开店营业，形成永久性的集镇。

另外，军事要点和统一地区的政治中心，都须筑城为防，是为城。城和镇功能不同，有时相合，有时分立。现在城镇已连成一词，这是指居民较多、有经常营业的商店及各种服务事业的社区。近代又分城市、集镇、集市三种不同层次的非农业的聚居社区。

定期、间断，或临时集会的贸易市场为集市。

集镇是若干农村的经济、政治、文化的中心，中心所联系的农村是它的"乡脚"。

若干小集镇又以某一大集镇为其中心，一般经过两三个层次达到一个城市。以行政层次来分，有：县镇、乡镇，乡镇之下为

---

① 本文是作者在香港中文大学的讲话摘要。

村。1955年规定人口在2000以上，居民50%以上是非农业人口（工、商、服务）的，可设镇，为建制镇。1963年调整，人口3000以上，非农居民70%以上，可设镇。1982年全国有建制镇2819个。

人口在百万以上为特大城市（1982年为20个），50—100万为大城市（28个），20—50万为中等城市（71个），20万以下为小城市（126个）。

二、解放后以商业为基础的集镇均见衰落。农产品中粮、棉、油等均属国家统购统销的一类物资，由国家掌握流动。农村副业又因以粮为纲的限制不得发展，个体商业经过社会主义改造已经濒于消灭。所以集镇上的居民日见减少。全国人口分布上出现两头大、中间小的葫芦形：城市人口激增，农村人口过剩，集镇人口下降或停滞。

"文化大革命"期间大中城市里的一些国营企业"停产闹革命"，市场上一般商品出现求过于供，这时又值干部下放，技工返乡。于是乡镇上开始创造小型工厂，有市场，有技术，有办法。

乡镇工业发展的内在因素是农村里劳力过剩，要寻活路。60年代农村里已发觉人口压力。70年代亟须求出路，乡镇工业得到了农民的支持。在人多地少地区，出现了传统的农工相辅的形式。

1978年十一届三中全会拨乱反正，纠正了"左"的路线，在农村里提倡多种经营，扶助乡镇工业（免税及低税），允许多体制的经营，包括全民、集体、个体，搞活农村经济，接着推广联产责任制，激发了农民生产积极性，农村生产从自给、半自给走上商品化道路。在苏南等人多地少的地区，积极地发展乡镇工业，吸收了大量农村剩余劳动力，大大提高了农村生产力和农民收入。

以江村为例，从 1979 年人均年收入 100 元，到 1983 年 400 元，每年增加约 100 元，翻了两番。

三、解放前，中国人口用了 30 年从 4 亿增加到 5 亿。解放后 30 年中增加了一倍，从 5 亿到 10 亿。这 10 亿人口中有 9 亿住在东半部。特别是沿海地区，人口密度每平方公里超过 300 人的有上海、天津、北京三市，江苏、山东、河南三省，人口密度超过 200 人的有安徽、福建二省，全国平均人口密度只有 72 人。最少的，西藏 1 人，青海 3 人，新疆 5 人，内蒙古 10 人。四川本是人口密集地区，划入三个少数民族自治州后，下降为 120 人。人口在地区上分布极不平衡，东多西少。

另一方面，市镇人口共 2 亿人，农村人口 8 亿人。市和镇分开计算：2366 个城市共 1 亿 4000 万人，2664 个集镇 6000 万人。城乡、城镇的人口分布也不平衡，农民多于工人，城镇人口少于乡村人口。

两个不平衡，差距都过大。

四、到 2000 年，估计至少要增加 2 亿人口，如果维持原来两头大的葫芦形，势必发生城乡两僵的局面。所以要下活人口这盘棋，必须做两个眼：一是发展小城镇，为城乡之间的人口蓄水库；一是缩短地域间的差距，加强人口流动，化密为稀。

苏南过去两年来乡镇人口一般都已增长了 1/3。1982 年普查江苏镇上居民是 280 万人，现已达到 380 万人。此外还有更多的人住在农村，从事村里、镇上的非农业活动。苏州、无锡、常州、南通四市一般已把农村劳力的一半或 1/3 转移出农村。全省估计有 1000 万这样的人。

2000 年全国小城镇要容纳全国 40% 的人口，从事工、商、服务等行业。江苏现有 6000 万人,还要转移约 2000 万人到小城镇。

五、之所以可能把大量人口转移到"蓄水库"里去,是由于农民在过去 5 年里创造了"离土不离乡"的新办法。农民不改变他们居住的地方,不改变户口,白天去镇上或村里的工厂、商店和其他机关里做工,晚上回家住宿,或短期单身寄宿在镇上。这就减少了大量的居民建筑。目前农村到镇上的交通已经越来越方便,一般有公路或小路可通,骑自行车就可以到达。自行车每小时可行 10 公里,而现在苏南两个集镇之间的距离只有 15—20 公里。

"离土不离乡"使得农民可以兼顾工业和农业,有如过去的家庭手工业。传统的"男耕女织",家庭成员分工合作,工农相辅。现在一个农村有如一个大家庭,有工又有农,每个家庭里有人业农,有人业工,还有人搞副业。以农村的集体来说,它从工业里取得的利润,一部分成为全村的公共积累,不从事工业的人也有份。其余的利润由集体成员共同分配,不从事工业的人也有份。这就是"以工补农""以工养农"。以一家人来说,有人种田,有人做工。农忙时,做工的人可以抽出时间来搞农业。农闲时,务农的人可以搞副业。男女老少,需要什么劳动就做什么劳动。这和具有季节性的农业劳动配合得很好。土地少的地方,每家承包土地少,农业劳动竟然可以成为工余的劳动。天津附近的大邱庄,已有 90% 的劳动力转移到工商服务等事业中去了,农业成了副业。苏南正在发展农业专业户,利用机器,承包别家的土地,实行科学种田,将出现类似日本近郊区的那种机械化的农家。

六、工业化带来了现代化,深入到每个社会细胞中去,就是深入到农村的家庭里去了。我国的工业化并不是把农民赶到城市里去受现代化的洗礼,以致在社会生活各方面出现差距相当大的城乡差别。我们是把工业送进农村,或送到离村很近的镇上,把生活各方面的现代化也送进了农民的家里。这是一件极重要的事情。沙洲有一些农村里有许多人家装上了车床,可以制造钢铁的零件。有许多人家有了针织机,在家里制成时髦的针织衣衫销到城市里,甚至国外去。机械化生产转入了各种现代化的生活和思想,引起了农民在物质和精神两方面的深刻变化。

苏南一带的乡镇工业大多是轻工业,特别是纺织工业。第一批吸收到工厂里去的是妇女。江村每家都有一个妇女,主要是年轻人,进入了乡镇工厂。这就使家庭里的各种关系发生了新的变化。婆媳之间、夫妇之间、父子之间都在做出新的调整适应。这就使得中国的工业化和现代化不致拉开城乡差距,而形成新的工业化的乡村。

七、一个多月之前,我在江苏的农村中又看到了最新的发展。乡镇工业和各大学及研究机关挂上了钩。乡镇工厂提供科技实验的条件,接受科研机关的实验课题。科研机关为各工厂试验新产品,由工厂承包生产,所得利润双方分成。政策上已对科研机关"松绑",奖励面向实际,面向农村,允许科研人员接受报酬。这样,乡镇工业不仅把工人和农民结合了起来,而且也把知识分子和工农结合了起来。这是一个重要的苗头,特别是在科技革命的时代,"小厂出精品"。中国在迎接科技革命,即西方所谓"第三次浪潮"的挑战中出现了一支奇兵。

八、乡镇工业的发展,也帮助我们理解怎样才能创出一条具有中国特点的社会主义道路。乡镇工业是历史的必然产物,有传统的基础,是家庭中男耕女织、工农相辅的基本模式的发展。经过反复调查研究和理论上的探索,衡量乡镇工业的优势和缺点,经过辩论，从实践中进行考核，最后才由中央做出决策，肯定了农民这项新创造的意义，予以支持，并继续观察它的发展，不断丰富和修正已有的各种办法。在这过程中，社会科学的学者也起了作用。中国的社会科学从理论和实际的结合中闯出了一条路子，不仅逐步在群众中取得信誉，也锻炼了自己，克服了教条式地做概念游戏的缺点，从而积极为中国的工业化、现代化做出了新的贡献。

1984 年 7 月 3 日

小城镇——苏北初探

1982年12月结束苏南四市小城镇调查时,我们决定"烟花三月下扬州",到苏北继续江苏小城镇调查研究工作。我们一行于1984年4月21日到达徐州市(农历三月即公历4月)。按照江苏省委的建议,访问了苏北的徐州、连云港、盐城、淮阴、扬州五市。行程3000华里,途经20个县,停留访问九个县两个集市,九个乡镇企业,一个港口和一个水利枢纽,5月10日在南京集中,共20天。时间短促,所以只是"走马看花",为苏北调查做了初步的探路工作。但由于课题组先期出发,配合各市的研究人员,预先进行了探索,我们每到一地均能取得较有系统的调查资料。经过和当地各级有工作经验的负责同志共同讨论和选择重点进行观察后,我们对苏北情况有了一些概念。在这个基础上对下一步调查工作的定点、定题、定人、定期、定质做出了规划,为今冬明春全国政协小城镇调查组做好准备。我们对江苏省委的支持,各市领导及工作同志的密切协作,表示由衷的感谢。

一

"苏北"作为一个区域的概念并不是很明确的。如果用长江为界把江苏省划为南北两区,长江以北除了徐、连、盐、淮、扬五市以外,还有南通一市、南京市的六合、江浦两县和市区的一部分。但是现在通用的概念苏北却只指上述五市。我们去年访问"苏南"包括了苏、锡、常、通四市,也和地理概念有别。把地处长江之北的南通市和长江以南的苏、锡、常三市并提作为一个区域,是从它们经济发展上的共同性来说的。有人把这四市列入上海经济区,我们基本上也同意这个观点。但是如果深入一层看去,南通市的北部,包括海安和如东两县,实际上受到上海市经济辐射已很薄弱,常州市西部的金坛、溧阳两县,无锡市的宜兴县亦复如是。我们曾粗略计算,上海经济区大体只包括以该市为中心周围150公里的地区。

江苏省内经济发展区域的划分,迄今还没有一致的看法。我倾向于同意在苏南、苏北之间还得划一个苏中区,把扬州市的沿江一部分和镇江、南京两市合成一块,甚至包括南通市的西部及北部在内。不论是两分法或三分法,提出这个问题是有益的,因为我们也感觉到江苏省内的经济发展是不平衡的。各有特点的经济发展区域应当在各方面做出区别对待。但是目前调查工作还不足以提供解决这个问题所必需的根据。我们这次调查不包括上述"苏中"地区在内,所以本篇所讲的"苏北"实际上是以上述三分法为范围的。

我回想我自己,长久以来对苏南和苏北的区别就存在着许多不符合实际的错误看法。在我的头脑里还保留着一种早期流行的对苏北的偏见。那就是把苏北看成一个贫穷落后没有前途的苦地方。这种偏见其实只反映了解放前近百年的历史,既与长期的历史不符,也和当前的情况不合。

苏北这个地区经济落后，民不聊生，只是解放前近100多年甚至更短的时期以来的情况。在帝国主义入侵我国之前这地区曾经是个经济繁荣的地区。我这次访问中印象特别深刻的是这地区在明、清两代出了那么多民间喜爱的文学巨著的作者。在淮安我们走访了《西游记》作者吴承恩（约1500—1582）故居，在连云港游览了传说中孙悟空"王国"里的花果山。在兴化看到了《水浒传》作者施耐庵（元末明初）的书房，但限于时间没有去拜谒他的墓门。在赣榆听到人们说这是《儒林外史》作者吴敬梓（1701—1754）幼年读书的地方。在连云港南的板浦镇休息时，又听说这就是《镜花缘》作者李汝珍（约1763—1830）著书之地。更不用提兴化的郑板桥（1693—1765）了，他的狭小的书斋还保存着他的珍贵手迹，历劫未毁，真是人间幸事。16世纪以来，文人荟萃于这个地域，决不是偶然的。古人说"人杰地灵"，用现在的话来说，必有其物质基础，就是以繁荣的经济作为底子的。

用这个作引子，我们不难看到，苏北的盛衰实倚于运河的兴废和黄河的通塞。京杭运河是世界上最长的运河，曾经从徐州到扬州畅通苏北全境。在徐州还可以看到原是流经这里奔腾入海的黄河的旧道。现在盐城附近的上岗乡，宋天圣年间（1023—1031）范仲淹出任盐官时，在此筑堤以防海啸。这条被称作"范公堤"的就是现在通榆公路的基础。可见当时的运河东离大海只不过80公里，其间以运河和黄河为主干，河道纵横，构成了有如今日江南的水网地区。扬州在唐代是个对外贸易的海港，后来又一直是中原广大人民日用必需品海盐的集散中心。具有地理上如此的优势真是一片繁华胜地，难怪十年梦醒的诗人念念不忘的还是此间二十四桥的明月。

徐淮地区经济的繁荣，依靠着运河这条南北交通运输的动脉。尽管元、明之际，黄河一再决口，屡使运河淤塞，但是历代建都在北京的中央政权总是不能容许这条动脉中断的。直到1820年，距今160年，部分漕运改用海道，1855年黄河改道山东，运河运输才南北断航。这时帝国主义已入侵我国，内忧外患，不断发生，加上了1911年津浦铁路通车，这个在南北经济联系上已失去关键地位的苏北地区，随着水利失修，灾害连年，日益衰落。在解放前的近百年中，苏北人民悲惨的处境形成了至今还存在于一般人们印象中贫穷落后的面貌。

苏北地区在解放前由于地理及历史的原因，经济上和苏南相比的确显得贫穷落后了。解放以后，苏北人民在党和政府的领导下，从治淮工程开始大兴水利，改善了灾祸连年的局面。30多年来，共挖土172亿方，基本上建成了以京杭运河和灌溉总渠为主干的灌溉和防洪、防滞、防旱、防渍、防潮基本配套的工程体系，使苏北农业发生了根本性的变化。过去被称为洪水走廊的淮河两岸，低洼多涝的里下河洼田，经过治理都成了一年两熟，甚至三熟的丰收田。三中全会后实行了联产责任制，农民的积极性爆发了出来，近三四年来亩产赶上甚至超过了苏南出产稻米有名的苏州地区，过去的"逃荒区"已成了当前"商品粮基地"。淮海平原的"锅底"兴化县粮食年产达到20亿斤以上，创造了江苏省的最高记录。徐州到连云港过去是黄河古道，一片盐碱，现在用水压碱，广种水稻，取得了丰收，不仅不再需要返销粮，反而有大批余粮接济山东的产棉区，协助了邻省的经济开发。

苏北五市由于土地面积广于苏南，解放初期粮食总产就高于苏南，但人均占有水平仍较苏南为低；1975年苏南是718斤，苏北是 662 斤。1983 年苏北粮食总产已达 381 亿斤，比 1978 年翻了一番，人均占有达 1352 斤，超过了苏南。经济上苏北在江苏省的地位已经起了极大的变化。它和苏南相比，概括地说，在人口、耕地、粮食、棉花、油料上都是六四开（北六南四），农业产值各占一半，但是工业产值和工农业总产值只是三七开（北三南七），乡村工业和财政收入上是二八开（北二南八）。①

1983 年苏北五市在江苏全省的比重（南通市划入苏南计算）：

人口	3470 万人	56.6%	农业产值	132 亿元	51.9%
耕地	4490 万亩	64.7%	工农业总产值	293 亿元	35.5%
粮食	381 亿斤	62.4%	工业产值	160 亿元	28.2%
棉花	802 万担	60.5%	乡村（社队）工业总产值	42 亿元	26%
油料	900 万担	61%	财政收入	17 亿元	23.8%

上述数字表明了苏北五市在粮、棉、油产量以及农业产值上的绝对数字已超过苏南，但是由于工业，特别是乡村（社队）工业发展较慢，所以在工农业总产值上比苏南落后了相当大的一截。这是目前苏北五市经济的基本情况。总的说来，由于水利建设的成就和实行了联产责任制，苏北农业大发展，根本改变了 100 多年来贫穷落后的面貌，人民的温饱问题已经解决，具备了进一步大发展的条件。

继续把苏北看成是个贫穷的落后地区显然是错误的了。而且应当看到它的潜力大、后劲足，在农业上的优势已经表现出来。北部的煤矿是江苏能源供应地，不断发现的如水晶这类珍贵的矿

---

① 这里所引用的资料中，南北对比是以全省两分法为依据的。即苏北包括徐州、连云港、盐城、淮阴、扬州等五市，苏南包括苏州、无锡、常州、南通及南京、镇江等六市。

藏还是今后尖端工业的必需品，正在钻探中的淮海油田频传喜讯，加上东海沿岸广阔的滩涂，大可开发，所以从发展的前途来说，苏北完全有可能后来居上。

二

苏北不仅和苏南有所区别，它本身各地区在社会经济发展上也存在着不同的水平，而且由于自然及历史条件的差异，各地区也各有其特点。我们从研究小城镇的角度来观察苏北各地区之间的差别，首先看到江苏省测绘局编制的《江苏省地图》（1∶100万）上，在徐州市和淮阴市范围内所有的地名中带上"集"字的特别多，凡是带集字的地名多的地区，很少带镇字的地名。带镇字的地名多的地区，如连云港、盐城、扬州等市，带集字的地名就比较少，甚至没有。如果这两类地名确是表明经济发展上不同的实体。那也就使我们看出苏北整个地区经济发展的不平衡了。因此，我们不得不追问一下集和镇，或者说集市和集镇，区别何在？

集市可能是人们很早就有的商品流通的场所。在我国确是古已有之。在最基层的贸易场所的集市上活动的主要是散居在农村里的生产者。他们带了一些自己消费不了的农业或手工业产品到这里来出售，卖到了钱就在这里购买自己所需要的东西。这是接近原始性的商品交换，实际上是生产者之间的直接交换，货币过一过手，只作为计算的媒介来使用。

这种集市对我来说并不陌生，因为我在抗战时期住在云南昆明南面呈贡县城附近的农村里。在县城外，离我们住的村子有20

分钟步行的距离，有个龙街（苏北称集，云南称街），平时只有一座庙和几十户人家。每隔六天，到了街期，四面八方的各族人民都来赶街，有上万的人，摩肩接踵，热闹异常。

这次为了要了解集市，我们特地到沛县的敬安集和睢宁县的大李集去参观。这两个集比呈贡的龙街发达得多。在市集的街道两旁有百货商店，这些商店是每天都营业的，只是赶集那天顾客特别拥挤些。街上有许多临时的摊贩，出售衣衫布匹和各种百货，摆摊子的都是领有执照的个体商人。街道两旁还有许多用木板或铁皮构成、容得一个人坐在里面工作、不用时可以加锁关闭的小亭子，坐在亭子里的人大多是为人修理钟表、收音机等新兴的服务行业人员。传统的理发和修理农具的铁匠，有的已有店面，也有摆摊子的。整个集市还划分若干专门出售某种货物的分场。各分场里，街道两旁分别有许许多多面前放着几篮鸡蛋或是几袋粮食、一堆蔬菜的"老百姓"，即农村里来出售自己产品的农民。在人数上说，以这种自售产品的农民为最多。但是营业额却是百货商店领先。我们曾去参观过这些大集，据估计生产者直接出售的贸易额只占集市贸易总额的1/3。这种集市和呈贡的龙街已有所不同。这里有日常营业的商店进行交易，只是逢到集期才有摊贩和农民间的贸易活动，而龙街不到街期，除了供应街上居民零售的小店外，可以说是没有贸易活动的。

我们所参观的大李集是苏北有名的大集，这个地名在中学用的地图上也找得到。它原有"小南京"之称，正处在睢宁县和安徽省的交界上，赶集的人很多是越省而来的。集上常住居民有8500人，赶集的人数一般在2万到3万间，到春季大集时，可达到10万人，山东、河南都有人来。平时每10天赶4个集，每集成交的营业额少则 20 万元，多则 40 万元。有 9 个分场：猪羊、牛马、粮食、木材、肉、蛋、小百货、蔬菜、柴。在摊子上和商店里有来自上海和苏南各城市的产品。有 10 多个理发店，还有 6 家小旅馆和 4 个浴室。但到目前为止，还没有货栈。贩运看来还只限于小量的个体活动。商贩们从这个集市上买了东西到另一个地方的集市卖出，在差价中获利。实际上是取得运输上所花的劳动的报酬。

像大李集那样的大集，在苏北有多少，我们还不清楚。以徐州所属 6 县来说，据我们得到的资料，大小集市共有 286 个：赶集人数超过 2 万的有 12 个，超过 1 万的有 43 个，超过 5000 的有 65 个，在 5000 以下的有 166 个。在"文化大革命"期间，这些集市都受到过打击。但是农民不可以完全自给自足，他们之间互通有无的活动是取缔不了的，所以当时尽管街头站岗拦阻，摊贩被驱散，但是其实只是把集市分散和改变场所罢了。当然，这种打击对农村经济和农民生活为害严重。

在苏南的常州、无锡、苏州三市已经看不到这种形式的集市了。如果进行比较和分析，也可以看到在苏南，农民到市场上直接向消费者出售自己生产的商品的活动，这几年来已有所恢复，即所谓"农贸市场"。但是一般只有清晨的早市，七八点钟已经收市了。这种活动在市民副食品的供应上尽管起着作用，在整个商品流动中并不重要。而且农贸市场一般是经常性的，而集市是间隔几天才有一次。

还应当指出，这种集市在苏北说，也不是普遍的。我们到盐城和淮阴探问过这些地区有关集市的情况。我们得到的答复是在灌溉总渠以北各县一般都赶集，但是渠南各县，即使也有赶集的，重要性已不大，因为以经常营业的商店为主构成的农村商品流动中心的小集镇已经比较多了。

我们对苏北各县集市的调查正在进行中，对上述的说法还没有核实。我们只在江苏省测绘局编制的江苏省地图上把以集为名的地点（可能是一些大集，至于小集在这种地图上是查不到的）计算了一下：在灌溉总渠以北的地区共77处，渠南共15处。其中最密集的，即有10处集以上的有睢宁、淮阴；5处集以上的有铜山、宿迁、沭阳、涟水。在地图上都没有带着集字的地名的县有：连云港市的赣榆、东海、灌云，盐城市的射阳、建湖、大丰、东台，淮阴市的盱眙，扬州市的江都、兴化、泰县、泰兴、靖江。这个统计并不能充分反映集市分布情况，因为有些集市没有上地图，有些以集为名的地方现在不一定有集市。但是在一定程度上从地名分布上看到的情况和当地干部给我们的答复是相符合的。大体说来，以灌溉总渠为界，渠北多集市，而渠南较少，规模较小。集市少和小却并不反映商品流动较少，相反的，却反映了这个地区已经有较多的以经常营业的商店为主构成的作为农村商品流通中心的小集镇了。从地图上看，集市少的也正是集镇较多的地区。

我们也许可以把集市看成是集镇的前期形式。在农村商品经济发展中集市可能逐步成长为集镇。集市上的贸易活动可以说是初级的，在发展上看是比较落后的，而且反映了农村经济不发达，存在着大量的剩余劳动力。在集市上，我们看到那么成千上万的人，熙熙攘攘，挤来挤去，为了出卖几十个鸡蛋、几百斤粮食，走上几十里路，在集上蹲上半天，热闹一番，浪费的时间实在不少。如果农村里活路多了，谁还会愿意整天向集上去跑呢？

但是在苏北的北部，集市对农民的吸引力目前还是很大。有个民谣说："集市像块吸铁石，吸着农民去赶集。手里扶着犁，心里想着集。身在地里干，心在集上转。赶了东集赶西集，一天到晚忙赶集。东集买，西集卖，一天能赚七八块。"对商贩有成见的人，可能对这民谣有反感，但是我们却看到了集市在商品流动中的重要性和当前农村经济繁荣后农民对商品流动的迫切要求。如果对流通渠道不加疏通和提高，大量劳动力作为个体商贩被吸收到贸易活动中去是势所难免的。至于在这个地区里，怎样促进集镇的发展来代替或部分代替这种集市形式的贸易活动，正是值得我们注意研究的课题。

集市分布的不平衡启发了我对苏北社会经济发展不平衡的研究兴趣。从集市的分布上，我们看到苏北的东北和西南两部分存在着集市集镇数量上的区别，我们接着看到这种区别同样反映在各市经济结构中工农的比重上。简单和笼统地说：徐州各县是农7工3；连云港各县和盐城市灌溉总渠以北各县是农6工4；盐城市渠南各县是农5.5工4.5；淮阴市也要分南北两部分，北部可能近于徐州市各县，南部如淮安县是农6工4，近于盐城渠南各县。扬州市里下河各县情况与盐城南部各县同，或农工相等，不相上下，有局部地区工业略高于农业。但是通扬运河以南各县都已是农4工6，在产值上工业超过了农业，接近苏南水平。各县工农比重的具体数字还待汇总，但是大体可以说，工业比重以西北部为最低，向东南方逐步上升，但在灌溉总渠以北工业一般低于农业，到了里下河地区工业才相等于或略高于农业，要过了通扬运河工业才胜过农业。

根据这些材料，我们是否可以初步把苏北划成西北和东南两部分，这两部分的界线并不能划得很具体。大体说来西北部包括徐州市和淮阴市在灌溉总渠以北的地区；东南部包括连云港市、盐城市、淮阴市南部和扬州市在通扬运河以北的地区。至于通扬运河以南的地区，我倾向于把它和南京市、镇江市划在一起，作为苏中区，也就是上述的三分法：苏北、苏中、苏南。这些是从当前经济发展的总面貌来划分的区域，不同于一般经济区域的概念，因为这只是从几项表明社会经济发展水平的基本指标来衡量的。最重要的指标就是上面所用的一地总产值中农工的比例以及集镇发达的水平。我们正在按这个要求制定一些可比性的统计指标，以备进一步在江苏用问卷调查法进行一次宏观的普查。必须指出，从这些指标统计显示出来的区域差别并不是长期不变的，而必然会随着各地不同发展速率而改变，所以与一般地理学上的经济区划是不同的。我们这项研究的用处在于帮助在建设过程中因地制宜，避免一刀切。

三

我们这次调查访问的路线是从徐州进入苏北境内，向东到连云港，折南入盐城，转西去淮阴，然后南下扬州。时间是北多于南，行程是前松后紧，到扬州市区已快到期限，又需要花几天讨论，以致没有去访问洪泽湖周围各县。所以在总结这次"探路"工作时，这一部分的情况几乎是空白的，只能有待今后的补课了。下面我想以我们的旅程为序，把所见的情况和问题做初步的提示。有些问题是我们在一地看到的，很可能其他地区同样存在，我们所掌握的有限资料还不够做出概括性的叙述。由于这不是苏北全面的调查报告，所以各区的详略也不等，看得多一些的就写得多一些。

徐州市本来是一个省属市，体制改革中，附近6个县划归徐州市领导，这个地区实际上是淮海平原的一部分，徐州市区本身是这个平原东部的一个重要经济中心，至今尽管有种种行政区划上的限制，它和山东南部、安徽北部，甚至河南东部经济上联系还是相当深。据说，解放初期由徐州百货二级站供应商品的区域有4省44个县，现在还有跨省界的20多个县，2000多万人口（徐州市6县共690万人）。这个区域的社会经济特点，比如上面讲的集市多、集镇少，可能是这一部分黄淮平原的一般情况。

徐州市区是一个拥有78万人口的中等城市，在交通和资源上都具有突出的优势。贯通南北的津浦铁路（1908—1911年通车）和贯通东西的陇海铁路（东段1921—1925年通车）就在这里交叉。在资源上它以"江苏的煤都"出名。有煤就有电，徐州电厂发电能力达80万千瓦。在这基础上解放后发展了钢铁、水泥、机械、化工、纺织等工业，总产值1980年超过了20亿元。我们在事前期望能看到这样一个中等城市，在其所属各县起着推进乡镇工业的作用。

我们到徐州后不久就去附近各县访问。我们在公路上走了很久也看不到烟囱，大概要走60—70公里，看到烟囱时，几乎必然是县城所在地。我们询问这地区有多少个"镇"时，每个县几乎都说只有县城这一个镇。我就诙谐地说：如果苏南吴江县自称在集镇上是"多子女"，那么这个地区一县一镇可说是"独生子女"了。这些"独生子女"的县镇在三中全会后确是已经面貌一新，

137

乡镇工业也有了发展。比如丰县的裘皮机械厂，沛县的毛纺厂，睢宁的棉纺厂，去年产值均达到300万元。但是一出县城，我们在公路两侧所见到的，除了一些烧石灰或砖瓦的窑厂外，很少见到工厂。因此，徐州市市区之外各县的工业产值只占工农业总产值的30%（加上徐州市区的工业，占61.8%），而其中一半以上是食品（30%）、农产品加工（14%）和建材业（7.8%）。这种情况不能不使我们对徐州这个"煤都"应起的作用有点失望了。为什么这样一个能源丰富、交通又这样发达的城市却没有把工业扩散到四周农村，像苏南那样发展乡镇工业呢？

我在《小城镇 再探索》中强调了上海和其附近中等城市对乡镇工业所起的作用，而这里却并不如此。这是为什么呢？经过和当地干部讨论，初步的看法是徐州这个煤都主要是采掘工业，劳力重于技术。徐州的制造业是解放以后才开始的，1949年工业总产值只有4000万元。解放后，由于苏南工业发展，需要能源，徐州的煤矿得到了迅速的发展，在经济恢复的5年里，年产量就提高了一倍，现在年产量达1200万吨。采煤的技术却还是着重在体力劳动。全市职工从解放时的5万人增加到现在的39万多人，其中固然包括新兴的其他工业，但主要是煤矿职工。这就表明徐州的工业在性质上和上海及其附近中等城市不同。徐州的采掘工业比重较大，一般只提供原料，不进行加工。在技术上带不动附近的乡镇工业。

另一方面，徐州地区的农村经济以往一直是以农业为主，缺乏家庭工业的传统。在过去又长期在"以粮为纲"的指导思想下，农村没有发展工业，直到目前为止，农村工业还刚刚起步。三中全会后实行了联产责任制，激发了农民的积极性，在这5年内，农业翻了身，1978年至1983年，粮食总产从34亿斤增加到73亿斤，棉花由56万担增加到146万担。皮棉单产平均141斤，居全省第一。所以这地区农村的变化是农业的发展所带来的，主要的变化也是农民的生活基本需要得到了解决。过去吃的是山芋干，现在吃的是大米、白面。至今他们还是用"大米饭、白面馍、山芋干子换酒喝"的话来表达他们对新局面的颂扬。温饱问题是解决了，人均分配却还在250元（1983年）的水平上，一般说来，还谈不上富裕起来了。这种情况基本上是适合于苏北的西北地区的。

联产责任制的落实，农民从大锅饭中松绑出来，苏北的农民和苏南的农民一样，都发现每家有多余的劳动力可以利用来增加收入。但是怎样去利用，找什么活路却各地不同，那是受地理、历史等条件所制约的。一般说来，在苏北像苏南一样从小型工业里找出路的农民比较少，他们主要是搞副业，和搞农业延伸出来的如碾米、酿酒等产品加工和其他为农民服务的如烧石灰、砖瓦等非农业生产活动。当然，在近一两年来，各地区都出现了一些类似苏南的制造业性质的小型企业，但还没有取得主要的地位。

在这里我想特别提到我们在徐州市丰县见到的劳动输出这种可以说是江苏省新兴的同时日益在发展的活动。徐州全市现在已有1.3万人有组织地出外承包建筑的劳动队伍。当地称劳动输出为"不冒烟，挣大钱的工厂"。他们每年春季出外，入冬回乡；一个普通工人可以带回1000多元的工资，技工2000—3000元，全市分到各家去的收入总数有几千万元。

搞劳务输出在江苏并不限于徐州，也不限于苏北，全省去年据说有100万人的建筑队伍在全国各地活动；南到深圳，北到黑龙江的大庆，西到新疆的克拉玛依和西藏的阿里。他们以质量高、速度快、成本低，不拿公家东西而受到当地的欢迎。去年我在南通和沙洲调查时已经听到劳动输出这件事，而且听说南通一市的外出包工的建筑队伍挣回了上亿元的收入。这在当前江苏农村经济中是一笔重要的收入，不仅改善了农民生活，而且为农村经济的发展提供了资金，是乡镇工业赖以发展的原始积累的一部分。

这次我们在丰县遇到了一位在徐州地区来说最早组织建筑队外出的领班人，他原是地委的干部，"文化大革命"期间被下放到丰县。丰县是他的家乡，家乡的领导干部让他搞建筑站。当时两派正在打派仗，他在家乡还是待不住，就把队伍拉了出去，到辽河油田承包国家的建筑工程。他有组织能力和才干，加上能吃苦耐劳的苏北农民，很快掌握了建筑技术，并打出了牌子。从几百人开始，几年里队伍扩大到几千人，现在已有上万人。他自己虽则已经回到市委做领导工作，但是这个建筑队伍越来越壮大和活跃了。

把队伍拉到外地离乡背井地去搞劳动，在徐州来说是像他这样的同志创始的，但是这项办法却有它的传统基础。正因为如此，所以其他地方也不约而同地在搞性质一样的劳动输出。苏北这个地方历来就有外出找活的传统。过去这里是多灾多难的苦地方，自从水利失修，连年灾荒，几乎每年要发生"就食江南"的人口流动。每逢大水来临，农民们就用泥土封了门，全家外出逃荒。有些地方，如里下河地区，在大水时节，全村可以空无一人。这些逃荒的人，如果在外地找到了活路，也就不再回乡了。在我年幼时，苏南太湖边新涨的土地上每年都有这种难民住下垦荒。太湖水涨，淹没了他们的土地，又得到城里来乞讨，甚至劫食，成为我家乡一件无可奈何的烦恼。更多的难民是到城市里去卖苦力。解放前上海工资最低、劳动最重的苦活主要是由苏北逃荒出来的人负担的。很多是被榨尽了血汗，客死异乡；也有站住了脚跟，成了都市里的下层居民。据说现在上海1000万居民中至少有100万人的祖籍是在盐阜地区。他们过去聚居在杨树浦和闸北的贫民窟里。另外，扬州的"三把刀"（理发、修脚、厨师）几乎包办了这几行在过去是微贱的服务专业，不仅全国甚至国外的侨区，都有他们的地盘。

现在的"劳动输出"虽则可以溯源于早年的逃荒和走码头，但本质上已起了变化。现在是有组织、有领导、有专业、为人民服务的劳动队伍。这种劳动队伍对其他地区，特别对边疆地区的建设做出贡献，是一项社会主义的新事业，实际上是技术和劳力支边。对于江苏这样人口过密的地区，有计划地输出劳动，尽管户口不迁，正是减轻人口压力的一个积极的办法。

我在前年曾发表过《做活人口这块棋》一文，提出了要做活我国人口这盘棋需要做两个棋眼：一是发展内地的小城镇这种人口蓄水库，一是疏散人口到地广人稀的边区去开发那里丰富的资源。这次我看到了离乡不背井的劳动输出，深深感到这正是把两眼连通的一着重要的棋子。因为这种不落户而为当地建设服务的劳动队伍，正是民族地区欢迎的人口流动的形式。现在还只限于建筑业一行，但逐步推广到其他行业，其他建设事业，由短期的流动发展到较长期的流动，一旦队伍大了，人数多了，不是同样会起平衡人口分布的作用么？新的事物一旦发生，如果符合客观的需要，必然会茁壮成长，蔚成大业的。

四

从徐州市，我们东行入连云港市境。连云港市除市区外有三个县。这三个县都不是一县一镇，而是一县多镇了。东海县的县城在牛山镇（1.5万人），西有桃林镇*（1万人）。赣榆县的县城在青口镇（2.2万人），东有海头镇*（1万人），南有沙河镇*（1.1万人）。灌云县的县城在伊山镇（3.6万人），北有板浦镇（1.2万人），东有徐圩镇及扬集镇（7000人）。连云港市府所在地新海区（23万人）外，北有猴嘴镇，南有南城镇（6000人）。除了县镇之外，上面这些镇都没有建制，因为据当地的干部说，没有建镇的原因是想取得税率的优惠（现在对乡镇工业的优惠税率已经取消）。事实上一般都承认这些地方是"镇"。在我们所用的地图（1∶100万）上，许多就在地名后有镇字。凡是地图上不加镇字，而在当地政府给我们的材料上称"镇"的，我们在上述地名后都加上*号。

徐州市的一县一镇，连云港市的一县多镇；和在地名上徐州市范围内没有"镇"，连云港市范围内没有"集"；这些明显的对照固然值得注意，但是实际上的区别并不是那样绝对。我在叙述集市时已说过，比较大的集市上都有经常营业的商店，而且很多前门是店，后门是田，亦农亦商，集上有多少非农业人口不易计算。一到赶集的日子，就有许多本街道和附近各村来的人在街道两旁摆摊子，出卖批发来的货物，他们只是间断性的临时商人。还有许多农民背着自己生产的鸡蛋、蔬菜等等到集上来出卖，卖得了钱，就在集上买他们所要的东西回家，他们还不够格称作

"商人"，只是进行交换的生产者。在徐州一带的集市上后面那两种人比较多，固定的商店比较少，也许就因此称集不称镇。

在连云港市东海县的桃林镇和赣榆县的沙河镇平时有比较多的商店和工厂经常营业。桃林街上有二十多家企业，包括三家有名的酿酒厂，还有四十几家商店；沙河街上有针织厂、面粉厂和大小商店。但是一到赶集的日子，四方客商，蜂拥而至，赶集的人平时2万人以上，春节和会期（指传统的集市大会，有些地方称庙会，一年有好几次），多至5万人。如果在赶集的日子去参观，它们和睢宁县的大李集并没有多大不同；但不在赶集的日子，大李集的面貌就不如桃林和沙河了。所以"集"和"镇"的差别在苏北主要是集期从间隔到连续，营业从临时到经常，门面从摊子到商铺的变化。由于商店多了，天天有贸易活动，像桃林和沙河那些地方一般就被称"镇"了。在苏北被称为镇的地方一般依旧是赶集的地方，每逢集期四乡来的人就多。人数尽管多，但生产者之间交换性质的贸易额却比较少。只是在一些赶集人数在几千人的小集市上，商店和摊子少，生产者之间的交易在比重上才多些。这类小集民间称作"青菜集"或"草鞋集"等。看来，集市必须分大小和层次。商店、摊贩的营业额的增长和集市的大小相关，最后也就成了"集镇"。

我们这次到苏北访问，正当各市县领导干部开会传达贯彻今年1号和4号文件，宣传提高农村商品生产，积极发展集镇的战略方针。同时干部和群众都听到了"无农不稳，无工不富，无商不活，无智不进"这句话。因之，当时已不是要不要搞乡镇工业，要不要发展集镇的问题，而是搞什么工业和怎样建镇的问题了。

在建镇的问题上，我们感觉到有些人似乎还认为只要在原来的集市上设立些行政机构和挂上一个新牌名就可以了。事实并不这样简单，所以有必要把集（市）和（集）镇的区别再着重说一说。我们认为只有在农村相当高水平的商品生产基础上才能形成名副其实的镇。而高水平的商品生产单是靠农业是不容易达到的，还必须发展乡镇工业。苏南有镇无集可能和很早就有生产商品的农村手工业有关，而近年来乡镇工业的发展更使集镇兴旺了起来。农村传统工业不发达的苏北，单纯依靠农业商品生产的地方，集市已经足以适应商品流通的需要，甚至集市还处于一定的优势，所以集镇也就不易发展。工业的商品生产与农业的商品生产不同，不仅需要出售产品的市场，还需要产前原料的供应和产中的种种服务，乡镇工业的经营更大地依赖于作为农村经济中心的集镇。这样看来，苏北要建镇还有待于乡镇工业的兴起和农业生产的进一步商品化，也就是说，建镇包含着在原有集市上进一步发展乡镇工业。

苏北的农民温饱问题还刚得到解决，只有很小一部分农民开始富了起来。温饱靠农业，富裕靠副业和工业。乡镇工业上苏北比苏南还有相当大的差距。我在上面已说过，据当地干部的估计徐州市区的工矿业除外，郊区和6县的工农业产值上的比例还是三七开，而连云港的工业比重略高，大约是四六开。这种估计和我们在东海、赣榆所参观的几个集镇的印象是符合的。但是还没有用统计资料来核实。徐州市原是省属市，统计数字和所属各县容易划开，而连云港市区本身据说是三个镇联合构成，至今在地区上还是不相联接的。哪些企业应当划归乡镇工业还不那么清楚，如果只从所有制上着眼，集体所有制的企业一共1002个（占企业总数80%），而产值只有3.8亿元（占全市工业产值总数28%）。

我们知道有一个时期，集体企业办得好了就会收归全民所有，所以单从所有制来划分也不能真正反映乡镇工业的比重。这些问题将留待进一步研究。

从现有资料来看乡镇工业在苏北还是不发达的，只有扬州去年产值超过20亿元（其中大部分应划归苏中区），其他各市都不到10亿元，盐城7.9亿元，淮阴4.3亿元，徐州是5.3亿元，连云港如果以2.8亿元计算，是居末位，但是以地区来说，面积最小，只包括三个县，相当于淮阴市的1/4。大体说来苏北一个市的乡镇工业，产值上只相当于苏南四市里一个县。这是因为苏北的乡镇工业起步比苏南迟，在今年1号和4号文件下达之前，乡镇工业一般说来还没有被认真作为发展方向来对待。

由于起步迟，乡镇集体所有制的企业基础较差。当农民吃饱穿暖要求富裕的时刻，国家的政策已在家庭承包责任制的基础上鼓励专业户的发展。这种历史条件和乡镇工业起步早的苏南就有所不同。苏南乡镇工业是在公社制度下起步的。公社、生产大队以及生产队作为集体单位办工业，资金是集体积累，经营和分配由社队领导，经过了五六年甚至更长的时期，社队的集体经济实体大多已经巩固和壮大，底子比较结实。

苏北乡镇工业起步迟，联产责任制落实得早，个体专业户发展得快，因此，我们很想知道专业户对发展乡镇工业所起的作用。那些在苏南早期就由集体经营的企业，在苏北是否将先由专业或经济联合体开始经营，其后又将怎样发展成地方性的集体或超越地方的同业性的集体企业？这些问题还有待今后加以观察和研究，现在还只看到一些苗头。

据赣榆县提供的资料，今年该县专业户近6万户，经济联合体

1087个，发展相当快。赣榆县委1984年3月编了一本《勤劳致富一百例》提供了该县自从三中全会以来"两户"的107个具体例子，其中工业（修理、农具、加工、建筑材料、采掘）42例，商业运输10例，养殖28例，种植27例。可见这些专业户和重点户主要还是经营家庭副业、养猪、养鸡、种菜、种果树的能手，一面兼种口粮田，一面发展专长，收入近万元。其中带有集体性的有一户养鸡专家，除自家养鸡外，建立了47家联系户，给他们技术指导和提供雏鸡。还有一例是四家共同承包一条小渔船，出海捞捕，按劳分配。在工业方面组织形式比较多样。最多的是个体户单独开办或承包一个企业，如烧窑、修理、箍桶等小作坊。也有一例是九个人向集体共同承包一个农机修理厂，由集体拨给厂房和工具，每年上交定额利润。还有一些由个人承包，招收职工，付工资的例子，如耐火材料厂、塑料厂、柳编厂、磷肥厂、翻砂厂等，其中雇工最多的达15人。以赣榆县现在的情况看，从个体专业户发展到集体企业还有一段距离。

我们在赣榆县参观一个个体户集资联合办的百货商店，这个商店里的职工，入店时都得交一笔款作为投资，工作期间除工资外享受利润分红。据说这种方式集资快，并解决青年就业问题，能为农民接受。人们说，现在农民手上钱多了，为了孩子花一笔钱找个事做，都愿意。这种个体户联合体看来正在增加。据说全县已有375个这类的企业，资金270万元，参加约2000人。

从个体经济发展到集体联营的例子，我们是在徐州丰县听到的，也不妨插在这里一提。丰县的单楼乡许庙村，有家姓董的兄弟几家合起来32口人，制造镜框条，畅销京、津、宁、鲁、豫等省市，人均收入2000元。今年和县供销社搞联合体，由社提供县城里的厂房和营业所，配备会计和营业员，投资3万元，供应原料，以后利润按协定比例分红。

我们看到苏北地区农业丰收，农民手上有钱了，而且又听说由于劳动输出，每年有几千万元流入农村。由于考虑到发展乡镇工业需要积累资金，因而想知道分散在千家万户的钱农民是怎样花的？苏南乡镇工业是集体企业，得到的利润首先积累作再生产之用，然后通过工资和集体分配流到农民手上。农民拿到钱首先改善生活，从吃、穿已经进入到住的领域。盖新房子，一层改两层，这几年在苏南农村里盛极一时。在苏北，吃穿的问题刚刚解决，房子也开始更新，从土墙茅屋，逐步转向砖墙瓦顶改造，但速度似乎不那么快，有些地方旧的草房还占一半，有些房子的茅草屋顶，只有四周换上一圈瓦片，农民的钱用到什么地方去了呢？

我们在赣榆公路上看到了不少带拖斗的手扶拖拉机一连串、一连串地前进，印象很深。询问之下，知道这些都是今年农民新添置的生产资料。据说今年1月以来这个县的农民已买了汽车50辆、船300条（共850吨）、拖拉机850台，折合成本有二三百万元，表明了农民投资再生产的积极性是很高的。当前运输是热门，赣榆几家自备汽车搞运输的都成了万元户。农民迫切要买汽车，搞运输，反映了运输工具的供应远远赶不上当前农村经济发展的速度。同时，值得注意的是这些都是个体户的投资，用来发展专业的。

在这里我们注意到了当前农村经济发展过程中资金的积累和使用的问题。以苏南来说，这5年多来农村经济建设基本上已做到自给，不像以往那样要向国家伸手了，而且目前农村积累的资金已有向城市投资，这是一个新的重要苗头。苏南农村之所以能达到这样发达的水平，在我们看来，是由于苏南在农业的原始积累的基础上，通过公社、生产队等各级集体经济实体，自己投资创办了工业；工业里累积的资金除一部分分给社员，实际上是以工补农，扣一部分支持各级社区的公共建设和公益事业外，都用来作再生产的资金。这是通过集体渠道的积累方式，效力是比较高的。

现在苏北，如上所述，这几年中农村的发展主要靠个体农民、专业户、经济联合体以及劳力输出得来的报酬，这些生产和服务所积累的资金分散在千家万户。从什么渠道能把这些分散的资金集中起来，使其成为发展工业的资金呢？银行储蓄固然是一个已有的渠道，但这个渠道能在农村里吸收多少储蓄额，有人估计不会超过农民手上可以用来投资再生产的一半。还有一半怎样办呢？上面我们已提到农村中已实行"带股金进厂"的集资办法。这种办法实际上已包含了"股票"的性质，只是不能转手的股份。是不是有地方已出现更灵活的措施而出现一种新型的股份企业呢？我们将拭目以待。

五

从连云港我们南下到盐城。盐城这块地方是多少年来黄河和淮河下游沉沙淤积而成的。由于东临大海，所以自古就是产盐之区，汉代即在这里设置盐官。现在盐城市的行政区域里除市区外还有七个县。在灌溉总渠以北的三县——阜宁、响水、滨海，和淮阴市的灌南、涟水两县，历来被认为是苏北的苦地方，直到灌溉总渠修成后，才有所改善。这里的农民经过30多年的艰苦劳动搞了大量农田基本建设，推广科学种田，特别是三中全会后贯彻了正确路线、方针、政策，大大改变了面貌。我们这次"探路"没有在这里停留，所以不多说了。

灌溉总渠以南盐城市境还可以分为东西两部分。西部的陆地形成得较早，传说宋代11世纪20年代中范仲淹（989—1052）在这里做官的时代，筑了一条防海潮的堤，至今称范公堤，就是现在通榆公路的路基。在这条公路上的上岗镇传说是早年人们在此避海啸的沙岗。在盐城市附近确有许多冈字作地名的如大冈、上冈、冈中、龙冈等集镇。这就表明这条线之东，土地成陆的时期较近，大约只有1000多年。这段时期里涨出了通榆公路以东近50公里宽的沿海地区，黄河和长江冲入东海的沙土还在继续淤积在江苏沿海，现在已有广大的滩涂，潮水落时一望无际。著名的东沙离海岸远达50—60公里。估计东海滩涂如果加以人工围治，在江苏部分就可以有800多万亩良田。

我这次并没有去海滨观察，但是课题组有两位同志事先在东台县调查了该县中心港口滩涂附近的弶港镇，所以我们了解了一些情况和值得展望的前景。

先说盐城东部，这地区很早就产盐，这里出产的盐称作淮盐。盐是人民生活必需品，所以历代封建王朝就定为独占的官卖商品。这里的盐民所产的盐全部要低价缴公。再由盐官委托盐商运销全国，称为官盐。承包运销的称盐商。盐城是基层收购中心，扬州是盐商麇集的码头。纸醉金迷，腰缠十万贯，才下得了扬州去做一场繁华美梦。沿海的盐民却受着残酷的封建剥削，靠出卖体力劳动过日子。所以盐民居住的地区经济是十分落后的。

清末，南通出了一个恩科"状元"张謇，当地人称"三先生"。他是个"实业救国"的实践家，着意谋划在家乡兴办工业，从国外引进了机器纺织的技术，在南通开厂经营。为了培植纺织厂的原料，他看中了苏北这块沿海的沙地，从南通起直到盐城，推广植棉。这件事被称为"废灶兴垦"，即把原来的盐场改成棉田。从经济上说是从简单的采掘收集进入了开荒种植，把生产力提高一大步。在这片沿海地区上所生长的棉花，就被收购来作他在南通经营的纺织厂的原料。当帝国主义在第一次世界大战中无力顾及东亚的时隙，苏南的无锡、常州、南通兴起了现代的纺织工业，为长江三角洲打下了民族资本企业的基础，而这些纺织厂的原料主要来自苏北沿海地区，所以这个地区原是苏北主要的产棉区。

这个产棉区的盛衰倚赖于长江三角洲民族资本纺织工业的盛衰。30年代中叶纺织工业比较有起色，所以这地区也比较繁荣。但是抗日战争开始后，苏北成了我们新四军的抗战前线，在拉锯战中许多集镇和农村被敌人破坏。这个地区的经济一蹶不振。

解放后，这个产棉地区虽则有了一定的恢复，但是接着在极"左"路线的政策下，发展缓慢，直到三中全会后才出现新面貌。根据我们课题组在弶港镇的调查，我们了解到这个镇附近的新东乡是1979年开始由内地移民开垦建成的，经过5年，现在已有8100人。那就是说，群众对开垦滩涂有很大的积极性。这是完全可以理解的。盐城市现有714.9万人，只有921万亩耕地，每个农业人口只分得到1亩4分耕地，称得上人多地少。而弶港镇附近东台县境内却有20多万亩等待开发的荒地，至今新东乡只利用了5.5万亩，人均耕地近7亩。人均收入1981年是309元，1982年是 347 元，1983 年已到 475 元，高于盐城各县的平均水平。所以滩涂确具有吸引人的能力。

弶港的调查提出了移民开发滩涂的远景。在弶港附近东台县境内目前至少还有 15 万亩荒地可供开垦。即以新东乡人均 7 亩计算，大约可以移入 2 万多人。据初步估计苏北有 400—500 公里长的海岸线，800 多万亩的滩涂荒地，如果由国家投资每亩约 300 元，地方出劳力，进行开发滩涂的基础工程建设，群众可以进去开荒，仍以上述标准来计算，至少可容 100 多万移民。

江苏现有人口 6000 万，到 2000 年估计将增加 600 多万人。这是现在必须心中有数的严重问题。如果能在今后 15 年里鼓励群众积极移民开辟这片滩涂，除了农业人口可容 100 万人外，每 15 公里建立 1 个 5000 人的小集镇，沿海滩涂以 30 个小集镇每镇 5000 人计算，大约可容 15 万人。这对减轻江苏今后 15 年内的人口压力将起重要的作用。当然，我们并没有把可以由国家作为重点建设投资，采取规模较大的围滩工程来开辟的苏北海岸外的东沙（从地图上看南北 20 公里，东西有 40 公里，在退潮时出现的沙滩）打算在内。而且如果满足于与江苏其他地区相等的生活水平，每人 2 亩土地已经足够，现有可供开发的滩涂可容纳的人口就可以增加一倍半，可达到 300 万人，占了 15 年内新增人口的 1/2，如果东沙可以开辟，江苏新增人口就业问题完全可以解决。

要使滩涂成为解决江苏人口压力的重要出路，除了鼓励和加速移民去开垦外，主要是引进乡镇工业，在沿海建立小集镇，使基层行政单位有财力为移民提供生产、生活上必需的社会措施。我们在弶港看到在原有的渔业基础上发展了食品工业，就推动了附近农民的多种经营，增加了收入。集镇上有了乡镇工业的支持，可以集资改造道路，建造文娱场所。有了乡镇工业也会办起商店，跟着有了邮政、电话等通信设施，便利了居民。开垦滩涂的居民亦工亦农、安居乐业，又会从他们的故乡吸引来更多的移民，把原来荒废的土地开垦成欣欣向荣的果园和良田。我们对这方面的调查还刚开始，为了进一步开发滩涂有必要总结像猰港一类创业的经验，并发现一些开发滩涂中必须解决的问题。这是一项应当引起大家注意的新兴事业。

六

盐城市在灌溉总渠之南的那一部分，以通榆公路，即原范公堤为界，可分东西两区，东区就是上面所说的产棉区，西区属里下河地区，一向是产粮区。里下河地区包括东台的西部及盐城市的阜宁、建湖、盐城郊区的主要部分，扬州市的高邮、兴化、宝应及江都和泰州的北部、淮安的南部，是苏北平原最低洼的地区，而兴化是它的"锅底"。我将把跨市的里下河作为一个地区来叙述。

在里下河东界，正处在产棉区和产粮区的交接线，由于棉粮的交换，很早在这条线上就兴起了许多集镇，比较有名的，由北而南是：阜宁县的阜城，建湖的上冈，盐城郊区的伍佑，大丰县的刘庄、白驹，东台县的东台、安丰、富安。在这条线上的大小集镇有 22 个，占盐城市范围内集镇总数的 12%。

这些集镇过去都是农产品和淮盐的集散地，而且大都是以原有的农村为基础形成的，所以集镇上农业人口占多数，如建湖的许多乡属镇，农业人口占 80%，东台县全县集镇人口计 21 万人，其中农村人口有 12.5 万人，占 60%，如果按现行行政上建镇标准都是不合格的。其中有些集镇在解放后成了公社（乡）的政府所在地，添置了一系列乡级机关，成了政治中心，集镇有所发展。近年来也有些集镇发展了乡镇工业，改变了单纯作为贸易及政治中心的作用，工业开始在集镇的经济结构中取得较高的地位，有些已接近于苏南的集镇。

一般说，在 70 年代以前，这些集镇上工业是不发达的。1966 年盐城全市社镇企业只有 280 多个，多数只是粮棉加工和铁木农具的制造及修理。70 年代中期，有一部分集镇开始兴办社队工业，三中全会后才有较大的发展。1983 年统计，盐城市（包括东西两部在内）乡镇企业已有 5603 个，职工 24 万余人，工业总产值 7.9 亿元。在这期间在有些集镇上新建了高层建筑，增添了文化设施，铺设和整修了路面和地下水道，集镇面貌有了改观，呈现一派繁荣景象。

我们去访问了盐城郊区的大冈镇，使我们改变了苏北到处都没有较发达的集镇的概念。像大冈一样的集镇在苏南也并不是很多的。这说明了只要政策对了头，乡镇工业发展了起来，集镇是必然会随之繁荣兴盛的。苏北完全有条件像苏南一样兴办乡镇工业，大冈镇能做到的，苏北其他地区也能做到。当然现在这方面还赶不上苏南，那是过去这段历史造成的，只要认真贯彻"提高苏南，发展苏北"的方针，起步虽迟，后来还是可以居上。

大冈在盐城市的西南边上，是大丰、兴化、原盐城等三县的结合部，常住人口 5500 人，是盐城历来有名的大镇之一，也是盐阜地区最古老的集镇之一。据说在明代已经设镇，距今有 400

多年。当时只有"百户",到了30年代已有六七千人,较今常住人口为多。它的周围河道纵横,土地肥沃,是苏北的鱼米之乡。方圆三四十里内的农民利用水道的方便,都到这里来进行贸易,形成了一个农副产品的交换中心。抗战前极盛时代镇上从事商业、饮食、服务业的就有七百多户,仅粮行有几十爿。运粮船只延绵几里,十分壮观。当时街上的私塾有几十家,就学儿童有五六万人。

抗战时期,大冈镇曾经沦陷,开始衰落;解放后稍有恢复;但50年代粮食实行统购统销,三大改造中个体粮行撤销,以粮食的商品交换为基础的大冈镇就一蹶不振。集镇人口先后精简了三次:1954年调整商业网点调出300多人;三年困难时期下放600人;1970年后又动员了300多居民到农村落户。近年来人口逐渐增多,但尚未达历史上的最高记录。

与苏南一样,大冈镇到70年代开始好转。当时利用苏南下放职工和城市工厂"闹革命"停产的时机创办了乡镇工业。三中全会后工业迅速发展,1978年产值已达849万元,1983年一跃而达2000万元居全市各集镇的首位。集镇居民从60年代人均年收入70—80元达到1983年300元的水平。总结这段转衰为兴的历史,关键是在政策,办法是在办了工业。当其衰也,居民温饱尚难解决,每年要由县政府拨上万元补助困难户。70年代大办工业后,经济情况年年改善,现在镇上已有国营企业16个、大集体企业7个、社镇企业28个。1983年全乡农副工总产值5000万元中,社办工业产值占36%,加上队办工业占53%。以这个乡镇范围来说工业产值已略略超过了农副产值了。

大冈镇办了工业,吸收了大量农村剩余劳力。这个乡原来人多地少，人均只有1亩2分耕地。农村人口经常外流，仅在盐城市区工作的职工就有三四千人，构成了对城市的人口压力，乡镇工业办了起来，现在已有2000多人住在附近村子里，白天来镇上做工。他们离土不离乡，不必进城找活路。这样成了人口进城的阀门。

大冈镇的工业是办得有成绩的。镇上发展了工业，同时带动了农村也办起了工业。镇上有3个针织总厂，带动了30个大队办起"松散联营，独立核算，自负盈亏"的分厂，在产供销上由总厂统一负责，形成大厂带小厂成功的事例。还有采取产品转让来帮助落后大队的发展。这样使得这个乡的经济迅速地商品化和工业化了。

大冈镇的工业在引进技术和人才上及镇乡联营办厂扩散工业布局上在苏北做出了很好的榜样。他们较早采取招聘办法来罗致技术人员，其中有一个原在别地错打成反革命的人，到了这里不仅不受歧视而且得到发挥专长的机会，成了技术上的骨干力量，做出了重要贡献。由于对外来的技术人员照顾周到，所以都能安心工作，而且陆续延致人才，现在已有外地技术人员73人。他们为本地培训了120名技术骨干。这几年各厂派出260多人到外地学习。社办的14个厂中受过培训的职工占总数的70%以上。由于着重对外地的开放和联系，与外地已建立业务往来的单位有47个，有协作关系的单位36个，常驻外采购组有5个，购销员有97人，在各大中城市的信息点12个。这样就使得大冈能取得较远的大城市的辐射，直接与上海及天津的工业发生关系。这对大冈乡镇工业的发展起了很大的作用。

以我们这次匆促的访问中所见到的情况来说，像大冈那样发展了乡镇工业、而且已有成绩的集镇,如果把市区和县镇除外,在苏北还是不多的。我特地把这个例子提出来就是想说明,苏北完全有条件兴办乡镇工业。而且在这个例子中也告诉我们,如上海、天津这样的大城市的辐射力并不限于毗邻的地区,因为技术和智力的传播,主要是通过人,可以超过空间间隔传播,和远近距离固然有关,但并不是必须衔接才能起作用。大冈可以接受上海、天津的技术信息,甚至进行协作,就是个例子。苏北离开工业发达的大城市固然较远,交通条件也差,但是如果多注意创造渠道和有利条件,还是可以收到大城市的经济辐射力,用来促进本地区乡镇工业的发展。我们希望苏北有更多的像大冈那样的集镇早日形成。

我们从里下河地区边缘,进入高邮和兴化两县。虽则限于时间,没有能下乡观察,但访问了这两县政府所在地的高邮镇和昭阳镇,对基本情况有一些概括的了解。

里下河地区经过解放以来多年的水利建设,已经形成了一个苏北的"江南水乡"。过去由于地势低洼,农民生产只能靠一熟的沤田过生活,三年两头淹,每年亩产只有三四百斤。所以常常有大批难民去江南就食。解放后还有一段时期依赖国家调粮救济,兴化县1951—1952年调入120多万斤,1955年合作化时,还调入30—40万斤。1954年,200多家铁匠中大部分外流谋生。60年代初期渡过困难时期之后,不久又碰到十年浩劫,农民个人分配水平,一直在百元以下。所以里下河地区的农村经济直到1978年才好转。现在整个里下河地区已成了国家的商品粮基地。兴化县1亩农田年单产平均已在1500斤上下,成为全省产粮最多的县。这个变化是在5年里发生的,不能不说是"奇迹"。

这个地区的集镇的布局和苏南太湖附近的水乡有类似的情况。过去都是在水道交叉、运输便利的地点，有一个作为农产品交易的中心的小集镇。以高邮县为例：全县有大小集镇46个，以5至10公里的距离均匀分布，平均每27平方公里有一个集镇。大的有七八千人，小的近千人，最大有"三大镇"，人口多至9000人：临泽、三垛、界首。这些大镇的位置，几乎都在离开县镇较远和邻县的交界地上。兴化的大镇沙沟、安丰、戴南也是这样。它们都是各县之间的贸易中心。这些集镇绝大多数还没有摆脱集市的性质，一般逢五逢十赶集。三中全会以后出现大集越来越大、集期越来越密的趋势。现在高邮八桥镇除了五天一集外，每天都有鱼肉蔬菜上市，经常有四十多个摊子卖副食品。盐城市建湖县的上冈镇，据调查"过去五天一集，现在不期而集。每天有2万人来上冈交换农副产品、手工业品"。这里我们可以看到从集市发展成集镇的过渡形式。看来里下河的大小集镇和集市正在逐步分化，涌现出更多农村经济、政治、文化的中心。

在这些大集镇上同时也可看到非农业人口在比重上逐步上升。据说那些容易遭水灾的低洼地区，农村规模比较大，有达几千户人家住在一起的，这是因为需要选择高地居住的缘故。许多集市贸易就在这种农村里进行，所以作为一个集镇包含的农业人口的比重就比较大。工商业发达，非农村人口日益增加。现在高邮县46个集镇里，农业人口占34.3%，亦农亦工占24.6%，在校中学生占13.3%，非农业人口占27.8%。农业人口比重由于有一部分农民在过去几年里参加了工业生产才从过半数下降到大约1/3，这表明了集镇正在兴起的过程。

看来这个地区中，若干村子就有一个农民互通有无、定期贸易的小集，即所谓"青菜集"，赶集的大约四五百人。大约15到20华里为半径的区域里，在交通方便的地方，有些就在公社机关所在地，有比较大的集市，赶集的大约有几千人。在这里已有各种家庭里需要的热水瓶一类的日用品。上万人赶集的大集，每个县都有4个到6个，其中最大的一般就是县政府所在地，所谓县城。大集的范围可以包括三五个公社。大集上其实已经以商店为主，有高档的消费品，如挂钟、收音机、电视机、自行车之类，这也是一般农民所参与的最高一级的市场。

现在苏北各县一般说来，县城都已经建了镇，其次的大集大多还没有建镇。看来，这些大集在实质上已经在向集镇发展，但是由于乡镇工业还刚起步，这些大集主要还是农产品的集散和工业品下销的贸易中心。工业的比重还不高。

里下河地区的乡镇工业一般说是70年代初开始的。现在一些大镇上工业已有相当的规模，但以全地区说工业比重还没有超过农业。我们还没有汇总各县的统计，所以只能举些例子来说。兴化县很早就以铁匠著名，外地有不少走码头的铁匠是这个地方出去的。但是在解放前都是个体户，只在县城里有几家小的铁作坊，很难说是工厂。但是自从70年代开始到去年，全县工业总产值已近4亿元，已有机械、电子、化工等工厂，但其中一半在县城昭阳镇上。

高邮县城的高邮镇情况类似。解放前勉强能称得上工业的仅有手工操作的三四家铁器厂，工业产值100多万元。现在已有各种工厂100多家，1983年总产值达1.76亿元。高邮县的八桥镇，是个乡镇，70年代开始办社队工业，1983年已经有10个工厂，产值达617万元，占全乡工农总产值50%，在全县乡一级的集镇名列第二。更小的集镇如高邮县天山乡南茶村近百户人家，办了一个红星皮件厂，去年产值480万元，利用积累铺了两公里的公路，还兴建了浴室。从这些事实看来，这地区的农民已开始认识到农业翻了身之后还得兴办工业才能富裕起来。

总的看来，里下河地区和上面讲过的几个地区一样，在最近短短的5年来，农业有了迅速的，甚至可以说是出乎意料的发展；特别是过去受灾严重的里下河地区，变化更显得突出，原是"逃荒区"，已成"米粮仓"。以兴化县戴南镇为例，农业人口人均年收入1978年只有131元，1983年达到422元，相当5年前的三倍。令人不易相信的，据材料说，这个镇上的非农业人口的收入不及农业人口，因而有人认为这样解决了"城乡差别"。实际上，这只说明这个地区工业不发达，甚至赶不上农业。城乡差别并不能用这个公式来解决。

现在存在于苏北这一部分地区的主要问题还是怎样迅速发展乡镇工业，实现在经济上后来居上。从当前的具体情况看，农业的大发展一方面固然解决了农民的衣食问题，但同时也产生了一系列新的矛盾。农民吃饱了肚子，交了公粮，手头还有大量粮食怎么办？在集市上我们看到副食品和日用品销得很快，而粮食很少人来过问，卖不出去。其他农产品也是如此。去年大蒜价格高，今年种大蒜的面积增加了，外地收购不积极，结果大批大蒜无法出售，也无法贮藏，我们访问时期，种蒜的农民还在哇哇叫。这件事很足以看出储藏的仓库、保存农产品的设备和流通渠道都跟不上农业的增产，甚至表明农业增产如果不和加工工业相结合，必然会发生供需的矛盾。

苏北农民目前只有向饲养业找出路，作为家庭副业的养猪、养鸡、养兔等等有了很快的发展。我在上一篇论小城镇的文章里提到的"百万雄鸡下江南",也就是由于苏北粮食增产,自己吃不完,用来做饲料来饲养猪、鸡、兔等家畜家禽,但是这些东西还是要成为商品出售到市场上去的。现在正在用很初级的方法向需要较多的江南输送,可是这些活的家伙在运输中死亡的损失很大。这就逼着苏北农民发展食品工业了。同时许多集市都在考虑设立仓库和冷藏设备,使禽畜粗加工后能储藏起来,分批外销。

我们在兴化看到一个蔬菜加工厂,把一个乡菜农所种的各种蔬菜脱水烤干,包装出口。这是一个最典型的为农业服务的加工厂。其他如小规模的酱鸡作坊、皮蛋厂等等都属于这一类。苏北最近急迫兴建的就是这类加工工业,而以建筑仓库和冷藏库开始。这种加工工业兴起之后,就可以促进专业户和饲料工业;进一步可以形成一个直接从农业丰收中成长出来的农工循环系统。

当然,也应当指出,这和发展其他制造业,甚至如利用石英和水晶发展激光等一类尖端工业并不矛盾。也许正可以从当前比较简单的加工工业做起,使农民进一步富起来,使农业的继续丰收不受挫折,从而积累资金,为发展精加工和专门性的制造业创造条件。

怎样发展工业和发展什么工业是当前苏北经济发展的主要课题。没有经过深入研究之前,我们还不能提出具体的建议。我们只想指出,苏北乡镇工业起步较慢,而且将在农业大丰收的基础上发展起来,所以它所走的道路不可能重复苏南早期所走过的路,我们必须从具体的实际出发来解决这些问题。

我们这次"探路",由于时间太仓促,收兵过早,对洪泽湖周围淮阴市所属各县(除淮安县外)及京杭运河之西各县,都没有去访问。课题组的同志目前正在这些地区进行调查，我自己也希望能有机会去参加他们的工作，所以有关这些地区的情况还得留待以后再写了。从江苏全省来说，我们对包括南京、镇江两市及扬州市通扬运河以南各县的苏中地区，还没有去调查访问，这应当是下一步的工作。

1984 年 6 月 7 日初稿于南京　7 月 18 日改写于北京

小城镇　新开拓

南京、镇江、扬州，联结这三个城市的一片狭长的三角地区，被人们称为长江下游的银三角。今年的仲夏与初冬，我分别两次走访了这个地区。

6月中旬进行的初访，由于受到时间的限制，只是参观了南京市的两个郊县，听了南京、镇江两市的一些情况介绍，至多算是张网捕鱼，所得有限。因此在重访之前，我拟了一个大纲，确定了放矢之的，以求弥补前次的不足。从10月24日抵镇江，先在地处长江之中、四面环水的扬中县住了6天，重点了解该县的乡村集体企业与农户的合作、个体工业。此后便渡江北上，经泰州、泰兴到南京，11月6日返京，调查历时14天。

两次调查前后相隔不到半年，可是客观事物发展得很快。实践的步伐迫使我们用发展的眼光去探索和认识这里的变动规律。在三年前提出小城镇研究课题时，农村的生产责任制刚在苏南落实，不少乡村企业还举棋未定。几年来我追随着人民的实践做研究，从苏南到苏北，再到南北交接的宁、镇、扬地区，活动之频繁常使一些好心人为我担忧，可是我总觉得自己的认识还合不上时代的拍子，怎敢有所懈怠。

这次银三角之行，恰逢党的十二届三中全会决议发布之后，我所接触到的城乡干部、乡村企业的职工和农户的主人们，无一不在设想怎样适应全国城市经济改革的新形势。在与他们的攀谈中，我学到了许多新东西，受到了强烈的感染。这里，我试图以此为主线，描述分析这一三角地区的经济、社会发展特点及其发展趋势。我似乎窥见农村、小城镇、大中城市紧密联结和农村经济、乡村工业、城市经济互相交融的前景。这一广阔的前景对我们的小城镇研究提出了更高的要求，我们应当扩展自己的视野，开拓小城镇研究的新局面。

一

继在苏南、苏北调查之后，我注意到有个地区还没有接触到，那就是宁、镇、扬地区。这个地区大体包括扬州的南部，镇江、南京以及毗邻的安徽省的一部分地区。从地理上看，该地区西南部多丘陵，东北部多平原，依偎东流长江之两侧，位于江苏南北交接处。鉴此，我在第一次到镇江时，曾提出是不是可以在经济发展上将这一地区作为"苏中"对待的问题，向有实际经验的同志请教。

当我第二次到镇江时，一些干部和群众就向我反映说是否能将"苏中"这个提法改一改。提出这个要求的理由，据说是一提"苏中"，人们就觉得它与上海经济区无缘，于是在该地区与上海、苏州、无锡、常州等大中城市的联系挂钩时就受到或大或小的阻力，甚至在电力等能源的供应上也另眼相看，得不到保障。这些情况的出现与"苏中"的提法究竟有多大的相关性，我并不明白，但对拉闸停电我却有直接的感受。在扬中县逗留期间，大约隔天就要停一次电，少则十几分钟，多则几小时。我们还可点上几支蜡烛就晚餐，别有一番风味，可是各种各样的机器就无法运转了。据该县有关部门统计，今年1至10月份共停电37次，其中10月份就有15次。由此造成该县工业的直接损失和间接损失估计达1000万元。

如果说问题出于"苏中"这个概念，那是违背我提出它时的原意的。随着小城镇研究由点到面的扩展，我觉得有必要在整个江苏根据一定的社会经济发展指标划出若干个区域来。这种社会经济发展区域的划分，其意义在于两个方面：一是对研究者来说，划区是一种必不可少的分析方法。因为各地小城镇无论在人口数量、经济规模等发展水平上，或是在社会结构、生活方式等特征表现上都有共性和个性。这些共性与个性是由一定区域的经济水平和社会历史造成的，因而不同区域间小城镇的共性和个性可以进行比较研究。二是对政策研究者和实际工作者来说，划区可以确定它在全局中的地位。在制定具体政策时要充分注意到各地区的不同特点，缩小相互间发展的差距；在指导工作上可以根据各自的长处与短处，扬长避短，发挥优势。

当然，划分社会经济区域的指标必须有效，这样才能体现出不同区域在整体中所处的位置。我在《小城镇——苏北初探》中应用各县工农业总产值中工业与农业的比例来作划区的指标，当时发现苏、锡、常、通地区的工业产值都超过农业产值，一般都是工7农3。而苏北的北部，与苏南相对，一般却是工3农7。自北向南，这个比例中的工业成分逐渐加大，到扬州一线，一般都达到工农各半。至于宁、镇、扬地区的工农业产值比例情况，那时尚未计算，所以我就先提出上述的设想来请教。

为了确定宁、镇、扬地区经济水平在全省的地位，我在这次调查中，除了计算镇江所属四县1983年的工农产值比例外，还根据1983年的各县工业统计资料，计算了江苏全省分市的县均工业产值作为分析时的辅助指标。

镇江市四县1983年工业产值（包括县、乡、村三级，单位亿元）：句容2.1、丹徒2.57、扬中2.84、丹阳8.5；工业在工农业总产值的比例（％）：句容51、丹徒65、丹阳75、扬中79。可见镇江四县工农产值比例都高于苏北接近苏南。

再看江苏省部分市、县1983年工业产值（单位亿元）：连云港1.38、淮阴1.49、南京1.63、徐州1.83、盐城2.84、镇江3.02、扬州4.30、常州5.73、南通5.76、苏州8.17、无锡10.67。宁、镇、扬低于常、通、苏、锡，而与苏北诸市相交叉，略具优势。南京郊县和苏北的徐、连、淮同是2亿元以下；扬、镇则和盐城同是高于2亿元、低于5亿元，常、通、苏、锡都超过5亿元。

值得注意的是处于南京四周五个郊县的平均工业产值比扬州与镇江低一倍，还停留在苏北的一般水平上。这一事实在我前次访问其中的两个县时就感觉到了，只是没有数字显示那样清晰。按照在苏南调查的经验，乡村工业的发展总是离不开对该地区发生影响的中心城市的作用。由此推论，南京对宁、镇、扬所组成的大中城市体系与上海对苏锡常通组成的城市体系一样，应当对自己所处的地区乡村工业产生较强的影响力，犹如两个相对独立的星系，各自产生辐射，照亮星点周围的太空。但是客观事物和我们的预想不合。于是我就试图去寻求发生差别的原因。

首先，我注意到宁、镇、扬三个城市的历史。它们组成三点钳形，为长江下游的咽喉，优越的地理位置使它们成为历史上著名的军事战略要地。远溯孙吴，近至太平军，都在这三个城市设防，南京城里就有能伏兵数万的城墙，镇江东郊的炮台，至今还留存着。因此这三个城市代代相沿的第一位职能，便是军事防守。加上南京、扬州曾数度作为封建帝王和国民党都城的原因，使它们在城市形态和结构上趋向于封闭。

其次，还可以从宁、镇、扬三个城市工业产值和结构和苏、锡、常、通四市比较，更容易看出它们的区别。这七市各自的工业总产值（单位亿元）是：无锡86.9、苏州86.8、南京85.4、常州60.5、南通60.1、扬州54.4、镇江28.2。南京居第三位，扬州、镇江实力较差。这七市轻工业的比重（%）分别是：南通72、扬州61、无锡和常州各58、镇江53、南京38。就是说，轻工业在整个工业中南京只占1/3，镇江占1/2，其余各市均约占2/3。这说明南京、镇江是重型工业结构的城市，而且据介绍南京重工业里较大的比例是军工生产。因此我们认为：历史造成的封闭状态、工业实力较差以及重型工业结构，特别是封闭性的军工生产是造成这些城市对附近地区经济辐射力较差的主要原因。

说到这里，或许有人会问，既然镇江市区工业实力较差，且属重型结构，它所属四县的工业何以有接近苏南的发展水平呢？对此我们作了调查。例如对该市工业产值最高的丹阳县的42家乡镇企业的挂钩单位做地域分析，发现在46个对外挂钩单位中，只有一个是镇江市的；又如该市工业产值比最高的扬中县，有一家乡办的化工仪表配件厂，近年来它在设计、生产及原料、产品的供销上与全国180个单位有或紧或松的联系，其中没有一个是镇江市的，南京市也只有六个，占总数的3%，其余大多集中在上海、北京等大中城市。为了避免个案分析的片面性，我们还对该市四县乡镇企业的厂长、供销员和技术员各按3%的比例随机抽样,询问他们的资金、原材料、设备、技术、产品、市场信息等六个方面对外联系主要受哪一个城市的影响。回答结果是上海的比例最大,南京为1/5强,镇江只有1/6。

以上分析使我认识到,该地区的三个城市,特别是南京与镇江,还没有充分发挥其带动整个区域经济协调发展的中心作用,孕育着相当的潜力。从该地区大部分农村来看,它们是在主要争取远离城市影响力的情况下努力发展乡镇工业的,出现了一个紧追苏南发展的局面。如果我们将本区域经济中心的作用叫做"近距延扩"的话,那么远距离经济中心的作用就可称为"超距辐射"。在调查时,我听说今年南京市正在采取一个市区企业带几个郊县乡镇企业的措施,试图加强近距延扩的力量,这种用行政办法推行的经济联系能否取得成功还有待于在实际中观察。但它说明城市在区域经济意义上处于封闭、近距延扩相对弱小的状况已被注意到了。因此总的说来,宁、镇、扬地区经济发展的水平居中,并显示出由封闭开始走向开放的特点。这是个潜力很大、前景可望的地区,故而我在本文的一开头就引用了银三角这个词。

二

城市由封闭趋向于开放,标志着一个区域性城乡经济协调发展的新时期的到来。对此,我们应当从城市与乡村两个方面,去研究社会经济区域的发展中出现的许多新问题。这里,我主要依据在扬中县观察到的事实,谈谈对联结型的经济实体以及社会主义经济中指令性计划部分与市场调节的商品经济部分之间的关系的认识。

扬中县由扬子江中的三个沙洲组成，全县 228 平方公里的绝大部分集中在中央最大的太平洲上。据介绍，这一片由长江淤土冲积而成的绿洲，在历史上曾是大江南北群众逃战祸、过往船只避风浪的太平之地，故得名太平洲。该县在何时开始有人定居尚无考证，设县治是在民国元年。

我选择这个年轻的岛县作为调查的重点，是因为我听说该县乡镇工业在镇江市名列第二，在人均产值上与第一位的丹阳县相差无几（1983 年人均工业产值丹阳县为 1112 元；扬中县为 1092 元）。而且在扬中，村以下的小工业办得很有特色。通常说来，农村乡镇企业总是在那些交通较为便利的地方发生、发达起来，而扬中这个江心小岛对外仅有一个汽车渡口，在前往扬中时，由于我们的车辆出了点毛病，我在渡口等了 20 分钟，结果两岸的运货卡车排成了长龙，据说如果遇上六七级以上的风浪，扬中就与世隔绝了。在如此困难的交通条件下，扬中人究竟凭借了什么发展起乡镇工业的呢？

到扬中的第二天，该县年轻的书记和县长在介绍情况时说，他们对乡镇企业的要求是要搞"散点式的规模经济"。起初我听不懂他们自己创造的这个陌生的名词，随后的解释才使我明白了其中的涵义。原来"散点式的规模经济"是指乡镇企业不能走关起门来办厂的路子，而要以自己的拳头产品为中心，成为乡镇的骨干企业，从而有力量继续向下扩散，以提高全社会的经济效益。更通俗地说，就是乡镇企业要把工业犹如撒沙般地扩散到乡间，直至进入农户的家庭，使在整个乡镇范围内的居民都得到实惠。

对此，我在加以概括时用了一句话：要使千家万户富起来。

千家万户富起来，不仅仅是扬中发展工业的目标，而且是扬中人正在实践着的现实。目前扬中县有六大层次的工业企业：第一层次是县级企业，包括县国营、县集体以及正在引进的县级合资企业；第二层次是乡镇级企业；第三层次是村级企业，包括村属集体和村之间的联营；第四层次是组级企业，包括组属集体与组间联营；第五层次是联户企业；第六层次是家庭个体企业。这六个层次的前四层分别对应于早先的县、社、大队、生产队企业；联户企业则是由几个家庭合资经营的企业。据扬中县有关部门统计，1983年有县级和城镇集体企业121个，乡办企业131个，村办企业212个。组以下的企业在全县未作统计，但仅新坝一个乡，就有组办企业117个，联户与个体企业187个。由此可见，这六个层次的企业越往基层，数目就越多，组成了一个塔式梯级的农村工业体系。

为了考察这一工业体系是如何使千家万户富起来以及它们内部的关系，我想从中抽取几层描述若干典型的情况。

新坝乡有一位曾当过合作社辅导会计的杜姓老汉告诉我，他家是一个专门制造冰箱、烘箱所需的铜把锁的专业户，除了他与老伴，有两个儿子、两个儿媳与一个女儿共七人。1981年除花400元买了一台钻床外，他们一位能干的儿子还花150元钱买了零件，自装了一台小车床。就用这一点简陋的设备，采购了一些工厂切削时留下的铜废料和铜渣，从熔铜、刻模、浇铸到切削加工，开起家庭工厂。在这个家庭工厂中，各人都有明确的分工，杜老汉是家长，也是理所当然的"厂长"，还兼着供销、钳工等业务。一个儿子专门搞车床，另一个儿子则出模子，儿媳、女儿也各司助理之职，老伴料理家务。这个"企业"开办三年来，杜老汉一家由原来的四间简易瓦房，修起了六间两厢的一排新房。除了上交5%的产品加工税和1%的工商管理费外，他家用积累添置了5000多元设备，还有约5000元流动资金。当我问到产品销路、收入分配及家庭情况时，他说他们的铜把锁有一半以上是销给乡村企业为电冰箱等产品配套，家庭收入是按大家讨论决定的原则，计件工资分配给各个成员的。他觉得家里的3亩多地还必须自己种才可靠，而由于天天有荤菜年产1200斤粮也足够了。听完这席话，我对前几年听说的"无工不富"又有了更具体的形象。据统计在扬中县，现在已经有了600多户类似杜老汉一家那样的家庭企业。

听完介绍，我又看了一份联户办企业的材料。油坊乡和平第七村民组共有45户人家，其中22户擅长木匠手艺，因此在60年代初期，生产队办起了木刷柄加工厂。可是，这个小小的队办工厂居然也吃"大锅饭"，经济效益极低。最高的年盈利只有1000多元。1980年以后，从向生产队搞加工承包开始，到投股集资联户经营，发展起了8个木刷加工联合体。1983年底，这些联合体共有44个股份，156名工人（全自然村共有劳力91人，故这些工人中有102人来自外村、外乡），年总产值为45万元，扣除成本、税金等其他开支外，净利约为30%，为13万元，其中工人工资为11万元，股金分红约2万元。现在这个木刷柄联户生产的专业村还在向前发展，联户体已有14个，1984年1至9月的产值就达73.3万元。他们的产品畅销8个省份，30多家木刷厂。

看来，这个木刷专业村原先的那个队办厂被联户企业冲垮了。这使我联想到调查前在家乡吴江县听到一位干部说，个体企业与联户企业的兴起对农村的集体企业有冲击力，所以他们只好采取一些措施去抑制。我觉得这不是一种正确的态度。

数年前，当乡镇企业兴旺的时候，有一种说法是冲击了城市企业，挖了墙脚。现在联户企业与个体企业起来了，乡镇企业可不能当了"婆婆"，忘了做"小媳妇"的时候。这一前一后的两次冲击，何其相似，里边一定有文章。因此与其去抑制，倒不如回过头来总结分析一下集体企业所存在的问题。

这次党的十二届三中全会所作的城市经济改革的决议，要解决的问题之一是国营企业吃国家的"大锅饭"，不讲求经济效益；职工吃企业的"大锅饭"，缺乏主人翁的生产积极性。这种情况在前些年比现在还要严重，所以那时乡镇企业作为自负盈亏的集体企业就具有很强的生命力。但是我们必须看到，有相当一部分乡镇企业并没有完全消除"吃大锅饭"的弊端，如果不注意调节企业内部责、权、利三者的关系，那么国营企业是"吃大锅饭"，乡镇企业则是"吃小锅饭"。国营企业"吃大锅饭"是不容易看见的，可乡镇企业的锅小，大家都看得明白，小锅有多少饭，少了大家就不得不再烧一把。

因此乡镇企业要巩固自己的地位，要进一步发展，就应当正视自己的问题，与城市企业同步进行经济改革。事实上，我在基层听到的"一包三改"等措施就是这种改革的开始，并收到巩固发展乡镇工业的显著效果。

扬中县不仅在乡镇企业内部实行改革措施，而且提出了搞"规模经济"的要求，即乡镇企业要扶持各层小企业，成为小区域经济发展的骨干力量。这个要求是很有远见的，它既使乡镇以下的企业与乡镇企业有机地联结起来，围绕着乡镇企业的拳头产品展开小区域性的工业经济活动，同时也以小促大，迫使乡镇企业的产品不断更新，技术与经营管理走向科学化，于是乡镇企业也就提高了自己。

该县兴隆乡塑料厂就是以大厂帮小厂的骨干厂，它以中间产品扩散、部件加工等各种形式先后扶持了 8 个村办厂。现在这 8 个村办厂都形成了生产能力，而乡塑料厂自身也不断扩大生产业务，使这个乡的塑料行业 1983 年完成产值近 1000 万元，占全乡年工业产值的一半。乡里人说，一厂带八厂，富了一个乡。我去参观的联合乡红胜村糖果厂也把果仁加工、纸盒加工等等工序扩散下去，本厂集中力量上新品种。现共有 27 个品种，年产糖果 1000 余吨，销往全国 16 个省市。与上述两个厂类似的乡镇企业在扬中为数不少，因此该县在总体上出现了乡镇企业与小企业双促进的局面，按 1 月至 9 月份情况估计，今年全县村、组办、联户与个体企业的总产值可达 2000 多万元。与此同时，乡镇办企业也以约 30% 的速率在增长。

扬中的"规模经济"使我想起了在今年国庆之前在甘肃定西地区听到一个国营厂的情况。这个厂是部属的定点企业，管理人员、技术人员和大部分职工都来自别的地方，除了当地供给食用品外，它与外界似乎是隔离的，当地人只见原料进，产品出，烟囱冒烟。这个厂与扬中的乡镇企业相比较是另一种模式。如果说在一个小范围内发挥经济活动中心职能的乡镇企业是开放类型，那么类似甘肃那个厂的企业则是内向类型。内向型的企业只是对其周围的地区产生它所需物资等条件的吸聚作用，而不对所处的地区产生经济上的反哺作用。如果一个城市的内向型企业比例大，该城市必然趋于封闭；如果开放型企业比例大，则势必走向开放，从而对其周围地区发生促进生产的影响。

由此我想到，我国的城市企业改革是否应当向那些开放型的乡镇企业看齐，走城乡经济协调发展的道路。从我在扬中收集的资料来看，该县已经或紧密或松散地与许多城市企业进行各种联结，同时还有不少城市企业主动找上门来，希望建立经济联系。这种自下而上、自上而下的双向联结把城市大中企业、县级企业、乡镇企业和乡镇以下的小企业都串了起来，组成了城乡联结型的经济实体。而这一经济实体运行目标就是区域经济协调发展，使千家万户富起来。

近年来，由于中央几次下达了文件，充分肯定了乡镇企业的地位与作用，特别是这次关于城市经济改革的决议，对社会主义的计划经济含义作了明确的阐述。这对于基本上进行市场调节的商品经济活动的乡镇企业来说，是彻底破了戒，松了绑。一些企业领导人对我说，他们的疑虑和担忧解除了，现在搞市场调节不会有问题了。他们的这种心情是可以理解的，然而我所想到的是我们必须着力于研究社会主义经济里指令性计划部分与市场调节的商品经济部分的关系问题，使大家的认识在科学的基础上逐步一致起来。否则不管是乡镇企业还是正在改革中的城市企业，它们的经济活动仍将受到各种各样的阻力。

上述社会主义经济中的两个部分之间的关系问题，在我的头脑里考虑了很久，但由于自己经济学学得不够，头绪总是理不那么清晰。这次读了决议，觉得它说出了我想说但又说不清楚的话，心里十分畅快。为什么在前些年搞乡镇企业的同志不那么理直气壮？那是因为我们有些同志总是喜欢在概念上兜圈子，把商品经济与计划经济两者对立起来。计划经济是社会主义经济的一大特征，这一点大家都知道。那么与此对立的用市场来调节的经济是什么也就不言自明了。于是乡镇企业家们不甘于被戴上那顶帽子，总是千方百计地与城市国营企业挂钩、搞协作，争取和认为是计划经济的企业联系起来。乡镇企业争先恐后地与城市企业联系，逐渐形成了上述的城乡联结型的经济实体，这一结果的意义远远超出了原先的意图。

可是，争取到直接和间接与国家计划中的企业联系，毕竟是少数企业和少数产品，多数乡镇企业还得靠市场来调节。从扬中县来看，前者约占乡镇企业总产值的10%左右，后者为90%。

那么，绝大多数的乡镇企业怎样开展市场调节的经济活动呢？以扬中为例，主要有以下三个特点。

第一以小补大。乡镇企业总是把眼睛盯着城市中的小量需要。城市的工业生产存在着千差万别的需要，其中有些需要批量很小规格特殊，在城市内部往往不容易找到生产单位。因此，乡镇企业则在这一方面下功夫，以小补大。在扬中有一个铜制品企业，它承担的大都是国营纺织厂、机械厂的配件任务，最小的批量只有几百元。

第二是拾遗补缺。乡镇工业总是把眼睛盯在大工业的缺门上。用乡镇企业家的话叫做"钻空子"。我在上面提到的那家糖果厂就是钻了城市糖果厂忽视儿童糖果生产的空子，现在他们的产品畅销，供不应求。

第三是适销补需。乡镇企业总是把眼睛盯在城乡对小商品的需求上。在这一方面，他们利用船小调头快的优势，生产城乡人民日常生活必不可少的千千万万的小商品。在扬中，这种企业的数量较多。

在原材料与能源方面，乡镇企业除了综合利用以外，也走出了投资合股、补偿贸易等路子。

由此可见，乡镇企业所进行市场调节的经济活动基本上是一条满足城乡生产、生活需求、按照客观经济规律办事的路子。假如从书本的概念出发，这条路子似乎出了某些条条框框的界限，可是它却符合我国的实际，并为社会主义城乡经济的发展做出了贡献。因此，无论是从实际效果出发，或者从自下而上的计划体系的要求来看，这样的市场调节是不可或缺的，是与计划经济相辅相成的。这就是说，在实际的经济活动中，真正的计划经济与市场调节的商品经济并没有对立起来，而是统一的、和谐的。正因为两者的统一，在今天的江苏，才出现城乡协调发展的崭新局面。

三

江苏农村在大中城市由封闭走向开放的过程中也脱离了半自给的封闭状况。在区域经济协调发展的基础上，乡镇工业是城乡新联结的环节。而主宰这个环节的是农村中涌现出来的各种各样的企业人才。考察农村乡镇企业人才的培养、开发和变化，就可以活生生地看到农村这一社会系统由封闭到开放的过程。

乡镇工业的发展，从总体上看，都经历了由初创、发展到逐渐成熟的三个阶段。在农村中，人们自豪地介绍了许多企业的发家史。例如有一个乡在50年代只有一个农机站，后来引进了少量设备，带出了一个手摇织机厂。后者在发展过程中又分化出一个生产现代纺织机械的工厂。诸如此类，这种如同魔术般的分身法，使不少企业"沾亲带故"。而透过这一幅幅企业间的"血缘关系图"，我们大致可以看出对应于乡镇企业发展三个阶段的三代企业。各个乡基本上都是由一两个、两三个第一代企业起家，一个老根抽出许多嫩枝，形成一批第二代企业。以后嫩枝再发，又爆出一批第三代企业。

第一代乡镇企业，绝大多数是50年代末集中了农村社员和集镇居民的家庭手工业而建立起来的。这些简单的集合体从事的生产主要是制造各种农具、农船、简单的机械配件，以及油米加工、建筑等等。它们以铁、木、竹等手工业联社和农机站的面目出现，设备陈旧，工艺简单，产品粗糙，利润极少甚至亏损。这种种特征表明乡镇的第一代企业还处于劳动密集型的手工机械混合的作坊阶段。

在今天看来，正是这生产简单的第一代企业为下代奠下了基础。因此，我在调查时总是刨根究底，追寻那些奠基者。看来，奠基者有两类人，一类是"热心人"，另一类是熟练的手工工匠。热心人是第一代企业的领导者、组织者。他们大多是解放初土改时期成长起来的干部，文化水平虽然低，但是他们有着一股改变家乡穷困面貌的强烈责任心。因而当1958年一鼓而起办工业、两年后一哄而散齐下马的曲折时期，这些热心人没有把集合起来的家当拆完，而是想方设法地维持一定的规模，生产当地农民必不可少的农具，为农业发展出了力。现在，第一代企业的工人，即那些手工工匠，大都年老退职；有心人也分化或转化了，但他们创业的艰辛应当写到乡镇工业的发展史上。

乡镇工业的初创阶段拉得很长，一般而言直到70年代初才进入发展阶段。在这一点上，宁、镇、扬地区与苏南地区大致相仿。在发展阶段，我们可以看到以党的十一届三中全会为分界的两个不同时期，前者为潜流期，后者为释放期。在乡镇工业发展阶段出力的是热心人、能人和刚扔下锄把来当工人的农民。我在扬中县长旺乡化工仪表配件厂就见到了这样的热心人和能人。这个厂的党支部书记是个年近五十的中年人，他只有小学文化程度，解放后先后担任过互助组组长、扫盲教师、合作社会计、生产大队支部书记等职务。1968年他来到该厂前身长旺乡农具厂当支书，面对当时毫无起色的农具厂，他托人求贤，找到了一位在上海学生意出身、做过10年车工的下放工人。于是就从这位师傅与购置的两台小车床起家，第一年带出了包括现在任厂长在内的4名徒弟，第二年8名。我问那位师傅，现在厂里500多工人有多少是他的徒弟或徒弟的徒弟，他笑而不语，旁人替他回答：几乎全是。这个厂现有11个车间，6个科室，今年1至10月份产值387万元，创利润（税前）110万元。偌大一个家业，不就是那两位热心人、能人和全厂"农民"工人开拓出来的吗？

两年来我遇到和听到的热心人和能人为数不少。这些热心人之所以热衷于办工业，是由于迫于人口与土地的尖锐矛盾；这些能人之所以有能耐，是因为他们大多是下放和退休的工人、干部，是城里的和乡里的知识青年。他们在一个乱世的年头机遇般地将城与乡、知识和技能结合了起来。这些我在《小城镇 大问题》一文中已有叙述。

但这里我要说的是他们有胆有识。那时的政治压力还很沉重，可他们有胆子发展，有办法应付。上面所说的那个化工仪表配件厂据说它前身农具厂的牌子还留在那里，现在虽是名正言顺地分为两个摊子了，在那时可算得是一块避灾的护身符。因此，十一届三中全会以前，乡镇工业的发展是一股暗流。正因为受到政治的压力，乡镇工业在潜伏发展期与大中城市的联结是偶发性的，并且是以生产经验为基础而不是以科学技术为基础的。能人们一般仅具有高中以下的文化程度，他们与农村社会本身的劳力、资金要素结合，并没有为生产力的诸要素注入更新的、更丰富的内容，只是促成了农村中本来存在着的潜在的工业生产力诸要素的凝聚，从而形成了一种初级的工业生产能力。所以，那时乡镇企业的特点是：能人们懂得什么技术，企业就生产什么；这些人能搞到什么工业原料，提供什么信息，企业就上马什么。这从本质上说是一种被迫的盲目发展。

党的十一届三中全会以后，冲破了政治上的压力，乡镇企业在潜伏发展期积蓄起来的能量得到了充分的释放。一时间乡镇工业势头之迅猛为人惊异。但是这股势头并不是所有的乡镇企业都能保持得下去，从而进入主动的有目标的发展时期。因为等待着这新的一代企业的是城市企业与乡镇企业以及乡镇企业本身之间的企业竞争和产品竞争，这是一个更为严峻的考验。生存还是淘汰，关键在于乡镇企业的热心人与能人是否能顺利地转化为各种专业人才，去克服企业在资金、原料、设备、技术、经营管理、产品的推销等一道道难关。

在经住了考验的乡镇企业中，能人向专业人才的转化是在第一个发展时期里磨炼完成的。这些企业管理人才往往是跟随热心人学出来的，是从第一代企业中会计、供销员或有知识的熟练工人中提拔起来的。他们一般具有初、高中文化水平，年龄较轻，是乡镇企业的第一批专业化管理人才。如果说第一代企业更类似于作坊的话，那么这一代企业是向工业化大生产转变的开端。这批专业化管理人才的一个共同特点是有眼光、有胆略、有魄力、有干劲。在当时乡镇企业基本没有纳入计划渠道的情况下，上马什么，生产什么，完全由管理者根据各方面的条件及信息决定，而且生产所需的资金除企业积累外，还有一部分（有的甚至绝大部分）都是职工自筹的。管理者给自己定的准则是"只能成功不得失败"，他们在痛苦的磨炼中逐步学会了立于不败之地的本领。有眼光是表现在他们能选择市场上适销对路、并具有越拓越宽的发展前景的产品。有胆略就是他们具有自己创造条件的主动精神，不按部就班地消极等待。有魄力是指他们能够大踏步地进取，如我们参观了一个电力器材厂，三个月前，这个厂刚刚破土动工，现在已拿出了价值十几万元的产品。有干劲是表现在他们肯下苦功夫，迅速学会他们不懂的东西。

对乡镇企业的管理者来说，工业生产的经济活动对他们的要求是苛刻的；他们不仅要懂生产，还要懂经营；不仅要管理工人，还要学会打交道；不仅要两眼向内看厂房，更重要的是两眼向外看市场。好几个厂长对我说，他们没有在晚上10点以前离开工厂过，没有在夜里12点以前睡觉过。不少厂长挤时间自学了有关的大学专科课程，对专业知识有了相当深的造诣。他们在实践中逐步将自己培养成了较为全面的新型企业家。他们之所以能做出这样的成绩，并不是由于个人的天才，而是经济活动的实践逼出来的，是在普遍的企业竞争、产品竞争中造就的。

应当说，这一代企业的确向现代水平跨了一步，能够生产化纤织物、工作母机、化工产品、仪表配件等产品了。城市人才下乡传播的工业技术已经开花结果。可是，乡镇企业一旦成长起来，就形成了城市在人才、技术、原料、产品销售等方面的更大依托。但是，这种依托不能再像发展阶段的前期那样，做找不到娘的孩子，瞎碰乱撞。因此，在这个时期，乡镇工业突破了行政区划和地理位置等客观条件的制约来同城市大工业发生联系，开始走上了进行多种形式的有机结合的轨道，并由不稳定趋向稳定，由松散趋向紧密。在种种结合中，技术联结、技术合作的内容所占的比重越来越大。

目前，我国城乡之间还存在科学技术方面的巨大差别，如扬中县有工业技术人员190人，仅占职工总数的0.16%；有乡镇企业410个，没有一名有正式职称的技术员。在这种情势下，经济活动的内在要求驱使着科学技术及科技人才由高水平向低水平即由城市向乡村流动。这种与工业经济活动紧密结合在一起的科学技术流向，滋养了农村的一大批有一定文化基础的年轻人，从而农村里迅速成长起了大量的工业技术人才。

科学技术下乡是由两股人才的流动带来的。一股是城市技术人才向农村的流动。这里面又有短期流动和长期流入两种形式。长期流入即从城市引进技术人员，扬中县今年已调入科技人员18名，有一个厂公开招聘后，已与600多名技术人员建立了联系，其中重点准备调入的有64人。短期流动即是以聘请顾问、兼职、短期支援、签订技术合同等方式出现的人才向农村的流动。1983年扬中县正式请来的工程技术人员有201人。没有签订合同临时来帮助解决问题的技术人员也很多。另一股是农村的土技术员为了提高技术向城市的流动。仅今年上半年，扬中县乡镇企业送到大专院校、科研单位进修、培训的就有45人，送到各类中等技术专业学校24人，省级培训班205人，到外地重点企业代培的有1260人。这些人在城里学了科学知识和技术，还开了眼界，受了现代工业社会的熏陶，接触了现代化的仪器设备，广泛结交了知识分子，他们的收获是多方面的。

在基层调查的过程中，到处能看到乡镇企业求才若渴的迫切感。县一级政府对培养人才已相当重视起来，就地培养人才的学校在县、乡、村、企业各个层次上以多种形式开办起来。如企业管理干部培训班、技术培训班、中专班、大专班等等。到 1983 年底止，扬中县已经以各种方法培养锻炼了初、中级技术人才 6000 多人。

现在，有一些乡镇企业发展得较早的乡，骨干企业已进入了第三个时期即成熟期。这一阶段，乡镇企业已经具备了资金、技术、人才、设备、信息、市场的条件，形成了相当的规模和经济技术实力，有了较强的竞争能力。产品不断更新换代，走向先进化、系列化。企业能够生产高档呢绒、精密机械、化工及电子产品，逐步走上技术密集型产业。推行了现代管理，管理日趋科学化，企业向专业化方向发展。

如果说第三代企业是腾飞而起的骏马，那么它的领导人就是驭手。这一代企业的领导人大都具备了初中以上的文化水平，高中毕业的占相当大的比例。扬中县有企业 83 个，厂长中高中文化程度的 33 人。不少人还去大专院校深造过，他们不仅懂得生产实践，而且有了科学的基础知识，懂得现代管理方法，将管理作为一个系统工程，统筹安排各方面的生产经营活动。他们多谋善断，能精心决策和规划，他们懂得信息的重要以及如何运用信息，懂得有关生产、销售、分配、消费的再生产四个环节以及市场、价值规律等经济学知识。在这样的企业领导人带动下，乡镇企业已不惧怕强手如林的市场竞争，它们能够以自己的优质产品、周密服务、良好信誉取胜。扬中县有五个产品获得国家、省、市、县一等科技奖、产品奖。乡镇企业有 2000 余种产品，其中已有 20

多个品种进入了国际市场。

进入成熟阶段的企业,通过各种途径,培养、建立了一批技术人员队伍,并首先具备了设计试制力量。企业对于科学技术的接收能力增强,达到了能够引进科研单位、大专院校的研制产品进行试制,并较为迅速地投入批量生产的能力。现在,科学技术下乡,不仅仅由人才流动带动,而且由科技资料流动、信息流动而日趋增长,这表明农村本身的科学技术实力的增长。

乡镇企业的供销队伍,自始至终都是一支最活跃的队伍。他们在企业的生产经营活动中,担负着繁重的任务,一身几任。首先,负责材料与产品的供与销。在市场调节的条件下,要采集到维持一个工厂所需的全部原料,实属不易;要及时销售全部产品,迅速实现资金回收,在目前市场竞争激烈以及合同不严密,乡镇企业之间、商贸部门与企业间相互拖欠款项严重的情况下,更是很难的。其次,他们是产品的宣传员,他们能清楚地讲解本厂产品的长短处、用途及与同类产品的比较,使对方较快地了解产品并接受产品。再者,他们是科技情报员,信息传递员,工厂建立各种挂钩关系的主要联系者。最后,他们还是出厂的产品、设备的安装辅导员、修理员。用一位供销员的话说:我们的本领是不能完全从书本上学到的,我们的经验也没有写进过书里。但我认为这是实实在在的学问。

四

在区域性经济的协调发展中,城乡之间的新联结还表现为信息的相互传递与不断反馈的速度越来越快,形式越来越多样化。在这次调查中,给我留下的一个深刻印象是,从来没有看到乡镇企业的同志像今天这样地讲信息,抓信息。从认识上,他们自觉地把信息反馈能力作为发展乡镇工业的重要条件和提高企业的竞争能力、应变能力的前提;在企业干部的配备与使用上,他们把信息才能和管理、技术才能并列作为选拔的标准。"头脑活络"是挑选干部的最基本条件之一。在组织上,他们把收集和传播信息作为一级机构,并配备专门人员来抓。比如不少县、乡的工业公司里都设立了"信息科""开发科"来获取、综合信息,分析、利用信息。

对乡镇企业的发展来说,它所需要的信息主要是市场信息和技术信息。所谓市场信息即是通过产品的销售市场、订货会议及各种展销会、交易会和政府的商业部门了解有关产品的需求量大小和品种更换以及发展前景。所谓技术信息主要是指技术发展的最新动态及其对产品生产和市场的影响。从扬中县看,这两种信息在乡镇工业的发展中起着促进交流、指导经营、疏拓流通、传输科技、适应竞争的作用。由于乡镇企业生产供销方面基本上是市场调节,所以企业对信息的依赖性很大。因此我们可以说,信息的交流与反馈是乡镇工业生存和发展的必要条件。

我们所到之处,都可以看到,乡镇企业在市场调节的实践中创造出了各种各样收集信息的方法。一是供销员在外收集信息。丹阳县乡镇企业派往全国各地收集信息的人员占乡镇企业职工总数的12%以上。这里,信息的收集通常采取的是信息开拓流传的形式。如扬中县有一个乡办厂,初期主要是通过这乡的一个知识青年在上海一家炼油厂的亲戚了解到有关的产品信息。尔后,通过这一层关系,这位乡镇企业的年轻人又被介绍到其他工厂,就这样滚雪球似地逐步拓宽了供销渠道,同时也就形成了一个信息网络。目前,该厂已与11个部属和25个省、市、自治区的近180个单位建立了关系,签订了提供新情报、新技术、新产品的协议书。

二是在深圳、厦门等经济特区和上海、北京、天津等工业发达城市建立信息站和技术、产品窗口。扬中县在深圳等地开发了五个窗口,丹阳县在珠海特区开设了一个镇江(丹阳)产品专柜。所谓窗口即是开门市部或在所在地展销中心的柜窗里陈列,销售本地优质名牌的各类产品,以吸引国内外客商,就地观察市场变化,收集商品信息,尔后再反馈回来作为开发新产品的依据,获取最新的技术信息。

三是通过和大专院校、科研单位、国营厂矿企业挂钩,用聘请顾问的形式收集信息。凡是能够保持旺盛的生命力、产品不断更新改代的企业,一般都有"后台"。扬中县长旺乡的化工仪表配件厂5年来共开发了两项10个系列的化工仪表配件,300多个品种,2000多个规格,其中有些还填补了国内空白,产品远销16个国家和地区。重要原因之一就在于这个厂能够从众多的挂钩单位源源不断地获得产品信息。另外,乡镇企业的同志为了获得最新的产品信息,他们聘请专家学者、大商店经理、批发部主任为顾问,从搞科学研究工作的同志那里获得有关产品的更新、改进产品质量方面的信息;从做实际工作的同志处获得关于产品的流向、流量的信息。

四是通过各种专业会议如年会、产品订货会、学术讨论会等来收集信息。刚开始时乡镇企业并没有资格参加这些会议。但他们只要获得了开会的消息，不请自到，进不了正式会场就到与会人员驻地，结识各方面的人士，主动介绍自己企业的情况，诚恳地请求指教和帮助，交了不少朋友，由此获得了大量的信息。有些企业就是这样地获得了或稳住了拳头产品，逐步站到了本行业的前列，从而也就争得了作为专业会议正式成员的资格。

五是通过科委、科协、政协、统计局等组织、团体和部门的力量收集信息。所到之处，我都看到各县的科委成立了开发科，乡镇企业局建立咨询服务公司，专门负责新产品及企业技术难题方面的信息收集工作。科协联系了一大批本县的知识分子及在外地工作的一些家乡人，请他们随时提供本专业的有关信息。政协的民主人士则利用自己广泛的社会联系为乡镇工业采集各方面的情报。县统计局也充分运用手中的统计资料，分析本地区、本省及全国范围内的商品生产状况、物资消耗量、经济效益水平，并把这些信息及时通报给乡镇企业。由此可见，乡镇企业收集信息、运用信息的第一个特点就是渠道众多。以上列举的种种方式只是就调查所得资料的归纳，实际上信息流向农村的道路还要开阔得多。

乡镇工业收集运用信息的特点之二是善于捕捉。乡镇企业的同志在收集信息方面创造了不少新名词，如"直接信息""间接信息"。所谓直接信息是指通过关于产品的销路、产量、需求量、经济效益等情报获得的信息。它的特点是易观察，易得到。弱点在于直接信息是反映经济活动的过去以及现在的状况的，用它指导生产则有一定的被动性。间接信息则是指必须经过自己头脑分析的信息。我以前提到沙洲县西张乡橡胶厂厂长的办厂经验，感到他很会运用间接信息。小平同志说"足球要从娃娃抓起"，他从中看到了为孩子们生产足球是个方向，就开始生产贝贝球，从而赢得了市场。现在乡镇企业家们都开始开动类似的脑筋，即不仅消极地从市场上去获得信息，满足人们的需求，而且积极地分析人们的喜好和情趣，创造新颖的、人们喜爱的产品，去丰富和引导人们的需求。丹阳县一个乡镇企业的供销员在上海观察到不少人喜欢把针织内衣当外衣穿。他做了一些调查，依据人们喜欢的式样，按外衣规格设计了新款式羊毛衫。据此信息，厂里立即转产，不到半月第一批样品运到上海销售，结果一抢而空。企业家们不仅注意本行业的生产动向，而且还密切注视在社会化大生产中，与本行业相关联的其他行业的发展，以此来预测本厂产品的发展前景。如扬中县一个生产磨具的砂轮厂密切关注着机械行业的发展。凡出现了一些新的机械，他们就尽力研制新的磨具品种，以便为这些机械配套。

乡镇企业收集运用信息的特点之三是传递迅速，收效快。从获取一项信息到运用信息取得经济效益的时间往往很短。飞机是乡镇企业家们常用的交通工具，电报、电话更是不可少的通讯方式。信息不仅传递迅速，而且见效也快。经过周密分析确实了信息的可靠性、可行性以后，乡镇企业就很快地影响企业的生产经营活动。比如丹阳县在珠海特区的"窗口"开设后，丹阳丝绸引起了大批外商的浓厚兴趣。工作人员在与外商洽谈中了解到，如果把丝绸衣料加工成符合外商欢迎的服装款式，就会有更宽销路，而且还可能大大提高丝绸品的经济效益。这个信息反馈回县后，主管单位立即组织设计并交有关企业生产。产品很快送到当地展销中心后，马上就引起了一个不小的丹阳丝绸品热潮。在这里，整个信息的传递与反馈仅仅只用了三十多天的时间。

乡镇企业收集运用信息的特点之四是利用率高，经济效益大。在调查中，我听到很多关于一条信息救活一个产品，拓开一条销路，打开一个市场的例子。比如丹阳县界牌乡芭山大队灯具厂，原来生产集成电路，后因产品不适销，质量不过关，连年亏本，濒临倒闭。后来他们得到了城市建设拓宽马路，路灯的需求量在增大的信息，于是就向其他厂借了 3 万元资金，转产路灯灯具，并不断更新产品，为新式路灯配套，为仪表饰灯配套。不仅解除了危机，产值还连年直线上升，由 1980 年的 63 万元猛增到了 1983 年的 201 万元。今年这个厂与哈尔滨、长春、北京、天津、武汉等城市挂钩，已落实任务 440 万元。

在整个调查过程中，我看到乡镇企业对信息的需求在其发展的不同时期也是不同的。在初创阶段，乡镇企业的信息渠道单一，所获得的信息量较少，而一旦获得某个信息，到在生产中付诸实施的周期也很长。在这一阶段，人们获得的是直接信息；随着乡镇工业发展到一定时期以后，企业中的信息渠道逐步走向多样化，信息量也随之增加，信息的使用周期也逐步缩短，间接信息的比重也在不断加大；到了乡镇企业的成熟阶段，信息渠道不仅多样，而且信息传递的速度由于利用了先进的通讯手段而大大加快，信息量十分丰富，信息的使用周期大大缩短，出现了像扬中县长旺乡箱包厂平均每 5 天就更换一个新产品或新品种的局面。

信息的不断反馈与传递，不仅使乡镇工业得到长足的进步，而且使农村的社会面貌也发生了很大的变化。它就像一股巨大的冲击波，冲开了城乡之间封闭的闸门，使城乡之间形成信息环流，城乡联结的区域经济的发展越来越协调。我们不论从实践中观察或者在理论分析上都可得出如下结论，一个高效率的社会系统总是开放性的，这是因为一个社会系统总是需要不断通过物流、能流和信息流的交换来保持其稳定发展，从而使其能高度适应外界环境的变化，并有目的和有效率地去影响周围的环境系统。一个封闭的系统是不可能对外界发生影响的。而只有通过信息的不断反馈与传递，才能逐步使系统从封闭走向开放，信息恰恰也是对农村社会和乡镇企业发展的一个重要因素。

成熟的乡镇企业应当是一个开放性的社会系统：一方面，像以上谈到的那样，它要从城市输入大量的人才、信息；另一方面，它又要输出产品，投入市场，在交换中实现产品的价值。企业是否能在市场经济中取胜，不仅要看人才、信息等外来资源条件，关键的一环还在于企业内部，取决于乡镇企业这一社会系统的结构合理性，即有效的、灵活的、科学的管理。

乡镇企业在经营管理上是很有特点的。首先是经营上具有相当的灵活性。"一切决定于市场，一切为了用户"是乡镇企业的经营方针。市场是经常变化的，用户的需求是不断增长、翻新的，乡镇企业能够对变化了的情况迅速做出反应，调整自己的经营方向和服务内容，活就活在这里。乡镇企业往往一个厂挂好几块牌子，如扬中县一个乡的电力器材厂同时又是水表厂和钢木家具厂，水表生产处于滞销期时，工厂就大量缩减水表的生产，将人力、物力转入处于畅销期的电力器材和钢木家具上。三个主要产品相互支持，不同产品的滞销期、畅销期相互继替，从而稳住了生产。另外，乡镇企业中的众多的小企业转产是相当快的。扬中县1983年转产的企业有62个，占了企业总数的15%；我们还调查了扬中县的永胜、兴隆两个乡的60个乡村企业，这些厂从建厂以来共更新产品品种175次，平均每个企业将近3次。

乡镇企业的灵活性还表现在它为用户服务的方式是多种多样

的，有上门服务、咨询服务，为用户培训使用人员的服务等各种形式。普遍流传于乡镇企业中的"人无我有，人有我优，人优我廉，人廉我转"的几句话更是形象地概括了乡镇企业的灵活性。

乡镇企业之所以能够在经营上采取灵活多样的方式，主要是由于企业有了相当大的自主权。地方政府如县、乡政府对企业的管理是指导性的而不是指令性的，这种指导性的管理是通过税收、信贷、价格、利润、利息等经济杠杆以及提供信息等各种形式在内的服务方式进行的。直接的生产过程完全由企业作为独立的商品生产者自行支配。企业有权转产、扩建、上新项目，有权动用积累，加大的投资也只需在企业内部决定。这是乡镇企业能够保持灵活性的根本保证。

乡镇企业在经营管理上的第三个特点在于层层实行了承包责任制，责、权、利分明，赏罚分明，充分调动了广大职工的积极性。在这次调查中我所看到的骨干企业普遍制定了严密的责任制。按照规定，每个职工每月不仅要完成一定的产值，还要达到一定的成本要求、工时要求及质量标准。各道工序和各个车间之间，实行了严格的核算制。前道工序的产品质量不好，后道工序有权拒绝接受，这样保证了产品质量。而且生产进度、工作优劣一目了然。被评为扬中县企业管理先进单位的联合乡砂轮厂厂长对我说，他们这一套承包责任制，使个人的报酬与贡献大小、完成任务好坏挂起钩来，与企业的生产状况、经济效益高低挂起钩来，克服了人与人、车间与车间之间的平均主义，充分调动了各类人员的积极性。现在，如果职工的奖金少了，他不是来找领导闹，而是自己按照百分考核标准细细地算一算，查出是质量问题，还是成本问题，然后努力去改正。

乡镇企业在经营管理上的第四个特点在于实行科学管理。目标管理、全面质量管理、价值工程、线性规划等现代管理方法在一些先进企业中已经开始实行。丹阳县与扬中县都有好几个厂是根据市场状况确定经济目标后，把这一大目标分解为许多小目标，做到各个环节、各个层次都能实现小目标，并围绕实现大目标建立了以计划管理为中心的生产、技术、质量、设备、劳动、财务、物资八大管理，从而保证了大目标的实施。

乡镇企业从第一代到第二代再到第三代，管理方面有了很大的变化。经营决策上由消极的、被动的决策走向了主动的、多选择方案的决策；经营指导思想上，由粗放型的不重视经济效益的经营走向了集约型的注重经济效益的经营；管理形式上，从作坊式的集权管理走向了权力分散、责任明确的科层制管理；管理风格上，从单线条的管理走向了系统管理；管理的基础由以经验为基础走向了以科学为基础。

五

结束了扬中的调查，我就到泰州市和泰兴县走了一走。在泰州，我听到了一个值得引起注意并应加以研究的新问题，那就是在市管县的体制下，当前行政区划与经济区域之间还存在着不相适应的地方。具体地说，一是扬州市在经济上带不动它属下的泰州市，人们把这种情况叫做"小马拉大车"。二是泰州市作为一个县级市划归扬州市管辖以后，它就与早先作为其经济影响范围的周围几个县处于同等的行政地位，它们相互间的经济联系就或多或少地受到行政区划的制约，因而泰州市不仅不能充分发挥它在区域发展上的中心作用，而且它本身的经济发展也就陷于没有后方、没有余地的局促状态。

从历史上看，扬州与泰州可以说是长江北岸毗邻的一对孪生子，这对同胞兄弟各自在自己影响的地区起着商品流转中心的作用。这两个兄弟城市几十年来都有长足的发展。据说相比之下，泰州市现实的经济实力比扬州市并不逊色。但是由于历史的原因，扬州市的名声要比泰州大。解放后，两市均为扬州地区，在事实上扬、泰之间虽有亲疏，但属同级。1982年江苏省撤销地区一级行政，实行市管县新体制时，扬州市为省属市，领有原扬州地区的范围，泰州市变成了县级市，归扬州市领导。原来的同级关系就一下子变成了上下级关系。然而一个城市对其影响区域的经济联系是在长期的历史过程中自然形成的，有着必然的规律性，这种规律性并不能人为地加以割断或干预，因而就出现了上述两个方面的问题。

总的说来，江苏全省的市管县行政体制，对于打破行政区划，实行合理的区域经济联系，加速经济发展是有利的，并取得了实际的收效。但是由于当时实行新体制时，时限短促，不可能对区域经济发展做深入的研究，像泰州那样新问题的出现是难免的。

我在苏南与苏北的调查中，发现苏北的乡镇企业和小城镇发展相对弱小和缓慢。其主要原因就是缺少类似苏、锡、常、通那样的经济实力较强的中等城市。因而苏北的有些县城升格为市以后，"小马拉大车"的现象较为突出。在苏南则相反表现为一些原先有一定发展特点或规模的城镇失去它所影响的区域。例如宜兴县的丁蜀镇，这个有悠久制陶历史的手工业名城受到了县属镇建制的束缚，无法施展它的影响力；又如常熟为苏州市的县级市，行政区域的窄小也限制了它的进一步发展。

这一问题在苏北与苏南的不同表现，在泰州与扬州的关系上集中体现了出来。对此我们应当认识到，问题既然在区域社会经济发展阶段引起，就必须在对区域社会经济发展的研究中去解决。现在有一批专家学者正在泰州做深入的调查，我相信通过他们的研究与实际部门的工作，这个新问题定能找到妥善解决的方法，并为我们对小城镇的区域社会经济发展研究提供有益的经验。我们也愿意建议江苏省能进一步开展社会经济区域发展战略的研究，并根据实际的情况对现有行政区域做适当的调整。

这次的宁、镇、扬地区的调查，我把重点限于乡镇企业和城乡联结型的区域发展的研究。尽管这一研究还处于探索阶段，但这是小城镇研究的新开拓。我觉得乡镇企业从总体上已经走过了初创、发展，正日趋成熟。从总体上看，乡镇企业的发展是极不平衡的，但正是在这不平衡中，我看到乡镇企业发展过程中显示出来的初创、发展和成熟这三个阶段。虽然处于成熟阶段的企业现在只是乡镇企业发达地区的少数，是一个苗头，但这个苗头提出了不少新问题。

乡镇企业处于成熟阶段的一个重要标志是趋向于智力、技术密集型。这就是说在这乡镇企业发展的第三阶段，一个老问题将会再度出现，那就是劳力的第二次剩余。乡镇企业从第一次劳力剩余发生起来，并在它的发展中引起了小城镇的复苏和繁荣，带来了城乡生产力和社会关系的一系列变化。那么第二次劳力剩余又意味着什么呢？我认为这决不是一种简单的循环，在一些乡镇企业发达地区出现的第三产业队伍是一个信号，它或许就是城乡在坚实的经济联系基础上达到全面融合的前奏。因此，对于乡镇企业的发展过程及其社会经济后果的探讨，应当作为小城镇研究新阶段的主题。由此又可开出一批具体的问题来，例如乡镇企业对城市社会经济改革的意义，两者之间有哪些普遍性，又各有什么特殊性，又如乡镇企业与城乡的社会价值体系的关系等等。当然在开拓新问题的时候，对小城镇社区本身的分析还要加强和深化，这样我们就能承前启后，把小城镇研究再推进一步。

1984年11月6日于南京

朱著《乡村工业与小城镇》序言

本书作者朱通华同志和我都是江苏省吴江县松陵镇人士。先后在同一小城镇里长大，但前后相隔逾三十年，直到两年前为了要调查研究家乡的小城镇才有缘相识。相识以后，我每次去江苏进行调查工作，总是和他结伴同行。朝夕相处，成为忘年交，有"松陵二子"之称。1984年同住吴江之庙港乡，工余之暇，杯茶相叙，面临太湖，浩荡万顷。我们强步风雅，学诗对唱。我曾有句："束发离乡六十春，今番重访感伴行。新晴喜看桑田绿，夜来星火数渔村。"亦所记当时之情境也。

回忆这两年，大江南北，千里奔波，正是我们研究小城镇的共同记录。我在1981年冬三访江村时开始提出从农村调查更上一层楼，以小城镇作科研课题的倡议。我们是从农村的角度去接触小城镇这个问题的。我对家乡的农村研究已有多年的因缘。最初是1936年，其次是1957年，至1982年已是三次调查，所以称"三访江村"。江村者庙港乡开弦弓村之学名也。这三次在同一个农村里调查正反映了三个不同时期的情况：解放前、合作化高潮中和拨乱反正后。农村面貌在此不同时期的变化实在动人，正可以说从穷困、翻身到繁荣的过程。以农民收入来说在80年代正在以大约每年近百元的增长速率向繁荣的路上猛进。在正确的政策下，农村经济开始从自给、半自给的经济向商品生产的经济转变，越变越富。

农村经济走上商品生产的道路表现在千家万户农副业的多种多样化，更表现在为供应市场商品而生产的小型乡镇工业，当时还称社队工业的发展。当时我们在农村里就注意到商品流通渠道过于狭窄，已不能适应农村商品经济发展的新形势。比如说，这年吴江县的兔毛生产甲于全省，但是后来因为国外市场杀价，农民看到无利可图，只能把兔子杀来吃了。没有地方出售农副产品，多种经营是一句空话。

由于人口不断增长，到 70 年代，农村里劳动力过剩的现象越来越明显，农民需要找新的活路，但是城乡户口严格划分，不准逾越。即使通过隙缝，进入了镇上干活的农民，还是随时有被"清理"回乡的威胁。种种事实已说明，如果作为农村经济流通中心的小城镇不改变当时的状况，农村经济也就难于进一步发展了。就是这种客观形势把我们带进了小城镇研究的领域。

1982 年年底我们向江苏省委汇报了我们小城镇研究的意图。汇报时我们才了解到江苏省委已经开过会，决定要发展小城镇，所以是"不谋而合"，因而决定科研队伍和政策研究队伍结合起来，一起攻关。我和朱通华同志就是这样在工作上结合了起来的。从 1983 年春吴江县的小城镇调查起到 1984 年冬苏中小城镇调查，前后两年我们在这项工作上一直结伴同行。由于我们一路看，一路谈，在这项工作上的见解基本上实在难分彼此。也许只有一点不同，那就是我因为工作"频道"多而且杂，事实上难于集中力量在这个重点上用工夫，所出的力远少于江苏省方面参加这项工作的同志们。我在江苏的调查即使不能说蜻蜓点水，也只能是走马看花。每次调查必须事先由当地工作同志为我们开路，征集有关资料，到了现场又要依靠他们选择观察对象，在讨论时更需要考虑他们的意见。实际上，我们所做的主要是在提出问题核对和总结当地工作的同志对这些问题所提供的资料和意见。主要的调查工作是当地工作的同志所做的。组织和指导他们工作的是省委政策研究室和江苏省社科院的同志，朱通华同志就是其中的负责人之一。由于他长住在江苏，又多次单独到各市县进行调查，他对江苏小城镇问题，掌握的第一手资料较多，接触面较广，对这个问题的见解也因之较为深入。

我们在组织这个小城镇调查研究队伍时有所约定，就是既要发挥集体协作的长处，还要注意发扬各人独立的思考和见解，奖励各人就专题写专论。今年江苏人民出版社发行的江苏省小城镇研究论文选第一集《小城镇 大问题》就体现了这个精神。论文选集篇幅有限，还有许多应该发表的文章，除了在各刊物上登载外，正可以出版专集，朱通华同志这本有关江苏小城镇的论文集就是其中之一。

小城镇的研究可以说还是刚刚开始，正在继续进行。已经发表的这些论文只是初步的探索。我这两年几乎每隔几个月就去实地观察一次，每次都看到许多新事物、新苗头、新问题，而感觉到我们这些研究工作者实在赶不上形势的发展。同时也就感觉到我们已有的研究过于局限和肤浅。

从局限这方面说，不仅在研究的范围还只限于江苏一省，即以这一省而论，也还存在着许多没有接触到的空白点，江苏西南部的丘陵地带就是一例。其他各省中虽则已有对这问题进行了调查研究，但是还没有能汇合比较，作出理论上的分析和阐发。从研究角度上说，局限性还表现在对小城镇本身的建制和规划研究得不够，更少触及小城镇和中小城市的有机关系。至于小城镇发展依托于大中小城市的必要性，固然在过去的研究中已经指出，但是还没有从这些研究中形成社会经济区域的这个具体概念而进一步深入摆事实、讲理论，为今后城乡同步发展的规划提供必要的资料。形势的迅速发展确成了我们这些研究工作人员的严重压力，我想也正是这种压力会推动我们科研工作的发展前进。

从肤浅这方面来说，我总觉得我们过去这些研究工作还不免"见数不见事""见事不见人""见人不见其思想活动"。研究社会现象，也就是研究人的生活，我认为不应当满足于一些选样统计的数字。这种数字是有价值的，也是十分可贵的，而且要得到这些可靠数据还是很不容易。不过这些数据实际上只能间接地提示我们对社会的一些概括的认识。这些数字背后还有丰富多彩的生活内容。我们讲到小城镇只讲了它有多少人，一年能生产多少价值等等，还没有看到在小城镇上居住着、生活着的各式各样的人物。他们都有行动有感情，而正是他们的思想感情决定着他们的一举一动。无数人的一举一动综合起来才汇合成现在在论文中看到的一些数据和概括的描述。我们如果想进一步了解为什么发生这些概括性的现象，那就得深入到这些人的思想感情领域里去发现他们行为的指向和动力。关于这些，我们过去的研究还没有做到家，所以至多能说我们对小城镇问题刚刚破题，真正的好文章还得后人来写。在后人中，我想应当包括比我年轻30多岁的朱通华同志在内。朱通华同志的论文集将要出版，要我写序，我就把这个希望写上作为序言。

1984年11月14日

小城镇研究的新发展

我们的小城镇研究进行了几个年头了。两年前，我们的研究由定性研究延伸到大规模的定量研究。其中的一个课题就是对江苏省不同区域内7个县（区）的190个小城镇做了比较全面的一次性统计调查。现在这批数据经电子计算机处理，又做了初步分析。

进行这样大规模的调查，如此之多的统计数据，统计指标本身又着力从城乡两头来刻画小城镇的全貌，这在小城镇研究中还是第一次。实际上是一次试验，尽管不算太好，可以说还是成功的，达到了我们预定的要求。

通过这样一次大规模的调查，本来定性认识不够明确、清楚的问题，现在比较清楚了。例如，一个镇的工农比例，过去很难说清楚，至多也不过是工农业二者的比例。现在我们就可以说得比较具体、明确了。工农业二者的比例有了产值比例、人口比例、劳动者比例等等。对江苏省不同区域内小城镇的差异，也有了基本的了解。再是通过这次调查看到了一些我们以前没有认识的东西。例如，通过各种数据的衡量，发现在乡镇之上、县镇之下，事实上还有一个中间层次——中心镇的存在。这个中心镇不同于通常所说的建制镇，它不是一个行政单元，其范围与行政范围也是两回事。它不是人为造出来的，而是一个新的集合体。它是经济、社会长期运动、作用"挤"出来的一个新的层次。这次调查工作也向我们提出了一些新的课题。比如，小城镇与周围的乡脚组成了一个经济区域，他们的关系类似于细胞核之于细胞本身。这种以小城镇为中心的区域不等于现在的行政区域。

我自己这两年在全国各个地方跑了一下，做些比较研究。另外在一个农村的小点上追踪观察，继续我50年前开始的那项工作，希望能写成一本《江村五十年》。这本书还希望能写出人的变化，以人的变化反映我们这个时代的变迁。

在江苏调查研究的同时，我去了浙江温州、甘肃定西、临夏、内蒙古、青海，目的是想在更大范围里做比较研究，看看江苏小城镇的这种特点到底适用于一个多大的范围，不同的地区可以从中吸收些什么东西。其实，江苏本身也有不同情况，苏北显然跟苏南不一样，我是在江苏做比较研究的基础上试图进入到全国范围的比较研究的。

现在乡镇经济已经有不同的发展模式出现，至少有较为成熟的所谓"苏南模式""温州模式"。可见农民的致富门道内容丰富，各具特点。

苏南与温州的两种模式既有相同点，也有不同点。相同的是都是人多地少的地区农民自发创造的结果。浙江人均耕地比江苏还少，只有6分8厘；温州更少，人均不到半亩田。其次是党的十一届三中全会后，两地的农村都处于令人惊异的高速发展之中。

所不同的是苏南的乡镇工业模式是在公社集体经济的底子上出现的，依靠农业集体的积累，再加上外界的条件，如城市的技术、设备的支持，从而产生出有自己特色的经济发展模式来。可是，有些地方的农村情况与此不同，在公社的集体经济解体前，没有集体积累。在缺乏当年苏南兴办社队工业时的基础和前提的条件下，要照搬苏南的经验自然就"学不会""学不像"。

温州的模式形成于温州的具体条件。温州人向来有经商传统，商品经济的头脑早已形成，历史上石刻、竹编、弹花、箍桶、裁缝、理发、厨师等百工手艺人和卖小百货及收废品的货郎担，八仙过海，到处周游，近则全国各地，远到西欧各国。传统的经商和工匠在个体经济合法后便脱颖而出，成长成今天温州这一有别于苏南的新模式来。可以说，要简单地模仿这种模式也是困难的。

然而，苏南模式也好，温州模式也好，都有某些东西给人以启迪，我们可以从中体会到一些带有普遍意义的东西。比如，在苏南，工农业发展基本上是协调的。又如，温州民间自发的流通网络，值得在当前的体制改革中予以重视。

无论是苏南模式还是温州模式，或群众创造的其他模式，评价它们的唯一标准是视其是否促进了社会生产力的发展，是否提高了人民群众的生活水平。这些模式能欣欣向荣地迅速发展，在中国历史上乃至人类发展史上都是古来所无的。惟其如此，方显出中国社会现代化的特色；惟其如此，才需要我们对伴随这些新事物一同出现的新问题进行科学的认识。

小城镇只是城乡网络中的一环，它有上下、前后、左右的各种关系。整个城乡的网络是一层一层的一个塔形网状结构。这个网络的密度、层次、环境、联结方式各地不完全一样，但是总的纲目是一致的。

农民从农村转移到小城镇，目前采用了离土不离乡的形式，即部分劳动力与土地脱离了关系，转向非农产业，而户口、家庭等仍在乡村。离土不离乡本身不是谁出的主意，谁下的一道行政命令，而是客观条件下中国农民自己走出来的路子。现在，离土不离乡这部分人为数很大，全国已达到 7000 万人，这很了不起。在资本主义发达的国家，失业问题是最头痛的事，全国若有几百万人失业，统治者的日子就不好过了。我们在短短的几年内，这么多的人得到了就业，人类历史上是没有过的。假若 7000 万人不从农业里转移出来，情况很难想象。全部都离乡进城又是不可能的。中国社会的这场变化正在悄悄地、和平地进行，然而却是革命性的、巨大的变化。客观条件引导中国农民做出了这个离土不离乡的选择，这是符合当前中国的具体情况的。我们的城市没有能力在这样短的几年中吸收如此众多的人口。国家现有财力不可能创造这样大量的就业机会。农民充分利用原有的农村生活设施，进镇从事工商业活动，在当前不失为最经济、最有效的方法。中国大规模的工业化就是在这种农民自办工业的形式中起步的。

当然，离土不离乡的形式是否会永远保持下去？这种当前提高农村经济水平的有效方式是否会永远继续下去？我个人认为这只是个起点，事物将会不断变化，不断发展。应当看到这种方式是有其局限性的，这批人与农业相连的脐带并没有割断。他们与农业责任制后的家庭小规模的土地经营相联系，而小规模经营发展到一定阶段后，缺陷会越来越暴露出来。像江苏这样的地方，在现有的条件下，土地经营规模至少要达到 20 亩，各种农业机械才能用得上。农业的生产力、工业的生产力要能进一步提高，必须扩大土地经营规模，也势必要使更多的人离土，农业才能现代化。看来，从离土不离乡到部分人离土又离乡是发展的趋势，不过这需要一个过程。

目前，江苏已有相当数量的农民建筑队远到新疆、大庆搞劳务输出，而户口仍在江苏。这实际上也是离土不离乡的一种形式。

总之，大量的农村人口集中到城市去是不可能的。主张以大城市为主来容纳农村人口的意见是脱离实际的空想，是不了解中国社会实际情况的人的想法。

现在，农民富了，随之而来的有个消费问题，有了钱，钱做什么用的问题。随着收入的增加，消费增长看来是有一定规律性的。先是吃饭，紧接着是穿衣，再下去是造房。大体上农民人均年收入到了500元，农村里就会出现造房子的高潮。农民造房是一项涉及千家万户的建设事业，可是到现在我们还没有给予充分的重视，绝大多数的农村里造房子是各家各户自己动手备料和经营建筑的。结果是破坏了农村的面貌，打乱了农村的规划。有一些地方正在试点，通过造商品房为农民服务。例如，成立建筑公司，承包农村造房，设计出多种不同风格、形式的住宅，让农民挑选，可以分期付款。农民有了房子，还需要家具，也要配套，使之与房子协调。诸如此类问题，都需要有一套为农民服务的体系，以指导农民的消费。这样一来，村镇规划、土地问题、资金积累等问题都可以联系起来解决了。衣食住等生活需要解决了，农民手头的钱做什么用的问题也就更突出了。这里我们碰到了精神文明建设的问题，对这个问题我们还刚刚开始探索。客观事物的发展又向我们提出了更复杂也更重要的课题。

从小城镇的研究入手，我们开始在探索一条符合我国情况的学术发展道路。通过这几年的努力，虽然做得不是太好，但是我认为方向是对头的。在小城镇问题上之所以会出现学者与党政领导的"不谋而合"，是学者投身于社会实践，抓住了社会发展的主流和党政领导密切注意并迫切需要回答实践提出的新问题的结果。

几年来，我们抓住小城镇这一中国社会变迁中出现的新事物进行调查研究，实际上是想从中去捉摸中国现代化的客观进程。尽管我国现代化建设困难还很多，但这条路非走不可。不实现现代化，我们在整个世界上就得不到应有的地位。我们的任务就在于客观地记录实践的发展，为历史留下印记。同时为科学地认识中国社会，自觉地指导中国社会的发展做出自己的一份贡献。应该说，这类为决策科学化提供依据的工作目前不是多了，而是少了。

回顾多年的小城镇研究，我们的研究工作所以有一些收获，因为我们遵循了下列的做法：

第一，坚持理论联系实际，一切从实际出发，不唯上，不唯书，而是唯实。当然书本上的东西都要看，它会给我们不少启发，但不是惟书本为上。实事求是，投身到实际中去，应是我们的基本方法。

第二，整体观点和系统分析。任何事物都是由有联系的部分组成的，只有从整体出发分析其组成的要素之间的关系，才能防止片面性。事物的联系具有系统性，系统分析就是要说明整体中各部分怎样联系起来组成这个整体。

第三，发展的观点，历史追溯和未来预测。一切东西都在运动之中，都有来龙去脉。事物在时间中的变化就是发展过程。发展是有条件的，所以有规律性。

第四，还要有个务实的、服务的观点。我们是为促进社会发展而研究社会，不能为研究而研究。当前的任务是为我国的现代化服务。

"七五"期间的小城镇研究需要上升到更高的一个层次。研究工作要以城乡关系为主题，以小城镇为纽带，顺着两个方向发展下去：一是横向扩展，即从江苏省本身的深入研究进一步发展到全国性的比较研究。二是纵深发展，即从农村—小城镇—中等城市—大城市以至到整个城乡关系的综合研究。

我把全国大体上分为三个部分：第一是东部沿海发达地区，第二是中部地区，第三是西部边远待开发地区和少数民族地区。中国之大，各地的情况很不一样，即使在江苏一省也有不同情况。简单地照搬照抄某地的经验是要误事的。所以，不同类型地区的比较研究，将使我们研究所得出的结论更有科学性，更符合具体实际。各地的情况不同，发展的过程也会有所区别。我在苏北调查后，认为苏北必须着重发展中等城市和骨干工业。苏北的洪泽湖地区为什么多年来小城镇起不来，恐怕主要是缺乏骨干工业。再如甘肃的定西，小城镇怎样才能发展起来？我建议搞一些能促进经济作物发展的工厂，如亚麻厂，使千家万户可以从种植业中致富，以带动整个地区经济的起飞。这种建设还不能完全依靠农民自发进行，需要国家适当投资。研究这一类问题是为广大的、没有大城市的地区农村经济的起飞寻找一条路子。

在国内不同地区比较的基础上，我们还要走向国际间的比较研究。要研究发达国家工业化初期的特点，工农关系、城乡关系，各种关系又是如何变化的。还应当研究第三世界各国当前工业化的情况，和我们做对比分析。我们现在这方面还缺乏深入的研究，一些结论仍停留在概念和简单的推断上。进行这样的国际性比较，可以看出不同国家发展道路的特点，不同的道路间又有些什么共同的规律性东西。

小城镇研究迫切需要我们再上一层楼。可以先进入到中等城市的研究，从中等城市看小城镇的地位和作用。苏南形成今天这个局面，要是少了上海、无锡、苏州等大中城市，不会是目前这个样子。因此，要把从农村—集镇—城市这根脉络理清楚。这也就是对整个城乡关系的研究。

我们的时代正处于一个大变化的时代。半个多世纪的经历，使我深深体会到，这是前人从未遇到过的好机会、好形势。我们应该觉得生逢盛世。可以相信，一个现代化的中国一定会出现。我们有责任把这条道路客观地记录下来。1986年6月，我出访西欧四国回来，写了首诗，最后一句是"纸尽才疏诗半篇"。意思是我现在已到暮年，由于"反右"和"文化大革命"损失了20年，早年所学已多荒疏，看来我一生本来应当能做到的事，只能完成一半。恢复工作时我已70岁，当时下定决心今后10年要做20年的事。现在6年已经过去，到底做得如何，成绩如何，实在很难说。说真话，我三四十年代读过些书。想靠这点营养，来开80年代的花，不可能开得太好看的。可是我有一条，就是积极投身到沸腾的社会实际里去，尽自己最大的努力追踪和探索社会主义现代化的进程，记下人民群众的创造，为我们的党和政府做决策提供参考。一个人最大的安慰是他早期的志向，经过艰难曲折后终于得到实现。但对我来说，只能是"诗半篇"了。

1986年9月7日

农村·小城镇·区域发展

——我的社区研究历程的再回顾

我一生的学术工作是以农村调查开始的,其后进入小城镇研究,近年来又开始区域发展的探索,统称为一生社区研究的历程。流年似水,转眼已经60年了。当我进入85岁的时刻,似乎值得自己回头反省一下。由于我已在1985年发表过《社会调查自白》,1989年发表过《四年思路回顾》,这次反省只能说是再回顾了,但一个人的思想总是多少有一条前后连贯的理路,所以还得从头说起,其中有一点重复在所难免。

一

我这一生有个主题,就是"志在富民"。它是从我学术工作中产生的,我的学术工作也是围绕着这个主题展开的。

1935年偕我妻王同惠进入广西大瑶山调查瑶族农村,合写《花蓝瑶社会组织》。1936年在我家乡的一个农村里进行调查,后来写成《江村经济》一书。我在农村实地调查里从亲眼所见的事实产生了一种想法:中国农村的基本问题就是农民吃饭穿衣的问题,内忧外患使他们难以维持最低生活水平，陷入不足温饱的极端贫困境地。当时的历史现实，促使我发生了尽力使中国农民脱贫致富的使命感，也为我后来一生"志在富民"的追求扎下了根子。

40年代我曾在云南内地进行农村调查，与张之毅同志合写成《云南三村》。其后，我曾应《世纪评论》之约，连续写了十几篇讨论中国农村社会特点的文章。这些文章分期连载后，集为《乡土中国》一书。我还在《大公报》发表了一系列有关农村复兴的文章，后来被《观察》周刊社汇编成了《乡土重建》单行本。我在这本书里提出了农民温饱的"小康水准""现代工业技术下乡""乡土工业"等问题和想法，都是围绕中国农民脱贫致富这个主题做的文章。

全国解放后，50年代后期，我1957年重访江村。看到当时农业有了发展，粮食增产，感到高兴。但是，也看到副业被忽视了，乡村工业没有得到恢复，农民虽有土地可耕种，却只能搞粮食，手里没有钱花。市镇上的商品交换日益萧条，小城镇也萎缩了，这使我忧心忡忡。我在《重访江村》一文中建议恢复发展副业和乡土工业，在村子里办小型工厂，希望促进农民尽快富起来。

意外的政治运动打断了我这种发展农村经济的愿望。"反右"斗争中，我被划成"右派"，失去了继续进行学术研究的机会。从那时起直到"文革"结束，我这篇富民的文章做不下去了。

1966年到1976年的全国大动乱，严重地破坏了社会生产力，国民经济到了崩溃的边缘。直到拨乱反正后的1980年，农民的人均谷类配额仅约有580斤。以这样只够糊口的粮食来维持农民全部生活费用，显然远远不够。何况各地产量并不平衡，大部分地区的农民所得远低于这个平均数，他们依然没有摆脱贫困状态。

这样的情状，加上周边一些国家经济起飞势头的映衬，使中国农民实现温饱、脱贫致富的问题变得更加迫切了。

1980年，我恢复了名誉和正常生活，从1952年就被取消的社会学也得到了恢复，我有条件拾起被迫中断二十多年的"为中国农民能富起来做些什么事"的实践课题，重新开始农村调查。我急切地想实地看看我曾经十分熟悉的江村经过这二十多年风雨后的样子。1981年，我三访江村，高兴地看到了江村当时全年人均收入已接近300元，位于全国前列。而在1978年，江村的人均年收入还只有114元。为什么这个村子的农民能在短短三年中这么快地富裕起来？事实就在眼前，家庭副业恢复了，集体小工厂办起来了。当地农村经济结构中出现了农、副、工互相结合的现实和进一步发展的趋势。

让我特别兴奋的一点，是在江村看到了我几十年前所想象的目标已经开始在现实生活中出现，而且今后中国经济的特点也显露了苗头。中国人口有十多亿，农村人口又占绝大多数，在这样的国情下，我认为多种多样的工业不宜集中在少数城市，而应当设法尽可能分散到广大农村里边去，我称之为"工业下乡"。工业下乡的意图，是使在国家经济结构中增加工业比重时人口不至于过分集中，甚至可以不产生大量脱离农村的劳动者，而在农工相辅、共同繁荣的基础上实现农村工业化、城乡一体化。这可能是中国的工业化进程不同于西方工业国家发展模式的一个基本区别，也是我看到的适合中国国情的可行道路。

江村的变化不是孤立的，家乡吴江县的各个集镇都表现出活跃的迹象，商品交换多了起来，城镇居民普遍增加。其中有名的吴江七大镇正在从先前冷冷清清的衰落景象里抬头挺胸，一股欣欣向荣的生机吸引着我。我看到了一种值得特别注意的变化，这就是由于乡镇工业办得好而富裕起来的乡村，农业收入所占的比例不断降低，绝对数字却在明显增长，增长速度也比工业不发达的乡村要快。这是一个值得大书特书的历史事实，它向世界展示出中国在发展经济道路上的一个崭新特点：中国社会的工业化是在农业的基础上发生和发展的，它又反过来促进了农业的进一步繁荣和发展，推动农业走上了现代化道路。

把这个特点和西方早期工业化的历史做一个简单对照，中国乡镇工业的意义可以看得更清楚。在欧洲工业化初期，新兴的机器工业集中到了都市，农村却濒于破产，农民不得不背井离乡，涌进城市，充当新兴工业的劳动后备军。西方工业化的发展是以农村的萧条和崩溃为代价的，这是西方工业化道路的一大特点。中国当然也要顺应历史潮流，实现工业化，但在当前的历史条件下，绝不可能走西方的工业化道路。我们不能想象上亿乃至数亿的农民涌入城市来发展工业，中国的工业化只能走适合自己特点的路子。农民在农业繁荣的基础上，利用来自土地的积累兴办乡镇工业。这种工业也以巩固、促进和辅助农业经济为前提，农副工齐头并进，协调发展。这条工业化道路已经切切实实地开始出现在我们面前。它不是从理论上推论出来的成果，而是中国农民在改革实践中的新创造。

在这个值得大书特书的变革中，由于乡镇企业的发展，在比较发达的地区，不论过去属于哪一类型的乡镇都先后开始走上了工业化道路，发生了以乡镇企业为基础的小城镇，而且生机勃勃，引人注目，令我感动。在社会发展现实的推动和启发下，我开始了调查研究小城镇的课题。

二

　　1982年以后，我的社区研究领域比三四十年代已经扩大。首先是从农村扩大到小城镇，提高了一个层次，把小城镇看成是城乡结合部，进行深入调查研究。研究的地域也从家乡的一个村扩大到吴江七大镇，又到整个吴江县，再扩大到苏南地区。到1984年，我走出苏南，进入苏北，对苏南、苏北进行了比较研究。很明显，我这一时期研究地域的扩大有意无意地是顺着行政区域的层级进行的。有意思的是，对于特定行政区域内的经济和社会现象的观察和研究，使我看到了超越行政区域的一种经济区域发展的事实，这就是说我的经济区域的概念在观察现实经济生活中开始发芽茁长了。

　　这要从"模式"这个概念的发生说起。

　　在对苏南、苏北的比较研究中，我看到苏北的乡村里工业化程度明显比苏南低，小城镇的兴起也比苏南慢。对于两地在发展上的差别，起初我以为是起步的先后不同。后来我意识到，地区间可以由于客观条件的不同而走上不同经济发展路子。在总结苏北调查的《小城镇——苏北初探》一文中，我把思想上酝酿的一个概念提了出来，这就是发展的"模式"。我具体提出了"苏南模式"这个名词。

　　模式这个概念是从发展方式上说的。因为各地所具备的地理、历史、社会、文化等条件不同，所以在向现代经济发展过程中采取了不同的路子，这是可以在实际中看到的。不同的发展路子就是我所提出的不同发展模式。"模式"这个新概念，来自于我们身边正在发生的客观历史事实。让这样的概念再回到正在成长的新事物中，用它来认识现实，也就能把问题说得更清楚一点。

比如，在对苏南模式所做的研究里边，我把位于江北的南通划到了苏南经济区，让它和苏州、无锡、常州并称，道理就在于南通有和苏、锡、常大体相同的经济发展背景和现实发展路子。苏、锡、常、通都位于长江下游，都是由于乡镇工业的兴起而进入工业化时期的。这几个地方乡镇工业的来历和发展机遇也类似。它们的前身是人民公社时期的社队工业，即公社和生产大队、生产队办的工业。公社和生产大队、生产队是集体经济的实体，它有权在社员的劳动所得中积累一部分资金，用来兴办集体公有的工业，叫社队工业。到80年代初江苏农村实行家庭联产承包责任制的时候，苏南的农民没有把社队企业分掉。在改制过程中，乡和村的人民政府替代先前的人民公社和生产队管理这份集体经济，通过工业保存下了集体经济实体，又借助上海经济技术的辐射和扩散，以乡镇企业为名而继续发展。苏、锡、常、通的乡镇企业发展模式是大体相同的，我称之为苏南模式。我从经济发展的模式出发把地处长江北岸的南通划进"苏南"的范围，从概念上说，我已把心目中的经济区域摆脱了一般的以江为界的地理区域。

1986年，我到浙江温州考察。温州以它明显有别于苏南的发展方式进一步启发了我，使我对"发展模式"这个概念有了更深入一步的认识，明确了它的意义是指："在一定地区，一定历史条件下，具有特色的发展路子。"这里所说的"地区"，既可能是在某一行政区域范围内，也可能包括几个不同行政区划的地域范围。但是在这时候，我还没有提出"经济发展区域"的概念。

客观发生的历史事实使我产生了"模式"这个概念。新概念的形成反映着客观实际的变化，是实践的产物，同时又成为认识工具，帮助进一步认识新生事物和促进实践变革。发展模式的概念把我的研究工作推进了一步，要求我从整体出发，探索每个地区发展的背景、条件和在此基础上形成的与其他地区相区别的发展特色，这就促使我进入不同发展模式的比较研究。

各种模式之所以能相互比较，是因为它们是在一个共同的基础上出发，又向同一目标发展的。共同基础是我们传统的小农经济，同一目标是脱贫致富，振兴民族经济。80年代，各地农村先后进行了农业体制改革，实行了家庭联产承包责任制，农民因此得到了支配自己劳动的自主权。他们在承包的土地上经营农业之外，可以主动从事其他生产活动，以增加收入，这就大大调动了农民发展经济的积极性。他们千方百计、千辛万苦、千山万水地去开辟生财之道。

各地农民居住的地域不同，条件有别，所开辟的生财之道必定多种多样，因而形成了农村经济发展的不同模式。我在观察和研究这些不同的发展模式时，没有忘记它们只是解决增加农民收入这同一个问题的不同答案。对各种模式进行比较研究，也就是要说明它们有什么不同和为什么不同。具备了这种知识，各地农民都可以因地制宜地选择生财之道，争取早日脱贫致富。

如前所说的苏南发展的路子，是通过公社这个集体经济的积累，有足够的资金一步到位地把工业引进了农村，借着农村体制改革的机遇，快速地发展起乡镇企业，带动了经济的整体发展。但具备苏南这样条件的地区并不多。那些在公社的集体经济实体解散后再要办工业的地方，就得从其他渠道取得兴办工业的启动资金了。温州人想出了另外的办法。

温州原来也是个穷地方，人多地少，单靠农业连温饱都难以维持。当地农民就大批到外地去打零工，卖手艺，如木匠、裁缝、修鞋、弹棉花等。一时浙江人满天飞，远到边区的小镇上都有他们的足迹。这些人省吃俭用，把在外地挣得的钱寄回家乡积累起来，成了后来在温州一带发展家庭工厂的启动资金，然后通过广大的运销网络出售家庭作坊的产品，形成了"小商品，大市场"。我把这个发展方式称作"温州模式"。

在河南民权县，我看到当地发展了庭院经济。他们有两条"龙"。一是果农专业户以农户为单位种葡萄，乡镇的集体企业榨汁发酵，县里的国营酒厂最终制成果酒。这条龙带动了两万户农民致富。另一条龙是纺织品抽纱，一根针，一根线，不用油，不用电，老人小孩都能干。初级成品分散在千家万户，县工艺品厂集中收去修整、漂白、包装出口。每个农民可以利用农余时间借助抽纱为自己每月增加收入八九十元。这种利用千家万户的劳动力，让他们不出院不出村就能增加收入、脱贫致富的路子，我叫它"民权模式"。这也就是后来我在河南信阳看到的所谓"公司＋农户"，这可能是适合中原农业地区经济发展的一条路子。

到苏北调查时，我又了解到了另一种生财之道。徐州的农民组成建筑队，到外地承包工程。大庆油田的厂房建筑，多年来几乎全是由苏北农村的建筑队承包的，依靠这种劳务输出挣回的钱，成了苏北农村工业化启动资金。后来我又在安阳听说林县也有"10万大军出太行"，北京有些大建筑工程就是他们干的。林县的建筑队已经在北京打出了名气。林县人说，他们80年代出太行，90年代富太行。类似徐州和林县这种专业性劳务输出的富民路子，也可以看作是一种模式。

在靠近福州的福清县，我还看到一种由侨胞投资兴办各种企业，甚至成片开发工业小区的发展方式。这些用现代设备和先进技术建立起来的企业，和国际市场密切相联，奠定了更为宽广的发展前途，为农村经济的发展开出了一条新路。我称之为"侨乡模式"。

模式这个概念的产生和发展，直接反映出我走出苏南以后观察范围的逐步扩大，比较方法的逐步深入。起初我是用小城镇的功能，如农贸中心、行政中心、工业中心等来区别不同"类型"。后来我看到乡镇企业的发展使许多过去不同类型的小城镇在主要功能上逐步趋于一致，于是我提出模式的概念作为比较研究的主要依据，但是在对各种模式的比较中，我并没有追问由每一种模式所覆盖的地区有多大，划出各种模式所占的区域，这是因为当时我还没有明确"区域发展"这个概念。

三

我的研究跨出了江苏省界之后，分成两个方向扩大范围。一路是沿海从江苏到浙江，经福建到广东的珠江三角洲，进而接触到广西的东部地区。另一路是进入边区，从黑龙江到内蒙古、宁夏、甘肃、青海、云南等地。在我行行重行行的实地调查过程里，越来越多的见闻和思索使我注意到经济发展具有地理上的区域基础。各区域不同的地理条件包括地形、资源、交通和所处区位等自然、人文和历史因素，均具有促进和制约其社会经济发展的作用，因而不同地区在经济发展上可以有不同的特点，具有相同地理条件也有可能形成一个在经济发展上具有一定共同性的经济区域。这些区域又可能由于某种经济联系而形成一个经济圈或地带。

1987年我在甘肃调查时，注意到在甘肃和青海交界的祁连山两麓居民除汉族外还有一些人数较少的少数民族，如裕固族、土族、撒拉族、保安族、东乡族等，还有人数较多的回族。他们处在青藏高原和黄土高原之间，形成了一道夹在藏族与汉族之间的民族走廊，在经济上，正是牧业和农业的接触和过渡地带。当时，我从回族聚居的甘肃临夏越过省界到青海的海东地区，一查历史知道这一带正是明代以来茶马贸易中心河州的故地。对这一带的情况有了初步了解后我产生了一个想法：要发展这个地区的经济，大概只有利用它特有的历史传统，恢复它作为农牧贸易的基地，把临夏和海东联合起来，共同发展成为向青藏高原发展贸易的中心。我把这个想法同当时两省的领导讲了，得到了他们双方的赞同，我就向中央提出了两地建立一个经济协作区来发展农牧两大区域之间贸易的建议。这个建议在我的研究工作中标志着进入区域发展研究的开始。经济区域发展的概念丰富了我社区研究的内容。这使我意识到，80年代后期，以此为标志，我的研究工作又进入了一个新的层次。

在东南沿海和西北地区进行的实地调查，使我感觉到沿海和内地特别是边区发展不平衡的问题已经十分引人注目。从全国一盘棋和实现共同富裕的观点来看，有必要重视这个事关全局的东西差距。同时，我也想把在50年代被迫中断的民族研究工作在大西北的调查中继续下来。

中国的少数民族大部分聚居在中国西部地区，东部和西部的差距里包含着民族经济水平的差距。西部的发展离不开少数民族的发展，通过西部的经济开发和社会发展，可以使当地的少数民族进入现代文明，与汉族共享繁荣，这是一个具有重大意义的课题。

我在青海、甘肃两省和宁夏、内蒙古两个民族自治区做了实地考察后，看到从青海的龙羊峡到内蒙古的托克托河段的黄河上游沿岸地区，正处在西藏、新疆、宁夏、内蒙古四大民族自治区的中心，是西部的经济文化相对发达些的多民族聚居区。我认为它们可以走共同的发展路子，就是利用黄河水量充沛、落差巨大和沿河资源丰富的优势，可以水电为龙头，发展原材料工业和深加工工业，稳定发展农牧业。加快这里的开发，可以带动附近各民族自治地区的发展，改变少数民族地区经济落后的面貌，巩固民族团结，缩小东西部的差距。为此，我提出了"共同规划，有无相济，互利互惠，共同繁荣"的原则，并在1988年向中央提出了《关于"建立黄河上游多民族经济开发区"的建议》。建议得到中央和两省两区领导的支持。这个建议是从广大区域出发来设想怎样推进经济发展的路子，可以说是区域经济这一概念落到实处的例子。

回想起来，80年代中期我曾研究过珠江三角洲的发展。这地区借助邻近香港的地缘优势普遍发展"三来一补"企业，与香港形成前店后厂格局的特点。我称之为"珠江模式"。珠江三角洲的快速发展得益于香港经济的扩散，表现出经济区域的特点，启发我注意到珠江三角洲这个经济区域的发展当中存在着的中心与腹地的关系。在1988年考察南岭山脉时，我把开发这一片瑶族聚居区的希望寄托在珠江三角洲的经济扩散上，提出了以香港为中心的三个环形地带的经济区域格局。后来我又在《珠江模式的再认识》一文中提出港珠经济一体化的观点，开始考虑以香港为中心的华南经济区的整体发展,这说明我的经济区域概念又深化了一步。

1989年,我到黄河三角洲做实地考察,并参加了由民盟中央和山东省政府联合召开的"黄河三角洲经济技术和社会发展战略研讨会"。站在黄河三角洲广阔的土地上,我想到了世界各国著名河口的三角洲多数已发展成为现代经济区,我国的珠江三角洲和长江三角洲也都已成为国内的经济发达地区。想着这些,我似乎亲身感受到脚下地层中正涌动着巨大的发展动力,也更清楚地意识到黄河三角洲是我国东部沿海地区一块亟待开发的宝地。同时又想起我提出过黄河上游多民族经济开发区的建设,接着再提出建立黄河三角洲开发区的问题,正好首尾相应。

从经济区域发展的角度去考虑这块宝地的开发,我发现有一个基本的概念需要讨论,就是黄河三角洲的地域范围问题。过去说的黄河三角洲,实际上是黄河口的概念。三角洲应当是包括河口的一个经济区域,河口不等于三角洲这个经济区域。一个经济区域必须有口有腹。因之,在我看来,可以考虑把稍为靠里一点的潍坊、淄博划入黄河三角洲。历史上淄博是齐国的首都,是当时的政治、经济、文化中心,现在也是一座很有实力的城市。潍坊的实力也可以。有了有实力的中心城市,再加上两市的乡镇为腹地,黄河三角洲的开发就能更有力量。从地理上看,好像这两地离河口远了一点,但从区域发展要有中心城市带动来讲,是合乎实际的。看来在考虑黄河三角洲的开发时,把限于河口的眼界扩展到经济区域的眼界是有必要的。

1990年,我结合此前多次对长江三角洲所做的调查研究,继续思索这块地方的区域发展和上海的地位问题。浦东开放开发以后,我提出了上海走什么路子的问题,是搞深圳式的上海,还是建设香港式的上海？寻找这个答案，要顾及许多因素，我以为应充分注意区域发展的大局和长远利益对上海的要求。

当时在大陆建设几个香港的设想已经提出来了。这使我想起孙中山先生在本世纪初就提出在长江三角洲建设东方大港的方略，进而想起本世纪30年代，上海已成为东亚地区仅次于东京的第二大城市。包括58家外国银行分行在内的168家银行使上海成了亚洲的重要金融中心。当时占全国50%到80%的商品进口量和占全国60%的茶叶和猪鬃出口量又使上海成为我国外贸和商业中心。建国以后上海的经济地位虽已大不相同，但到90年代初期，我国走社会主义市场经济的总方向业已定论，上海在全国经济格局中的地位势所必然地要起变化。何况上海四周长江三角洲这个腹地的经济技术发展水平也比改革开放之前有了很大的提高。如果上海浦东仍想像深圳那样吸引外资，以建工厂为主，哪怕是兴建一些高技术产业，它的扩散和辐射能力都会受到很大的限制，并可能在市场、产业结构等方面与江浙乃至沿海城市发生矛盾，即使上海能起到窗口作用，也无法起到龙头的作用。当中国已经进入全方位开放时期后，比起窗口来，似乎更需要龙头。

由此看来，上海的发展宜更上一层楼，在更高层次上从区域经济发展的观点出发，考虑成为长江流域的贸易、金融、信息、科技、运输中心。换句话说，使上海在经济上成为长江三角洲和沿江地带工农业商品总调度室或总服务站，成为一个具有广阔腹地的大陆香港。这也许是更可取的一条路子。以这个思路为底子，我于1990年提出了关于建立长江三角洲经济开发区的建议，后来又更具体地提出了以上海为龙头，江浙为两翼，长江为脊梁，以"南方丝绸之路"和西出阳关的欧亚大陆桥为尾闾的宏观设想。

1991年，我开始了以发展山区经济为重点的研究计划，首先走访了四川、云南两省交界处的大小凉山。根据考察所得，我提出了"点—线—面"的发展方针，即以攀枝花工业中心为启动力，联合凉山自治州，开发成昆路一线的丰富资源，开辟通向东南亚的"南方丝绸之路"，推动西南云贵高原的全面发展。

　　到1994年，我在地矿部的支持帮助下，结合我先后在西北和西南贫困地区实地得来的资料，与中国地质科学院从事黄土研究和熔岩研究的专家们讨论了西北黄土高原和西南熔岩地区的扶贫开发问题，研究怎样配合国家"八七"扶贫攻坚计划的实施，加强对这两个区域的治理，尽快帮助这里的农民脱贫致富。在思路较成熟时，我向中央提出了关于西北黄土高原和西南熔岩地区扶贫开发的具体建议。

　　在这两套有关开发西南的设想里边，有我在长江三角洲开发设想中有关经济区域内容的延伸。但更重要的是表现出了研究取向上的相通之处，即以较小范围的区域发展联系上了更宏观的区域发展。经济区域这个概念就是这样逐步在接触实际中生长起来的。

四

　　中国大地上方兴未艾的区域间经济协作的现实，持续地推动着我对区域发展这课目的探索。在对东南沿海地区和西北、西南边区的发展情况有了较多了解并相继提出这些区域进一步发展的设想之后，我把重点放在过去了解较少的区域。一路是沿海岸线北移，经环渤海湾进入东北地区，考虑建立参与发展东北亚经济的基地问题，另一路是沿欧亚大陆桥由东向西进入中部地区，研究沿桥建立经济走廊的条件。

东北的情况，我在80年代中期开展边区研究的时候，曾对黑龙江省有局部的了解，并想提出从内地吸收移民开发北大荒，为今后参与发展东北亚的国际大会战时充实实力的设想，但时机未到，并没获得当地领导的共识。几年过去了，国际形势发生了巨大变化。1991年，我有机会访问吉林省延边朝鲜族自治州，着重考察了珲春市和珲春的长岭子口岸、距图们江出海口不远的边界和图们江口岸等地。我了解到，地处延边东部的珲春市具有图们江通海航行的悠久历史，早在1200年前就是我国东北地区海上丝绸之路的枢纽。清末民初时，当地居民一直利用图们江航道出海捕鱼和通商。1907年，清政府在珲春设立商埠，1909年又设海关总管，珲春成为中国进出日本海的一个重要贸易城市。可是在1938年，日军由于日俄冲突而强行封锁了图们江口。从此，中国人民被迫中断沿图们江出海航行达52年。图们江口"金三角"地区的重要政治地位和经济价值，被历史淹没半个世纪之久，东北地区的广大腹地的发展也受到很大影响，实在可惜。

我由此想到了行使图们江出海权、开发利用图们江口地区的重要战略意义。简要地说，这是行使中国主权、维护中国在日本海利益的需要，是进入日本海、确立中国在东北亚的地位、建立参与东北亚经济发展的基地、迎接21世纪的需要。这一点，从宏观的经济区域发展的观点可以看得很分明。图们江口位于东北亚区的中心部位，从这里启航到朝鲜的罗津港、俄国的符拉迪沃斯托克（海参崴）港、韩国的釜山港和日本的新潟港，距离最近，也能缩短到加拿大温哥华和美国旧金山港的航程。这对促进中国外贸的发展十分有利。中国东北地区的外运港口，目前全部集中在辽东半岛，并已趋饱和状态。打通图们江出海口，不仅可以缓和东北地区的外运紧张状况，还可使全国外运港口和铁路运输布局得到改善。更为重要的是，在图们江口建设开放城市，并引导大连向"北方深圳"的样式发展，改善沿海地区对外开放的总格局。加上胶东半岛的烟台、威海这些据点，连成一体，形成中国与世界经济的又一个大的接轨站，依托东北广大腹地的建设，将使我们取得面向参与东北亚发展的广大空间。

从注意到参与东北亚的开发，我又看到了发展环渤海地区的重要性。环渤海地区是中国经济由东向西扩散、由南向北推移的纽带。我曾利用访问考察的机会陆续对环渤海湾的沿岸城市及其腹地做过实地调查，了解到环渤海地区具有独特的港群优势和广阔的腹地，有在国内密度最高的交通网络，有丰富的资源和强大的工业生产能力，在占全国 5.1% 的国土面积上创造着超过全国 1/4 的工业产值。在第二轮改革开放高潮中，加快发展环渤海地区的战略任务已被写进了中共十四大文件。同时，随着改革的深化，华北地区经济运行的市场机制开始启动，原来受到行政区划局限的生产要素正在市场经济力量的推动下突破行政区域界限，走向联合与协作，形成综合力量，促进经济区域的发展，这都为环渤海地区的崛起提供了有利条件。

为了切实加快环渤海地区发展，我在自己所做调查研究的基础上，建议民盟中央与环渤海地区的省市政府有关部门领导、研究人员以及民盟地方组织一起开会，专题研讨环渤海地区加快发展的自身优势、外部条件、制约因素和基本思路，并以此为框架向中央提出了加快发展这个地区经济的具体建议。

从1992年起，为了改变中部地区和沿海地区的发展差距，为了充实沿海发达地区的腹地，我把探索中部地区加快发展的路子作为重点研究题目，又接触到了新的情况，受到了新的启发，这使我能比以前更深一层地思索传统农业地区脱贫致富的路子和沿欧亚大陆桥地区的整体发展问题，提出了发展欧亚大陆桥经济走廊的设想。

改革开放以来的十多年里，东部沿海地区凭借其地缘优势，发展步子较快。到90年代初期，东部沿海地区的农民人均收入，要比中部地区农民人均收入高出大约一倍。在这样的差距下，中部地区的农民在想些什么，做些什么，我很想知道，也想在扶贫实践当中和农民一起寻找下一个10年里让中部地区尽快赶上来的办法。我到苏北、山东找，到湖南、湖北找，到河南、河北找，找来找去，找到了两个旨在促进区域发展的经济协作区，找到了能使农民切实增加收入的庭院经济，和以此为基础发展起来的当地称之为"公司+基地+农户"的路子。

我在苏北访问的时候，听说有一个淮海经济协作区，是苏鲁豫皖接壤地区的17个地市自愿组成的区域经济协作组织。他们从1986年起正式开始联合，打破条块分割的局面，形成横跨四省的协作网络，使这个区域的国民生产总值、工业总产值、财政收入、外贸出口额的增长在成立协作区后的数年里边均高于全国平均水平。在作为东部沿海腹地的经济欠发达地区，这样的成绩是令人鼓舞的。

接下来，我在邯郸访问时又知道有一个中原经济协作区，包括晋、冀、鲁、豫四省的15个地市，自1985年起自动联合起来，进行地市间经济技术协作。这是个农业传统悠久，人口、市镇密集、轻重工业并举，城乡市场广阔的区域，地处大陆桥中段，战略地位重要。这里的15个地市根据发展经济的需要自发组织起来，开展跨省界的区域协作，这里的干部有意识地组织群众走出条块分割，联手发展，这是值得关注和倡导的新生事物。

淮海和中原两个区域经济协作组织引起了我浓厚的兴趣。这两个协作区包括的这一大片历史上以农业为主的地区，是否可以在从事农业和副业的个体农户的基础上积累起资金，走上工业化道路？对此，我不能说自己没有一点想法，但他们的现状怎样，他们已经做出了哪些探索，发生了什么样的效果，下一步怎么走更好一些，我所知道的还不多。同时我又看到中部地区能不能加快发展，不光是中部自己的事情，也是决定沿海地区能不能进一步加快发展的一个关键。如果中部作为沿海地区乡镇企业的市场不能快点发展起来，沿海地区的下一步发展就会受到很大制约。

我在访问过淮海经济区大部分地市之后，于1993年到商丘参加了淮海经济区第八届市长专员联席会议。又在对中原经济区作了一些了解后，于1994年到濮阳参加了中原经济技术协作区第九届会议，并借与会机会对信阳、安阳、濮阳、焦作四市进行实地调查。再结合以前在湖南洞庭湖区、湖北孝感、河南民权、河北沧州、山东无棣等地看到的例子，我脑筋里的思路比较清楚了一些。看来，在农业传统悠久的中部地区，从农业到发展工业之间要有一个过渡。这个过渡可能就是发展庭院经济，为广大农民切实增加收入，早日脱贫致富，积累资金，自力发展乡镇企业。在增加农民收入的基础上，加快中部地区的整体发展，沿欧亚大陆桥建设一条沟通东西、平衡南北的经济走廊，需要尽早提上日程。

庭院经济，就是以个体农户为基础发展成为农林牧副渔任何一业的专业户、专业村。我在孝感看到了"一村一品"形式的庭院经济，以一家一户为基本单位，有的村养甲鱼，有的村养鸟，有的村编鸟笼，千家万户都富了起来。在民权看过的种葡萄、做抽纱，也是分散在千家万户。我到沧州、无棣去看，了解到当地的枣粮间作，也是大有可为。在麦地里间种枣树，发展果业，光是这一条，扩大规模，落到实处，一年就能创造几亿元财富。淄博临淄区有一个西单村，我在村里看到家家户户都有池塘，村里搞立体农业，生态农业。他们在屋顶上种水葫芦，用麦秆、玉米梗养牛，牛粪集中起来生产沼气，沼气渣用来养鱼，养鱼的水可以浇地种田做肥料，这样在庭院经济基础上搞起了多业并举、良性循环的集体经济。加上村办工业，1993年的产值已有十几亿，真是小农村做出了大文章。

庭院经济虽然还是在农业里边，却已不是传统的农业概念，而是跨到大农业的阶段上来了。大农业不是单搞粮棉油，而是农林牧副渔全面发展，这就使农民致富的路子多了起来。农民手里有了钱，要买消费品；生产的东西多了，要卖出去；钱更多一点的时候，需要投资，用钱滚动来得到更多的钱，这样，流通就出来了，工业就办起来了。乡镇企业一开始就是农民自己在计划经济之外干起来的，它的启动资金不是向国家要的，而是农民从土地里边积累起来的，是通过把劳动力在土地上变成生产力挣出来的。可以说，庭院经济是促进乡镇企业发展的一支强大力量。淮海、中原两个协作区有1.5亿人口，每人增加几百元收入，就是几百亿元的大市场。庭院经济看起来小，力量却很大，看着不如大中企业气派大，却是广大农民增加收入、脱贫致富的好门路，显示出的是另一种气派，富民的大气派。星星之火，可以燎原。燎原的力量不是来自好高骛远，而是来自脚踏实地，尊重实际，尊重群众的首创精神。发展市场经济的伟力存在于千千万万的群众之中。

中部地区的经济协作已经搞了将近10年，打下了基础，积累了经验，现在要上一个台阶了。有机遇，也有条件。沿海地区的发展搞了十几年，沿江地区的发展也已经提出了好几年，中国北部沿大陆桥经济走廊的发展还有待提上日程。大陆桥虽然早就有，可是还没有被当作经济走廊去发展。陇海线通车已久，沿线的腹地并没有得到大的发展。现在，情况已经大不一样，南中国的发展迅猛，形势逼人，要求北方有相应的发展。长江三角洲的经济辐射借助长江进入中部，在不长的时间里就可能实现。中部和北部的发展，要求沿大陆桥建设经济走廊，一方面发展潜力强大的沿桥腹地，一方面作为东部经济技术向西转移和扩散的通道，沟通东西。不仅如此，这个经济走廊正贯穿黄河中游的广大腹地，西接黄河上游多民族开发区，东连黄河三角洲开发区，它可以带动整个黄河流域的经济大发展。而且可使北方经济既能从连云港东出，又能沿桥经河西走廊西进，去开发从中亚细亚到阿拉伯的巨大市场。

淮海和中原两个协作区继续增强实力，连片发展，就是这条走廊的基础。加快这两地的经济区域发展，一边建设经济走廊，一边建起欧亚大陆桥的桥头堡，与全国各地形成承东启西、南呼北应的大格局，对于中国从本世纪末到下世纪初实现全国协调发展，人民共同富裕，应该是有益的。

至此，综合我一系列有关经济区域发展的设想，已接近了"全国一盘棋"的格局。写到这里，我似乎看到中国经济的两条龙、长江、大陆桥；还有两只虎，华南虎、东北虎；似乎看到了龙腾虎跃的局面，看到我们这个小农经济延续几千年的国家城乡一体现代工业化的前景。这是我一生梦寐以求的理想。

五

经济区域的研究是我近几年在实地调查和思考中提出的一个新课题，也可说是我的农村调查、小城镇研究的延伸。这个新课题至今还在探索的阶段，刚刚破题，许多方面尚须深入探索。

我在上面回顾了我自己逐步明确区域经济这个概念的过程。总的说来是我在西北少数民族地区看到地区间经济协作的需要，又在珠江三角洲看到香港这个经济中心所发生的作用，因而进一步产生发展围绕这中心的环形地带的设想。可以说是我在思想上开始对经济区域有了初步认识。以珠江三角洲的模式结合长江三角洲的现实，才使我觉得这里还缺少一个和香港相当水平的经济中心。因此想到提高上海的经济规格，希望它能成为长江三角洲的龙头，带动整个长江流域这条经济脊梁骨的发展，在长江流域形成一个经济高度发达的区域。这条思路又带着我看到华北和东北，以及横贯全国带动西北的欧亚大陆桥经济走廊，使我在这几年里做一系列发展区域经济的建议。这是我个人提出这课题的来龙去脉。

经济区域是在人们经济生活中形成的，本身有一个发展过程。我们可以设想在人类社会的原始时代，人们都是在自给自足的小群中生活。这种小群散居在广大的土地上，相互依存的地区性的经济联系很微薄。即使社会发展到了小农经济阶段，若干以亲属为基础形成的农户，聚居在一地形成了村落，进行类似的采集、农耕和副业的生产活动，互通有无的交易还是极有限的。社会分工的发展，使各村各户才有交换不同产品的需要，而发生了日出而集、日入而散、"日中为市"的临时市场，就是在我们内地至今还可以看到的赶场或赶集。又经过了一段历程，才发生作为农副产品集散和销售工业制造品中心的市镇，它们各自拥有为其服务对象的若干农村，在我家乡称作乡脚，即市镇的腹地。经济继续发展，有些市镇上升为城市，有些小城市上升为中、大城市，直到特大城市。各级城市都拥有它的腹地，形成城乡相互依存、不同层次的经济区域。

我国改革开放以来，进入经济迅速发展的时期。农村的工业化和城市化，走上了城乡一体的道路。小城镇的兴建正进入高潮，中大城市都在发展和扩建。同时，社会主义市场经济的蓬勃成长，已使过去经济关系在不同程度上处于分割和疏隔的各层次行政区域，已日益感到协作和互补的需要而相互开放和联系了起来，而且已出现了超越行政界限的各种形式的协作和结合。我身处这个大势之中，从研究工作的实践里逐渐意识到区域发展研究的重要性。在这篇回顾中我试图具体地把这项课题在我思想中形成的过程，理出一条线索，也想借此作为今后研究工作的导向。

由于这个研究课题牵涉的范围较广，问题众多，我自己明白对这课题的认识还不够全面，概念也不够明确，对这篇回顾中已经冒头的许多问题还没有深入系统地追索。例如：经济区域和行政区域怎样既相联系，又有区别？经济区域内部的结构，如中心、腹地、口岸、道路怎样组合，又怎样安排？各层次的经济区域怎样形成和发展，它们又怎样受到自然和人文，即地理和历史因素的促进和约束？这些都是还需要研究的问题，像这样的问题还有许多。

今后进一步研究这些新的课题，我还是将继续采取我过去的实事求是的研究方法。一切要从已发生的事实为基础，观察和描述"已然"。用可以观察到的事实为资料，进行比较和分析，探索在事物发展中可能发生的情况，做出设想，然后通过思考，引发出"或然"。最后以实践去检验其正确与否，经过历史的对证，得出"果然"或"不然"的结论。

我在经济区域研究这个课题上，还在观察和描述"已然"的阶段，但也在思考"或然"的发展。我已注意到20世纪后期世界经济发展中不断出现跨国家的经济共同体的理论和现象。欧洲共同体把欧洲一些独立的国家在经济领域里进行密切协作和共同规划，初步踏进了全面统一的门槛。接着北美、中美各国也已分别在部分经济领域中实行了联合和协作。近年来有关亚太经济区域的结合也已提到日程上。这许多国际间的大趋势都指向这个世界由于科技的发展，经济上全人类已密切地相互依存，正在走向联合，但还没有形成一个平等、和平、合作、团结的全球性共同体。洲级经济区域概念的提出，也许是走向这个共同体的一个起步。

我在这个世界规模的大趋势的影响下，不能不联系我们自己的国情，思考社会主义市场经济的发展前景，因而注意到已经出现的形成我国国家规模的经济共同体的积极因素。在这种背景下，我提出这个区域发展的研究课题。这个研究课题，需要微观和宏观相结合，需要理论和实际相结合，需要人文和地理相结合，看来和小城镇研究相比是个更大的问题。我从农村的微观研究，进入小城镇的比较研究，经过 60 年的时间，提出了这个更大的课题。这个课题不仅要把全国的经济发展看成一盘棋，而且应联系着全球性经济发展的大趋势来思考，确是一篇不像是我这一生可以亲自写到底的大文章。这篇文章我算是破了题，但怎样做下去还需要认真探索，更需有志同道合的学人共同努力。我相信总有一天能看到我们国家作为一个具有实力的统一体，矫健地踏进全球一体的大社会。我也愿意为这篇大文章的写作付出我最后的一段生命。

回顾毕，情未已，墨有余，作短歌。歌曰：

老妻久病，终得永息。

老夫忆旧，幽明难接。

往事如烟，忧患重积。

颠簸万里，悲喜交集。

少怀初衷，今犹如昔。

残枫经秋，星火不熄。

1995 年 1 月 1 日

小城镇研究十年反思[①]

今天早上,我一下火车,就和接车的同志说,我是来南京听评审的,听取各位同志对我10年前首先在南京发表的《小城镇 大问题》这篇文章的评审意见。说来很令人兴奋,过了这么长的时间,大家还记得这篇文章,我也还活着,听大家的评论,应当说是难得的幸运,10年前怎敢做此梦想?

一种意见是否正确,必须经过实践考验才能做出结论。如果确有几分经得住考验的内容,更应当对这项意见怎样得来,怎样发展,进行认真的反省。更重要的也许是应当回头看看,有什么缺点,为什么发生这些缺点。这番思考我想对今后的研究工作会有好处。

现在轮到我发言,在各位老朋友面前,讲讲自己对这篇文章内心的想法,说些肺腑之言。不对的和不足之处,亦请纳入评审的范围。

孔子五十而知天命。我到了七十还不大理解为什么老天还要给我一段岁月供我使用。在座有些朋友也许还记得我当时用"袋里还有10块钱"做比喻,表示在意外得来的余生中做一点自己觉

[①] 本文是作者在南京《小城镇 大问题》座谈会上的讲演,1995年1月6日改写。

得有意义的事情。我在80岁生日那天，朋友们为我祝寿，有人提出这个我觉得有意义的事是什么的问题。我没有思索，脱口而出"志在富民"四字。后来想想，这固然是我心愿，但并不具体，今天我想用"研究小城镇的兴起"来代替那四字就比较切实一些了。其实这两句话是说一回事。前者是我主观的动机，后者是我具体的工作。主观动机无法对证，客观的工作则有籍可稽，那就是我去年出版的《行行重行行》。我为了小城镇这个大问题，在各地奔跑已有15年，基本上"跑一趟，写一篇"，汇篇成册近50万字。

从小，老师就说我这个孩子不肯按格子写字，不懂得循规蹈矩，总是出格。大概这是我的本性。前几年一次人类学的国际讨论会上，很多朋友都同意我自称为"学术领域里的一匹野马"，因为学科的传统界线从来限制不了我的研究领域。各种名位和头衔也成不了我的辔头。写文章越老越不受题目拘束，任意发挥，兴尽而止。这也许是想用天性来开脱我在"小城镇"课题下脱缰而行，在乡镇企业和农村工业化的大道上放马四闯，直到最近才有点回枥之意，看到了小城镇本身的建设，提出了"乡镇城市化"这个范围。形象地说，我这10多年只吃了小城镇这颗核桃的肉，而丢了核桃的壳。软件固然味道好，硬件也应该注意，不然这小城镇就会熙熙攘攘，乱成一团，好好的江南水乡本色弄得乱糟糟，不成格局，更严重的是污染青山绿水，连鱼虾都遭了殃。城乡一体化说说容易，不留意就会出大毛病。回想我那些连篇累牍的文章里，提到小城镇建设的竟找不到多少笔墨？这不能说是我的疏忽，应承认是我的过失。

这15年说我心猿意马也并不为过，但在我感到的却是眼花缭乱。一走进80年代，这世界变得也实在太快了点。即使限于我接触到的范围里说，真有一点小时候喜欢说的"眼睛一眨，老母鸡变鸭"。在过去几千年的历史里恐怕难找到像这15年那样变得这样快的。不说别的，就以我故乡松陵镇来说，前几年我还带我外孙女去看我的出生地富家桥，我幼年住过近10年的磨坊弄，今年回乡，旧桥故居已全找不到了。一切变得如此之快，新人新事太多，把我的注意力东拉西扯，以致没有对小城镇的本身多看多写。文章走偏了。这个缺点先得向评审员自我提出。

我为了接受评审曾想为答辩打个腹稿，写一篇《社区研究再回顾》。我从《江村经济》开始的农村调查发展到小城镇研究，可说是上了一个台阶。但是我在小城镇研究里却被当时正在突起的那股异军吸引住了，一直跟着它颠簸万里，走南闯北，几乎遍及全国各省。我在《行行重行行》里写到的基本是描述各地走上乡镇企业这条路的各种"模式"。即使限于这个小小的研究领域，已经把我所说的"10块钱"花光了。直到乡镇企业从草根长成了森然大树，总算起来已超过了我国国民生产总值的半壁江山时，我才停下来，举目四望，看到了全国这盘棋，东强西弱，沿海勃兴，中部萎顿，边区瘦弱——那种梯度倾斜局面，不觉心神难安，又被为求实现共同繁荣的目标，吸引到了区域发展这个课题上，大有身不由己之感。

我没有能在小城镇这个课题上有始有终地坚持岗位，固然应当接受批评，但看来身处这样强劲的东风之中，顺风而进也是势所难免。恨只恨我才疏力薄，破题之后未能深入阵地，更没有余力打扫战场，清理总结，应是我一生的憾事；以致身逢盛世，浅尝辄止，泛泛其论，辜负了一生的好机会。

回头自省，正由于自满于掠影，常在关键时刻未能由表入里，抓住本质。当我被小城镇的兴起所惊觉时，我并没有从本质上看到这新生事物的发生根由，而只从表面着眼，只发现它所发生的功能，看到它增加老百姓的收入，起着人口蓄水池的作用，以及走上现代工业化的道路等等，而没有从根本抓住它的要害，点明这是改革开放引入社会主义市场经济的必然结果。我画了龙而没有点睛，不能不承认功底不到家了。

如果我早一些看到这个深层的意义，就不难理解社会主义市场经济的来龙去脉和它拥有群众性的潜在创造力，在物质上形成的巨大生产力。小城镇、乡镇工业都不过是这种创造力所初露头角的幼苗，还属涓涓细流而已。

我自己认为我这个60年的思路，多少是沿着我国社会发展的大道前进的。这条大道的起点，远的难说，从我入世时算起，正是我根据《江村经济》《禄村农田》和我个人的早期经历所综合写成的《乡土中国》里所表述的乡土社会。这种社会，在我一生中发生了巨大激变。这个过程用"现代化"来定性我认为还是不妥的，现代稍纵即逝难成阶段。还有认为"现代化"即是"西化"以及"全盘西化"等等看法，也失之片面。东风西风也不见得一定是谁压倒谁那样绝，或是"三十年河东，三十年河西"的那样你来我去。我倒有一个看法，或者可以说这是个"走向全球一体化"的过程，也就是无数各有把式的"乡土社会"逐步发展成"全球社会"的漫长过程。这个过程性质上也许有类于我们的中华民族的"多元一体"融合过程，虽则在规模上和程度上不能相比。

我大胆地表述我心目中的历史观，目的还是在为今天要评审的这篇文章在历史的时序上定个位。我认为它正反映了我国走上"全球一体"这大道时刻所发生的大转变的序幕。10年中新生事物层出不穷,确实是"一介书生,生逢盛世"。我没有能紧紧抓住主流,把这段生动的历史切切实实地写下来,留给后世观摩,那是不能不承认才力有限,辜负了时代给我的机遇。我几年前写下"皓首低徊有所思,纸短才疏诗半篇",实在是我由衷的自疚。

亡羊补牢,犹非过晚。今天经过各位朋友给我的评审,我得益匪浅。如果老天还能再给我几年可以继续工作的话,我想小城镇研究似乎应当从"农村工业化"这一方面延伸到"农村城市化"那一方面去了,也就是我上面所说的,不能只吃核桃的肉,不管核桃的壳了。

我这种想法并不是说"农村工业化"的研究已经可以告一段落。事实上这方面的问题还是层出不穷,需要我们追踪研究。我先略谈一下,我正在考虑的那些问题。还是从我们苏南说起。苏南在乡镇企业上是有成绩的,现在乡办村办的企业已经在江苏工业总产值里三分天下有其二了。过去也包括在乡镇企业里的县办企业、市办企业,如果加进去一起算,比例也就更高了。换一句话说,在江苏计划经济范围里的企业和市场经济范围里的企业相比,产值上差额已越来越大了。大家已明白原来的国营企业虽则现在改称了国有企业,它的经营办法还在限制企业的发展,甚至威胁到它的生存,所以不改革不成了。回头看乡镇企业,原来规模小,年龄也小,因而显得灵活,容易适应市场的要求。可是现在它的优势已经快过时了。在经营上有人说已经有点"国营化"了。这是值得我们警惕的。

我曾说"苏南模式"的乡镇企业原来就是有点可以说是"小国营",因为产权属于各级政府,这同国有企业性质是相同的。产权既然属于政权机关,政企不分,连带着就在人事、资金、管理上不免也发生国营企业的弊病。过去乡镇企业能胜过国有企业在于它不在计划经济的范围之内，原料要自己在市场上找，产品要自己在市场上销。这一点使乡镇企业先进入了市场经济，摆脱了计划经济的制约，显得灵活有生气。但是在计划经济还掌握着一部分重要的原料和分配权力的改革时期，乡镇企业实际上和计划经济还是千丝万缕联系着的。如果不在市场经济方向开拓，也就会免不了依附于计划经济，依附的方式可以多种多样。我在乡镇企业目前是否有点"国营化"倾向的问题上，没有做深入的调查。但是意识到在政企不分的现有产权所属上，乡镇企业在经营上走上"国营化"是有可能的。现在听说正在采取改革，引进股份制。可见，乡镇企业也面临一个体制改革的问题。实际情况，我还不清楚，所以只能作为一个问题提出，希望进一步研究。

在乡土社会踏上工业化的初期，我并不主张乡镇企业和地方行政部门完全脱钩。要研究的也许正是两者怎样能结合得好。最近几年我在中部地区观察，有一种想法，地方政权机关有责任指导和帮助农民怎样进入市场经济积累资金兴办工厂。几千年来在小农经济里养成了乡土社会的生活习惯和思想意识的广大农民，怎样接受改革开放政策是一个实际问题。过分强调以行政手段来发动农民的积极性，在公社时期我们已取得严重的教训。但是在那些比较不发达地区也不能不利用行政手段来因地制宜地做出当地经济发展的规划，运用政府干部去引导农民取得必要的生产技术知识，和开辟运销渠道。换一句话说，在一些农民自己还缺乏资金和人才来发展乡镇企业的地区，当地政府应积极帮助农民引进新技术发展农副加工业去形成成片的专业基地，并在产前、产中和产后提供走上市场经济的必要服务。这就是现在中部地区有些地方已经采取的所谓"公司＋基地＋农户"的路子。在我看来，这就是个体农户的农副业多种经营加上政府在科技和贸易上的服务。这不就是现在国家所提倡的农村经济的双层结构？服务这一层可以由行政机构直接抓，或指导集体性质的公司来经营。这种个体和集体的双重结构可能是社会主义市场经济下的一种可行的农村经济结构。

这一种模式，实际上就是我在《行行重行行》里提到的民权模式在中部农业发达地区的发展和普及。我在这里重又提到它，是因为我想借此强调指出我们国家还有大部分地区乡镇企业没有很好地发展起来，也就是说我们还要多讲讲农村工业化的重要性，设法为这些地区发展乡镇企业创造条件。

在乡镇企业已经和苏南一样相当发达的地方，农民收入已经达到或超过小康水平的地方，在农村工业化上确已跨出了一步。但这一步还是起步，还需要大大迈进。怎样调整产业结构，改进经营方式，提高产品质量，更重要的也许是在培养现代企业所需要高质量的人才等，都是亟待研究的问题。要记得我们四个现代化尚未完成，现在这样一点乡镇企业只是现代化的初步基础。真正能经得起国际经济竞争的现代工业还有待长成。因之，我们做研究工作的人还大有用武之地。

现在让我回到农村城市化的问题说几句话。农村城市化这个提法可能还不很妥当。实际上可以说是过去以小农经济为基础的农村，由于工业化的日益深入，本质上和形式上都会发生根本性的变化。变化的结果是旧农村的消灭，也是过去城乡对立甚至城乡区别的消灭，出现城乡一体化。这需要一个相当长的过程，我们还处于初步阶段。

我们大家还记得10年前，我在那篇文章里还有"离土不离乡"的说法。这个提法看来快要或已经过时了。那时我是强调农民把工业引进农村里来发展工业，而不是农民离开农村到城市去发展工业。事实上，当时确是如此，甚至有村村冒烟的说法。村村冒烟是言过其实。农民在村里办的工厂也许还比不上在镇上办厂的多，但是当时有很多不再以耕种土地为主业的农民确是进了工厂而没有离开在农村里的家。那是说他们大多还是住在农村的老家里，白天进厂，下工回村，这样才能照顾家里所包的农田。以前所谓农民工，确是不完全离土的。这种情形现在苏南各县已有了变化。寄宿在工厂里或是把家搬进镇的人正在日益增多，于是我也听到反对"离土不离乡"的议论了。

其实"离土不离乡"不妨看到是小农经济消亡过程中的一种过渡状态。一方面乡镇企业初期农民的资金少，办不起规模大的厂房；另一方面农民所承包的责任田，又不能丢掉不管。在这种情形下，白天在厂里当工人，傍晚和假日回到农村的家里，工农兼顾是一种比较最实际的办法。但是随着工业的发展，工厂里对这种工农兼顾的农民工就不太欢迎了。结果就出现了常住在工厂里的工人，和常住在农村里的农民。起初还常常是一家分两堆，妇女老小留在村里管农业，后来全家都住到工厂附近的镇上去了。这样有些地方就发生了农田抛荒的情形，也有些地方村子里发生了种田的专业大户。就是说一方面是"离土又离乡"，一方面是"不离土也不离乡"了。城乡区别又成了工农区别。但这不能说是回潮，而是农村经济进一步的质变，因为如果农业还停留在过去体力耕种的水平，或是停留在过去只种"粮棉油"的范围里，是出现不了"农业大户"的。规模农业的成为可能必然是农业技术革命的产生，就是利用机械动力和提高科技耕种，以及扩大农业范围，包括农林牧副渔等的大农业，而且还要包括农产品的加工在内。总之，农业也进入了市场经济。从事这样农业的人不再是过去的农民了，可以说已经是现代化的农业工人了。他们固然并没有离土也没有离乡，但此土此乡已非小农经济的"土"和"乡"了，本质发生了变化。应当注意的是即使说这些现代化的农业工人是"既不离土也不离乡"，他们之所以能如此，是因为有大部分原来的农民离了土，至于这些离了土的人愿意不愿意离乡，那就是另一个问题了。西方大城市的白领阶层争着在乡间搞个住宅，宁愿开了汽车在高速公路上走半个小时去上班的情形，表示了工业发达到一定程度，城市不再是个居住的好地方了。中国下一步怎样发展，不妨等一下再作预测为好。

我10年前主张发展小城镇作为人口蓄水池，其实已经包容着今后农村里会有很多人向小城镇集中的意思。我说这句话时，苏南的小城镇还刚刚摆脱冷冷清清的局面。像吴江的松陵镇算是个大镇，也不过万把人。经过了10年也还没有超过10万人。按我的想法，一个像松陵镇这样的"县镇"或"中心镇"，应当可以容纳10多万人，甚至更多一些。如果我的设想接近实际发展趋势的话，中国今后从农村里转移出来的人口，主要应当可以由小城镇来吸取，以避免出现拥挤不堪的大城市。这是个今后我们应当提出来研究的问题。

当前"民工潮"的现象已在催促我们早日进一步提出城镇建设和人口问题的研究。我在上面不是说我们今后应当着重研究城镇的建设么？一个城镇究竟有多大规模，能承担多少人口为最宜，应当先要心中有数。住在城镇里居民主体是从事于各种产业的生产者，同时还有为这些人服务的人，以及要这些人供养的老人和孩子。这就是城镇的人口结构。一个城或一个镇的规模是城镇建设的前提。因此，也许我们还要回到10年前提出的城镇的层次问题。不同层次的城镇就具有不同规模。既有这许多人聚居在一起，他们都有一套生活需要，样样要得到满足。而且还要有一个能共同相处的社会秩序，就是市政管理那一套，有政府的，有民间的，有家庭的，是相当复杂的，但必须安排妥帖，不然这个城镇就乱哄哄地不成其局了。

上面所讲的还只是指城镇的软件，这些软件都要装在硬件里，就是上面所说的核桃壳里。先从地域说起，每个城镇都得有一块地方，能不能像行政界线一般在地图上划清楚？这里有一个问题要先说清楚。那就是城镇一般是作为一个行政单位来说的。它有一定的辖区，一个镇包括若干村子，所以每个镇都有条界线。但是如果把城镇看成是城乡结合部，或商品的集散中心，它在经济上服务于一定区域里的农村居民，它们一定有一个我们乡下称作的"乡脚"，用书本上的话说，有个腹地。乡脚有多大，腹地有多广，如果都要在地图上画出来，颇有困难，因为这不是能用几条单线来表示的。各村农民生产不同的农副产品可以到不同镇上或城里去出卖。他们的生产工具、日常用品也可以到不同镇上或城里去买。没有腹地不能成经济中心，但是不像行政区域那样有条边界的。因之从经济区域来看城镇，进入市场经济后它们所控制的乡脚或腹地就十分复杂了。如何表达还需要我们做专题研究。

即使简单地用行政区划作为城镇的范围来说，还有个在这范围里生活的居民在地面上做出怎样安排的问题。人们生活内容众多，人和人相当密集地聚居在一个城镇里，要通过分工合作才能生活得方便和愉快。只说满足生活需要的硬件怎样在这有限的地面上安排，就要大费脑筋。一个人在哪里住，在哪里吃，在哪里工作，以及孩子们在哪里上学，生了病在哪里治疗等等，都是城镇规划里必须要包括的项目，规划里还要包括人的流动所需的道路和交通设施。这里所说的城镇规划，我们这10年里虽则已经注意到，但远远赶不上城镇发展的需要。

现在已经闹得人头痛的是旧城旧镇的改造问题。过去的老城老镇是很长的年代里逐步建成的，多少还能满足当时居民生活上各方面的需要。可是人口增加了，人们生活需要改变了，正如蝉要脱壳一般，城镇也正在要求改造。旧城旧镇怎样改造成了个大问题。我们研究小城镇的人，不能袖手不管，要管就得大费脑筋。

最后我想提到去年我在苏州举行的国际学术讨论会上已经做过的自我批评。我说我过去有关社会学的研究工作最大的缺点是见社会不见人。我费了不少笔墨来描写社会结构，就是人们需要遵守的由社会约定俗成的行为规范，有如"君君、臣臣、父父、子子"那一类，而没有讲过一个个人怎样在这套规矩里生活。人的生活有悲欢、有喜乐、有爱恨、有希望又有懊悔等极为丰富的内容，就这方面的生活内容讲，人各有别。我的缺点就在只讲了社会生活的共性而没有讲在社会里生活的人的个性，只画了乐谱，没有听到琴音，只看了剧本，没有看到台上演员的精彩表演。这个自我批评也适用于我过去10年的小城镇研究。

我是在吴江松陵镇上长大的，我还记得一些当时这个县城里人们经常在想些什么，为什么事烦心，对于子孙抱着什么希望，要他们做什么样的人。现在世道变了，这不用多说，但是我所写的文章里只讲些有如我80年前住过的房子，现在改成了老干部俱乐部了等等；我对现在住在这个镇上的人，在想些什么，高兴的是什么，发愁的是什么，悲痛的是什么，却很少提到。这也就说明我对这些问题并没有深入考察，所知极少。这不是我只见房子不见人么？

如果要我批评我自己10年前的那篇文章，最主要的批评也许就是在这一点上。我们生在这千古难逢的时代，我们要多为后代记录下几千年小农经济培养出来的乡土社会，怎样开始在变成开放的、城乡一体的社会主义新社会。在这样的社会里生活的人，具有怎样的精神文明，为今后和平繁荣的新世界能做出什么贡献。

10年过去了，我们大家共同提出了小城镇研究这个研究课题，现在回头看，课题是提得及时的，也做出了不少成绩，主要是我们在我国经济大发展中做了一点知识分子应当做的鼓吹和宣传的工作。但是这仅仅是一个开头，只是这篇大文章的起笔。我在这10年中确实学到许多宝贵的知识，开拓了我的视野和心襟。但总是因根底浅，自修不足，过失多于成就。还望今天到会的朋友，一如既往，多多对我督责和鞭策。

1995年1月6日

论中国小城镇的发展

今天有机会参加有关中国小城镇发展问题的国际研讨会，我感到十分兴奋，因为中国小城镇的发展是我本人的研究课题。在85年前，我出生在中国江苏省太湖附近的一个还有城墙围着的传统小城镇里。60年前我在本乡的另一个传统小镇附近的农村里进行过社会学的实地调查，后来写出《江村经济》一书。农民生活离不开小城镇。当我年满七十（1980）开始我第二次学术生命时，又以小城镇作为我研究的主要对象。15年来我几乎跑遍了中国各省观察中国农村社会经济在改革开放中的变化，以迄于今，没有断过。

小城镇在当前中国的语言里已成了一个通用的名词，它指正在兴起的一种新型的社区。在这个国际研讨会上对这个在中国当前已属习惯用语做一点说明，也许对参加研讨的同人会有一点帮助。

在以农业为主要经济基础的社区里，最基本的生活单位是由农民以亲属关系组成的农户。若干农户聚居在一地构成一个农村。各地农村的大小不同，少至几户，多至几百户。这些由客观条件形成聚居的村落，称作自然村。为了行政上的便利，常把若干较小的自然村合在一个行政系统里称作行政村（在公社时期一个行政村相当于一个生产队）；若干行政村组成一个称作乡的行政单位（在公社时期乡相当于一个公社）。

农户一般说来在经济上并不是个自给自足的单位。它有多余的农产品或副产品时可以到附近定期聚会的集市上和其他农民进行交换，或出售于商贩，又向他们购买别处贩来的日用消费品。这种集市在中国已有几千年的历史，即使在企图把农村经济纳入计划经济的"文化大革命"时代，也并没有被完全消灭。至今在内地欠发达的地区依旧有这种为农民进行贸易的主要场所。在古代传下来的书面语汇中即称"市"。

在农村经济的发展过程中，这种临时聚会进行贸易的集市，逐步由固定的商店所代替，若干商店连成几条街，加上多种服务行业，集合成一个人口较为众多的以商业为主较为永久性的社区，普通把它称作镇。据说镇这个名词的来源是出于这个人口密集的商业社区需要行政上的管理，成了政府官员驻守的据点。为了自卫，政府的据点常用城墙包围起来，城和镇于是联结在一起成为城镇。我们现在常称作"小城镇"的地方，尽管实际上保留着城墙的地方已经很少，但这个历史性的联结在语词中还留着遗痕。

大约在本世纪60年代，由于大中企业和大中城市的发展，脱离农业的人口为数激增，为了保证非农人口粮食的供应，在户籍制度上划分了城乡的区别。在公社制度下这个区别更是突出。农村居民由公社管理，从事农业生产。城市居民由市区管理，在国家机关和国营企业里工作。公社制度改革后，尽管户籍制度至今还没有相应的改革，但城乡区别已经受到了事实上的冲击。在这一变革的过程中，在行政系统上公社改称为乡，生产队改称为村，但名称上改变跟不上社会经济实质上的变化。小城镇这个当前已成为日常应用的语词就是出现在这个农村社会经济实质的变化之中。它是个新型的正在从乡村性的社区变成多种产业并存的向着现代化城市转变中的过渡性社区。它基本上已脱离了乡村社区的性质，但还没有完成城市化的过程。要理解这种过渡性社区的实质，必须回头讲一讲这一段变化的历史过程。

回顾这段历史，为了避免烦琐，我们不妨追溯到"文化大革命"结束，公社制度解体的 70 年代末期。在其后大约 15 年中农村社会经济的发展，可以分为三个阶段。各个阶段发生的具体时期，因地而异，我不能在此细述。

第一阶段是从农村里实行家庭承包责任制开始，标志着公社时期的结束。这个新的制度规定农民在承担向国家有偿提供定量的粮食等主要农产品的责任下，有权承包一定面积的土地使用权。这种规定实际上解放了农村的大量劳动力，因为在公社制下，农民在公社所有的土地上只提供了他们可以提供劳动力的一小部分。但在获得了对自己和家属的劳动力的支配权之后，他们就自动地力求对家有劳动力的充分利用，除耕种责任田之外，主动地寻找多种多样的生产行业，以求增加家庭收入。原来在公社制度下闲置和浪费掉的劳动力由农民积极自发地变成了生产力。这就推动了农村经济的大发展，进入了农村经济发展的第二阶段。

第二阶段的发展各地的机遇和条件不同，起步有先后，效果有差别，但是到今天来看，可以说除了十分偏僻和条件特差的少数地区外，已经普及了全国。由于各地农民选择的具体发展道路多种多样，我在这里只能举例来说，不能概括全面。

我最熟悉，而且 15 年来几乎每年去跟踪调查的是长江三角洲我家乡的农村，特别是太湖流域的苏南地区。这个地区，由于历史原因，首先挑选了发展小型工业的道路。早在 30 年代中期，我在家乡进行农村调查时，已看到这地方农民贫困的一个原因是在他们原来家家户户经营的传统副业和家庭工业,即养蚕、缫丝、纺织等,已因西方国家现代工业的兴起而萎缩了。因而削弱了农民的一条有效的生财之道。我当时主张恢复农村副业和农产品加工业。但是这种主张,在当时,正值抗日战争的前夕,是近于乌托邦式的空想。但是到了 80 年代经过了半个世纪,我们国家的处境已经大变,不需要我去重复提倡这种主张,各地方的农民已自己走上了发展小型乡镇企业的道路,而且很快地在长江三角洲一带的农村里推广开了。

最初在农村里开办小型工厂还是在公社时代。迫于人口的增殖和公社体制的不健全,这些地方的农民不能单靠农业维持生活,农民也只有在农业之外找贴补的出路,于是在农村里出现了一些简单的小型作坊工业。到了"文化大革命"后期,由于大中城市里的工厂"停产闹革命",又有许多被派性排斥离厂的技术工人大批回乡,再加上下放的知识青年和干部,这一批技术力量被公社利用来办工厂了。当时在农村里单靠农民个体户是没有资金能办企业的,而公社却有少量集体积累的资金,足够在已有小作坊的基础上开始开办小规模的"社队工厂",就是所有权属于公社或生产队的企业。公社解体时,土地一概分给了个体农户,但许多"社队工厂"却无法拆散和公分,所以保存了下来,改称乡镇企业,即由乡镇政府管理的企业。改革开放之后实行的市场经济正如火上加油,给这些已获得公开身份的而又不在计划经济控制之下的乡镇企业一个独特的发展机遇。

中国农民在改革开放后走上工业化路子的不仅是我家乡的长江三角洲。几乎同时发展乡镇企业的,而且特别惹人注目的是靠近香港的珠江三角洲,虽则这两地发展的机遇并不是相同的。以珠江三角洲的农村来说,他们的机遇最初得之于祖国大陆开放之后香港小企业向大陆的扩散。这些沿海地方的农村一般都曾有大量移民进入香港,成为香港的华人。他们中不少在香港经营小型的工业。当我们实行开放政策,准许他们回乡办厂时,他们发现如果他们的企业在香港和家乡之间跨地经营,由于工资差别,获利可以成倍增加,于是产生了把店面留在香港,继续和客户接触,而把厂房搬回家乡的农村里或传统的小镇里的所谓"前店后厂"的经营模式。在80年代后期的短短几年里,珠江三角洲的农村里兴起了大量的这类"乡镇企业"。以此为触机,这地区的农村大为繁荣,成为举世瞩目的经济迅速发展的突出样本。凡是和珠江三角洲类似的沿海侨乡,如厦门、福州等地区,情况略同,也先后兴起。这里不再重复。

但从全国来看,还有内地的大片地区,在公社时代没有大力兴办"社队企业",同时本地又没有出国经商的侨民,它们缺乏资金和人才,乡镇企业的发展比较落后了一步,出现了时间差。但是他们看到了工业化能发财致富的方向,也正在急起直追。他们一般采取迂回的战略,先发动和协助农民发展庭院经济,即由农户利用家有的庭院和闲置的土地进行各种副业,组织销售,增加收入或组织劳务输出到外地承包建筑工程,目的都是在使农户能积累财富,然后引导其集资创办乡镇企业。通过这种迂回办法,内地农村在过去10年中见效颇为显著。有些地方已出现不少亿元村,赶上沿海发达地区的经济水平。

农村里办小型工厂是中国当前农村发展第二阶段的特点。这类小型工厂只是农村工业化的起点。在市场经济的不断发展中,全国农村里所办的工厂由少变多,由小变大,大多为了便利经营起见也迁出了原来因陋就简的农舍作坊，盖起了有相当规模和设备的厂房，并集中到附近交通方便基础设施较优的市镇上。这样使在"文化大革命"中日见衰败、已经冷冷清清的传统市镇，在80年代初期获得了复兴。这就是新型小城镇的开始，也是农村经济发展的第三阶段的初期模式。

新型的小城镇是在乡镇企业发展的基础上出现和长大的。它不同于传统市镇，它已冲破了原来只作为农副业产品贸易场地的性质，正在逐步变成农民集体或个体兴办工厂、商店、服务业的中心。它已经可以直接从远程采购原料，经过制造过程，向远程提供半成品和消费品，实质上已成了广大市场的一部分，它和大中城市已接上了贸易关系，也就是说它已具备了一定程度的城市功能了。所以我们可以说农村发展的第三阶段是继第二阶段的农村工业化而发生的农村城市化。

新型小城镇一般是在传统市镇的基础上，经过拆迁翻新而建立起来的。凡是在内地公路上旅行过的人，沿路很容易见到正在兴建中的小城镇。它们大多是正在瓦砾成堆中树立起钢筋水泥的露天高架，充分表明着新旧交替的面貌。

以上这段说明，希望能指出当前中国新型小城镇的发展有它历史性的特点。简单地说，它是在中国传统社会现代化过程中出现的农民走上工业化和城市化道路上的重要里程碑。由于中国国土广阔，人口众多，地区差别大，这个过程所采取的具体形式和内容必然多种多样，而且有先有后。这种地区差和时间差间又相互依存，交相影响，因而既要看到各地小城镇兴起的一致性，还要看到这个过程的复杂性。我们中国并不是在一片空地上盖造新的楼房，而是在传统经济的区位格局里生长出新的符合于今后文化、社会、经济发展需要的新园地。只有对这项巨大工程的根本性质有深入的理解才有可能最经济、最有效地设计出这个巨大工程的蓝图。

我们至少要从人口、土地和国力等主要客观条件出发来考虑设计这项工程的任务。我们的任务是要在国力许可的条件下，把下个世纪的大约15亿人口，妥善地根据这段时间中人民的收入水平，以不同的聚居形式安排他们分布在不同地理条件的既定的国土范围之内，使他们能得到日益富裕、安居乐业的生活。

大约在80年代初，我们国家采取"限制大城市，适当发展中等城市和大力发展小城镇"的基本国策是符合实际的最佳选择。我毋需在这里重复申述不加限制地放任人口向大城市集中所可能引起的社会灾难。我在15年前已提出新型的小城镇可能成为防止人口过度集中的蓄水池的设想。意思是说今后农业经济水平的提高不可避免地会释放出长期关闭在传统农村里的大量人口，如果这股急流没有缓冲和蓄积的中间体，势必发生显而易见的社会恶果。何况中国在几十年里也决不可能有足够的财力建成10多个人口在千万上下的现代化大城市，来容纳这股人口巨流。新型的小城镇正可以起到拦阻和蓄积人口流量的有效作用。

究竟在过去15年里全国有多少具有农民户籍的人口住入了小城镇（流动人口），有多少农民白天进镇做工晚上回返农村住宿的所谓"摆动人口"，我手边没有确切的统计。但从我们在江苏省7个县200个小城镇进行抽样调查的结果告诉我们，其中较发达的苏、锡、常三市1989年共有建制镇148个，到1992年底增加到237个。建制镇是根据人口较多、国民产值较高的标准选拔的。上述苏南地区集镇人口1992年比1989年增加80万人，同时建制镇增加了89个，每镇增加大约9000人（不包括流动人口）。这不是说明了这地区的建制镇在这段时间里把农村入镇的人口几乎全部吸住了么？在苏南这地区的经济发展水平上，小城镇已经发生了人口蓄水池的有效作用。同时对照着内地农村由于小城镇不发达，农村里的人口大量向发达地区大中城市流动，构成了这几年的"民工潮"，更可以看到小城镇对人口的滞流作用。

据我们估计，当前中国各地县城（即新型小城镇的底子）的人口规模在沿海发达地区大约在6—10万人左右，在中部正在发展中的地区大约不超过5万人，在西部欠发达地区一般只有1万多人。这也表明了在今后中国社会经济发展过程中小城镇具有大量吸收人口的潜力。因之，我们乐观地估计，如果中西部地区在今后10年中能跟得上发达地区，14亿人口是有足够的地区可以分散在星罗棋布的各地小城镇里的。

其次是土地问题。小城镇的兴起必然要扩大所占土地面积，以江苏省抽样统计看，一般扩大了一倍到三四倍，最突出的到六倍（锡山市前洲镇）。这就会减少当地的耕地面积。但是是否会影响该地区的粮食产量？这问题要从两方面去考虑：一方面那些过分扩大城镇占地面积是否是事前没有作出保证粮食生产的规划？另一方面是否出于耕种制度的改革和技术的进步？前洲镇是规模化耕种的最早试点。从提高农业作物单产量，是可以弥补缩小了的耕地面积的。解决乡镇争地矛盾也可以采取多种方法。譬如在适当地区开辟粮食供应专业基地，进行地区调剂；以及采取食品结构的改进，中国人主要从粮食中吸取热力和养料的传统习惯是可以改变的。

除了人口和土地利用这些基本考虑外，我们还要必须注意对新型小城镇建设中硬件和软件的研究。所谓硬件就是水、电、信息、道路、房屋、绿化及环境等基础设施。所谓软件就是文化、教育、公共道德、社会秩序、心灵修养等。我在这次研讨中对这些方面不能多作展开了，但愿意提醒研讨新型小城镇的具体建议时，上述的这些硬件的规划固然十分重要，即使这方面由于缺乏经验，发生错误，如果仅仅限于经济上的损失，那是可以补救的。当前沿海农村里的农民为了建设新的住宅，有的地方已翻造了三次以上。由于农民收入的提高，这些折腾他们还是负担得起的。如果在建设中忽视了软件的重要性，那就会影响到人民的素质，成为会危及几代人的事了。

在结束我这次研讨前，我想起了一件事，就是解放战争结束时我正在清华大学教书，我的一位前辈梁思成教授特地找我商量，要我为建筑系的学生开一门"建筑社会学"（学建筑设计的人应当有社会学知识）的课程。我当时虽表示了同意，但是由于我功底不够和形势改变，这门功课半途而废，使我一生感到遗憾。今天提出中国新型小城镇的发展问题，我不能不感到这位老前辈用心之远和见识之深。现在不正是应该重复梁教授召唤的时候了么？

1995年10月9日于北京北太平庄

第三编
乡镇企业与乡村发展

乡镇企业的新台阶[①]

　　1982年中国社会科学院社会学研究所和江苏省社会科学院社会学研究所，在我的倡议下，开始对吴江县的小城镇和乡镇企业进行调查研究。从那年起，这项研究课题，一直坚持到现在，而且研究的范围，从一个县，一个省，逐步推广到了全国。到今年已经有了10年，也正是小城镇和乡镇企业迅速发展的10年。参加过这个研究课题的同志，都希望再聚谈一次，讲讲各人的收获和体会。这是召开这次研讨会的缘起。我有机会在这次会上带头发个言觉得很荣幸。我高兴的是在当前全国乡镇企业的大好形势面前，我们都是亲自经历的见证人。我也相信我们的体会和见解对乡镇企业进一步发展，走上一个新台阶是有参考价值的。我也希望在相互启发中，大家对当前城乡经济发展的认识能有所提高。

一

　　乡镇企业的发展已到了一个新的阶段。每年开人大会议我总

---

　　① 本文是作者在无锡乡镇企业研讨会上的讲话。

是要在江苏组发次言。每次发言都要提到乡镇企业。我在今年的发言中指出了几点：（一）江苏的乡镇企业已经有点老化，应当更新了。我说它老，是指它的厂房、设备、机械和零件老了。很大部分的企业设备需要更新，乡镇企业要上一个新台阶，设备必须更新。（二）要提高人的素质。这是乡镇企业的软件，人的技术、职务、知识和企业机制都要更新，目的是提高经济效益，对于现有企业的经营管理要先整顿一番。（三）从今年的形势看，应当着重抓流通。目前全国都在搞流通，江苏也必须大抓流通，开拓市场。（四）产业结构要调整。从劳动密集型产业向技术密集型产业转移，发展高科技产业。（五）小城镇问题需要研究。我的文章《小城镇 大问题》是1983年提出的，已经10年了，现在应当好好地研究小城镇、小城市、中等城市、大城市的区位布局。经济不发展时谈不到人口和企业合理布局的问题。现在乡镇企业发展了，这个问题应当认真提到议事日程上来。（六）这里还有旧城镇的改造问题。吴江的同里镇是国家规定要保护的文化古镇。我曾提出过这不是要把同里搞成个供人游赏的古董。同里人有权享受现代化生活，怎样保存原来风格、又能有现代化生活是个要求很高的设计问题。时代在迅速地改变，旧城镇怎么办，这是个大问题。有的城镇在新建企业时，放到工业小区中统一规划，可能是一个很好的选择。（七）小康之后究竟怎么样。农民在达到小康之后怎样生活下去，值得研究。时代在变，生活方式在变。变得好快，我这个老人对许多新事物已适应不了。可是这种变化是挡不住的。物质文明和精神文明应当同步发展，精神文明是个大问题，现在还讲不清楚，我曾经把它归结为生态与心态问题。我们的研究应当从生态进入心态了。

乡镇企业要上新台阶，这是大家都看到的，现在的问题是怎么上。今年5月份，我到沂蒙山区去访问，沂蒙山区的费县山穷水恶，都是石山，水土流失；80年代初期，村党支部组织农民从山下挑土上山，发扬"大寨精神"，把背上山的土用石头圈起来，开辟了大量的土地。后来，村集体又把整治好的土地分给农民承包，种山楂、种板栗。然后，他们又在果林的基础上大力发展果品加工业。我从他们的发展中看到了一个一步接一步的序列。他们先发展集体经济，然后发展农民的个体经营，实行责任制。一旦生产达到一定规模，他们又发展集体的加工业，集体经济与个体经济结合，农业和工业结合，统分结合，相互嫁接。

面对这些事实我联系上了社会主义市场经济的发展问题。不少过去实行过社会主义的国家都面临新的选择。从波兰开始，后来俄罗斯也跟着搞了一个向市场经济过渡的方案，是请美国哈佛大学的一批洋博士设计出来的，叫做"休克"方案，即在经济负增长的情况下单纯追求放开市场。结果大批企业倒闭，甚至有市场需求的企业都倒闭了，工人失业率急剧增加，社会动荡，造成了经济滑坡、市场又形不成的恶果。他们企图打破原有的体制，加速向市场经济和私有制过渡。休克方案已试行了两三年了，看来是行不通的。和休克方案相对照的是我在沂蒙山区看到的层层衔接的改革步骤，农民称它作嫁接方式，休克是刨根，嫁接是在老根上长新枝，节节高。我们的社会主义市场经济的建立也是在旧体制上实行嫁接。以往的社会主义计划经济奠定了我们国家的工业基础，它的机制不够灵活，生产效益不高。但我们不可能完全抛弃这种体制，不应一下子全部推翻它，要冷静地观察，从实际中总结，逐步改革。这就是老本上接新枝。

乡镇企业目前正面临着上台阶，它在以往的10年中的作用是不可低估的，但存在的问题也不少，我们要认真地、脚踏实地去研究它，不要站在那里说风凉话，许多事情是很复杂的，不少路子看起来不大通，实际上是最有效的。乡镇企业刚刚兴起的时候，也有人指责它，但毕竟壮大起来了。现在我看也要不断嫁接新枝了。

　　究竟什么是乡镇企业，它的市场机制是什么，现在我还说不清楚。社会主义市场经济是很复杂的，完全脱离计划经济来建立市场体系在中国是行不通的。乡镇企业最初是从基层政权以集体积累搞起来的。但挤不进国家的计划经济，为了生存才在计划外开辟了自己的市场。搞得好的乡镇企业在效益上一般比国营企业强。市场越来越大，从国内到国外，在国营企业覆盖的计划经济之外，形成一个生气勃勃的市场经济。同时这两个"经济"又是脉脉相通，相互渗透。为了提高国有经济的效益它也被推向市场，这样才有社会主义市场经济的全面发展。

　　乡镇企业在建立社会主义市场经济中是发挥了巨大作用的。最早是农民需要它们。农民不懂得这叫什么主义。农村剩余劳动力的压力和农民为了提高自己的收入产生了乡镇企业。所以，中国的市场经济是在实践中不断长大的。中国至今还没有一个发育成熟的全国性市场，照搬外国的东西是不行的。

　　现在看来，股份制对于企业上台阶是一种很好的制度选择，各地都在进行股份制试点，出现了许多不规范的现象。我们不必惊慌，不必认为它不顺眼，不符合国外股份制的标准就指责它。凡事总有一个过程，这像写文章一样，文章写了出来也要修修改改。我们的社会主义市场，我们的乡镇企业也要经历一个发展和完善的过程。我们理论和实际部门工作的同志应当脚踏实地，去分析正在变化着的现实，并把它们反映出来。这样调查研究得来的东西才有意义。我希望在今后的年月里，中国能具有一个稳定的社会秩序。大家脚踏实地，胸怀全局地稳步前进。

乡镇企业要上台阶，我看首先要提高企业的效益，不提高效益，企业上台阶就是一句空话，上台阶就要加大资金投入，更新设备，提高技术。要培养一批精通现代科学技术和管理方式的企业家。

对于现代科学技术我们不必自卑，中国有着悠久的科学传统，只是由于停留在小农经济上，没有把潜力发挥出来。我今年参加了墨子研讨会，我发现墨子的学说博大精深，有着自己的体系。他提出了数学上的零的问题，零是一个最难理解的数目。"文革"期间，我住在一个朋友家，我从他家拿到一本数学史，从数学史上看外国人对零的研究比墨子晚了好多个世纪。中国人具有科学技术的遗传基因。现代西方文化中最引人注目的科学技术表现在计算机的发明和运用上，其实中国很早就有阴阳两位数的理论，而这正是计算机最基本的数理基础。我相信，中国人搞计算机准能赶上西方国家。美国的计算机大王王安就是华人。中国人要发展科学技术是有遗传基因的，我们必须看得起自己。现在不少中国人没有民族的自信心。这很不好。我们必须看到中国人有自己深厚的智能潜力。目前的问题是在怎样切实地培养一批现代科学家和企业家。

80年代初期，我到澳大利亚访问，带回了一种菌苗，叫凤尾菇。我交给了吴江的一位普通技术员培养和推广。他认真摸索实践，这近10年来已经为吴江农民创造了几亿财富。最近我找了同里的一个种凤尾菇的专业户谈话。他是一个普通农民，但讲到他怎样找市场时，他说，他以销定产，先订货再种。看来他已经掌握了市场经济的经营方法，掌握了市场的变化规律。他讲得头头是道。市场观念就是要在实践中培养，这是提高企业素质的一个关键问题。

目前，我们要注意提高农民的市场和商品意识，提高他们适应市场变化的能力。但公有制的老本不能丢。我们看问题要脚踏实地，不要跟着起哄。更感动人的是这位凤尾菇专业户自己发了财，还在村子推广他的知识，现在整个村子家家培养凤尾菇，快成了专业村，只要把流通进一步搞好，全村都富裕了。这种推己及人的精神，在西方社会里是少见的，不就是社会主义的集体精神么？

发展流通是乡镇企业上台阶的一个重要内容。我主张以上海为龙头来推动整个长江三角洲的开发。上海的国营企业太多，当初它沾了光，现在背了包袱，它上交的任务太重，没有力量更新自己。但上海的基础毕竟好，一旦改造过来还是可以成为中国长江流域的发展中心。上海郊区有一个金山县，最近我去看了一下，他们搞起了一个大商城，很大。为什么他们搞起如此大的商城？原来金山坐落在上海、江苏和浙江三省市的交界处，早年就有个米市，是三省市农产品交易中心。现在金山充分利用了它的区位优势，先行一步，办了个商城。这说明我们现在已进入区域发展的时期了，而流通具有把各个点联结成一个区域的作用。

有人说，乡镇企业是从市场经济开始的，我看这句话有点说过了头。乡镇企业最初产生的时候农民并没有市场观念。那时是农村的劳动力有了剩余，农民要解决自己生计问题，提高收入，这样才产生了乡镇企业。乡镇企业在发展中由于被排挤在计划经济之外，不得不自己创造一个计划外的市场。现在正要和国有企业结合，逐步发展出一个全国性的大市场了。

我一直认为，市场经济一旦起步，一定会从最初那种定期的农贸市场，发展到定点的坐商，形成小集镇，再发展到区域性的大商场，最后会形成一个全国性自由流通的大市场。同时，我们还要左右开弓，开拓两个市场——国际市场和国内市场。国际市场受制于国际形势，国际形势变化多端，谁也不知道外国什么时候要卡我们，所以绝不要轻视了国内市场。11亿人民开始摆脱贫困，大家要提高生活，这个市场之大是了不起的。我们要大力培育国内市场。有两手准备，东方不亮西方亮。这是其他小国办不到的。

要搞活市场，就得保持商品的畅通，市场要有信息做基础，信息必须真实可靠，这样才能保证市场经济的发展。

搞流通没有交通不行，江苏的交通设施没有山东好。过去苏杭被称作天堂，就靠水乡交通方便。以前村子里几乎家家有船，现在水上运输还应当抓住不放，再加上公路，可以加强和加快流通。江苏有一个财源，就是长江。充分利用长江的水上交通运输，对于发展区域经济具有重大的意义。可是长江水运至今还是利用率很低的。

小城镇的布局看来应当抓紧研究了，大概不出5年，就要出现一个小城镇的改造热。建筑的高潮会引起建材、装饰、家具业的发展。同时，农村里农业户和非农户的住房还会有较大的改进，对于这些问题应当及早注意。我在80年代初写《小城镇　大问题》

时就指出，小城镇是一个包含了丰富内容的概念。小城镇是农村市场发育的物质体现。我当时曾说，集市和集镇是发展农村商品经济的基本形式，集市是集镇的前期形式。在农村商品经济的发展中集市可能进一步发展成为集镇，在集市阶段上的交换主要是农副产品，农副产品交换的前提是多种经营和副业的发展，集镇就是小城镇，它是乡镇企业发展的结果。

小城镇作为一个城乡社会的环结，凝聚了中国社会结构变动中种种矛盾所产生的推动力。尤其是自1979年中国农村实行改革以来出现的种种社会问题，都与小城镇的发展联系在一起的。联产承包责任制的实行推动了农业的发展，农产品的剩余要求发展商品生产，建立商品交换中心也就势在必行。乡镇企业的"异军突起"为解决剩余劳动力提供了一条出路。后来，乡镇企业的兴旺成为小城镇发展的基础。小城镇的兴起解决了包含在中国现代化过程中的种种矛盾。这就是我在80年代初为什么说"这是个可以搞出国际水平成果来的研究领域"的含义。

最后我想对"小康之后"的研究，简单提一下。江苏，尤其是苏南，是站在全国经济发展的前列。现在已经有一部分地区进入了小康水平，或接近了小康水平。因此我们这些研究工作应当跟上形势，多注意一些小康之后的问题。

小康水平应当看作是我国经济上必要的立国基础。这就是说，没有这个水平，我们这个国家是站不住的。这是现代化中国的经济起点。因此，小康之后首先的任务，在经济上是加紧继续发展，赶上世界先进水平。因此还必须节衣缩食，勤俭治家，以加速积累，加重投入来促进生产。决不能有在解决了温饱之后，就产生自满自足的思想。这种思想在长期生活在小农经济中的农民是很容易产生的。我们在事先必须有所警惕。

可以预见到的就是在小康之后，适应于现代化的精神文化的建设必然显得更为重要了。古语说，衣食足而知荣辱，就是指生活有了保障，就有条件考虑到应当做什么样的人的问题了。人生的价值问题就提到必须解决的议程上来了。从我们做社会研究工作的人来说，我们研究的课题，也必须相应地偏重到人们心态的现象和变化。因之我最近在北京大学纪念社会学系成立10周年时提出从生态研究转向心态研究的意见。当然我并不是说生态研究已经不重要了，而是说必须克服过去忽视心态研究的倾向。今后，也就是小康之后，心态研究必须和生态研究并重，以适应物质文化和精神文化同步发展的现实。关于怎样开展城乡发展中的心态研究，我希望大家在今后多出些主意，并在下次研讨会上能提出一些研究成果。

1992年11月

因地制宜　多种模式[①]

党校的同志要我来讲一次，我一直抽不出时间，同时我也觉得没有什么好讲的。各位都是从各地来的有实际经验的同志。我只是到处看看，不够深入，所以也不敢班门弄斧。我今天只能和大家谈谈我这几年在农村看到的情况。我讲的题目是《因地制宜 多种模式》。不要一般化，不要一刀切。我们的经济发展只能是这样，不根据历史条件和实际情况，想发展一个地区，那就很困难。

我这几年可以说是马不停蹄地到处跑，主要是在国内。我们国家大，人多，各地方的情况不一样。不到各地去看看，对我们国家的认识就很难全面。对事物的认识靠间接知识是不够的，最好是自己去看看。到当地去，与当地工作的同志们一起讨论研究，看看各个地区的主要问题是什么。

80年代在我国是一个迅速发展时期、改革时期。从整个历史来看，是我国真正向现代社会发展，进入一个社会主义的时期。以前我们没有条件现代化。一有帝国主义；二有封建主义；三有官僚买办阶级。这三座大山压在我们头上，我们哪能搞现代化呢？为了创造必要的条件，我们花了很大代价。解放后，条件是具备了，可是没有经验，所以，又付出点学费，折腾了一下。这

[①] 本文是作者在中央党校的讲话。

不要紧，只要我们牢记这个教训，以后不再折腾，安定团结，大家来发展经济，提高生产力，我们还是可以赶上去的。所以现在摆在我们面前的问题是，怎样提高生产。问题主要是在8亿农民，怎样使他们发展起来。

怎样发展起来呢？我认为是要从一个传统的、封闭的、半自给自足的小农经济为基础的农村社会转变成一个开放的、以商品经济为主的、拥有现代科学技术的现代化农工并茂的社会。

现在我们有条件了，因为压在农民头上的封建压迫消灭了，阶级压迫消灭了。但是不是说封建的影响也消灭了？封建主义的经济基础即小农经济，现在还没有真正改变过来。农民头脑里没有商品经济的传统。不要说农民，我们自己也是这样。我们都是在小农经济中长大的。一提起做生意，就觉得人家赚了我的钱，不知道交换中自己也得了利。

封建压迫作为一个制度是消灭了，可是走现代化的道路，物质文明与精神文明都要从封建桎梏中解放出来却需相当长的时期。必须保证一个安定团结的局面，来完成我们这一代人甚至于两代人的任务，使我们能跻身于现代这样一个世界里，成为一个有地位的与人家平等的国家。现在我们实际上还没有达到这个目标。我们的经济落后，差距相当大。就是到了2000年，我们的平均收入还只能达到每人800美元，还是低。这时人家又发展了。我们不能忘记这一点。

我们现在的真正问题还是经济水平太低，生产力没有发展起来。可我们的潜力很大。近年来我们在农村进行了经济体制改革，把吃大锅饭的情况改变过来了。农民从80年代开始，大家都有一块归自己经营的土地了，就是说实行了家庭承包责任制，农民的生产力就大大地提高了。

可是，我们必须看到现在还是小农经济。农民各家各户经营的面积很小，以江苏来说，苏南人均只有1亩地，五口之家就算5亩，5亩土地的农场，还是属于小规模的农业。西方有些国家的农场，上千亩的很多。

最近我陪同英国前首相卡拉汉到苏北去参观农村经济的发展情况。他现在是国会议员，同时经营一个小农场做业余工作，有900亩土地，雇一个帮工，全部用机械耕种。我参观过一个加拿大家庭，主人是一个老头，一个儿子上大学，他和老伴两个管1000多英亩，相当6000亩地。这数字我们听起来吓人，但在加拿大不稀奇。中国农业不可能全部机械化，因为人多地少。我到的地方，分到每个人的土地都不过几亩，最少的是温州，只有半亩。我们中国人口这样多，耕地又这样少，外国人听了都说中国人日子不容易过。有一位法国总统曾说他就不敢当中国的总理。10亿人要吃饭是个大难题。总的来说，我们是人多地少，特别是沿海地区，人均耕地在1亩上下。五口之家承包不过5亩地，一个劳动力不用现代工具完全足够经营5亩地，可是这5亩地却要养活五口人，就是这么一个问题。现在我们的单产是较高的，我的家乡种水稻，平均亩产量一年1500斤。我们的单位产量和其他国家比不算低。

我上个月到了湖南洞庭湖地区，那里的亩产高达2000斤，平均也在1500斤以上，产量比苏南更高。这是因为这一带使用了水稻杂交技术。水稻杂交是中国发明的，可使产量提高1/4。水稻杂交实际上是一种生物工程技术，也就是用现代科学技术解决农业生产问题。生物工程搞好了，我们的产量还可以提高。

这样高产的农业却并不能单靠粮食作物来解决农民低收入的

问题，那是因为人均占有的耕地有限，耕地面积也不容易再增加了。这一点你们下边工作的同志都知道。如果农民要富起来，必须讲究经济效益，就得看我们种植什么作物，值钱不值钱。湖南的洞庭湖地区，那里现在种苎麻，苎麻1斤值7块钱，而粮食1斤才两毛钱。种麻一年可收四次，1亩地收300斤，就是2000块钱，要是一家种5亩地，一年就可收入1万元，两年下来，建新房子的钱就够了。我去看的那家有三口人，有五六间房子，比我的房子还大，质量也差不了多少，而我现在住的房子在知识分子里算是很好的了。由此可见，合适地改变农作物结构，农民就富起来了，而且还只是个开始哩。要是再搞加工业，搞工业，农民就更富裕了，这是很显然的事。把以前捆住农民生产力的条件放松了一下，立刻产生了这么大的变化，因此我们的潜力还很大。依我看，只要农民有了正确的道路，找到了致富之门，只是三四年功夫就可以见效。我想我的看法并非过于乐观。

50年前，也就是1936年，抗战之前，我从清华大学研究院毕业，我到家乡的一个村子住了一个暑假，了解了一些情况，写了一本书，名叫《江村经济》，是用英文写的，是我的博士论文。一直没有机会翻译出来，直到80年代，我的朋友把它翻译成中文，今年已印成了书，大家可以看到了。当时我调查的那个乡村是太湖湖畔的一个村子，在全国来说是比较富的。书中我主要讲的是，这个地区的农民专门靠土地生活是不够的，还得靠家庭手工业的收入，要"工农相辅"，才能维持一个一般水平的生活。这是对自耕农而言的。佃户还有封建剥削，生活就更不易维持了。所以，这个地区单靠农业，农民的生活是没有保证的，主要原因还是人多地少。

解放以后 30 年我们的人口增加了一倍多,当我们发觉人并不是越多越好时,人口已经增加得太多了。生产力发展不大,但消费的人多了。人多并不坏,主要看有没有生产条件。要是有条件,人多当然好。但我们的土地资源有限,如此之多的人都挤在这块土地上种田,每人分得到的收入就大减了。当我们发现了这种情况,采取紧急措施——计划生育时,人已经多了,而且人口还在增加,因为我们不能让人不生孩子,这很显然。

　　1980 年我开始调查,就想到一个问题,就是专靠计划生育来解决人口问题看来是不行的,必须要把农村里积压的人口从农业里转移出来,开辟新的生活道路,不能再"以粮为纲"了。

　　发展经济,才能改变我们过去传统社会的很多弊病。建设社会主义,从根本上看,首先要把 2/3 的农民转移到工业方面去,使整个国家的多数人口成为工人。但是怎么转移呢? 怎么工业化呢? 我们不能走西方国家早年工业化的道路。英国的"圈地运动",使农民没有了土地,农民没办法了,只好到城市里去。一方面是农村破产,一方面是城市里贫民充斥。还有一条路就是大批欧洲人移民到海外去,产生了现在的美国和澳大利亚。他们把北美和澳洲的土著民族几乎消灭了。这条路我们是走不得的。我们既要工业化,又不能走西方的道路,人太多了,没地方去,怎么办? 农村里现在有 8 亿人口,如果把多余的劳力都送到城市里来,城市里怎么受得了? 北京几十万流动人口,已经挤得哇哇叫,上车拥挤,住房也成问题。家里像个候车室,人们当然不满意。候车室里一排排椅子显得还算整齐,可北京有的家里的床铺已搭了三层,比客轮里的统舱还热闹。城市接受一个居民,必须在城市建设上投资几万元,以满足他生活上居住、照明、地下水供应等。

城市人口密度越高，成本也越高，因此，从实际出发，在中国至少在几十年里发展大城市是此路不通的。

农村里既然人口太多，又不能发展大城市来吸收农村里的多余的人口。

我国的人口问题怎么解决呢？我带了这个问题去调查我家乡的农村。在我的家乡江苏南部，在70年代中期公社和生产队纷纷自办小型工厂，农民的剩余劳动力找到了出路，从工厂里拿到了工资，公社和生产队还从工厂的利润里得到财政上的贴补。越来越多的农户不脱离农业，而进了工业，依旧住在农村而进了工厂。从农村经济全面来看是工农相辅的结构。老百姓自己的传统想法就是不能只靠土地吃饭，要做点工，以前是家庭工业。70年代农村还是实行公社制，而且还执行以粮为纲的政策，搞集体工业被认为是不务正业。可是农村人口太多了，农民不能闲着挨饿，所以偷偷地办起小型工厂，仅仅靠公社积累，办得也很简陋。可是一干，尝到了甜头，家家户户抢着要进厂做工，因为可以领到工资，贴补家用。开始是按工分计算，农民很愿意，管它叫社队工业。这种工业的性质可以说相当过去的"副业"，不同的是过去是家庭副业，现在是公社、生产队的集体副业。过去一位老太太养几只鸡挣点零花钱，现在是社队办工厂，农家的孩子可以进厂做工，拿到几个钱，补助家用。社队也可以赚些钱办些修路、筑桥等事，以补贴财政的不足。这些工厂开始规模较小，经营也不好，当时很不受重视，我却从中看到了农民进入工业领域的一条新道路，这是解决中国农村人口问题的一个重要途径。

公社制度改革后，这些集体工厂没有分掉、砍掉，反而大大地发展了，改称为乡镇企业。大约是1982年，这种曾经被视为"不务正业"的乡村工业，取得了合法地位，而且受到政府的支持。到 1986 年，全国农村里有将近 7000 万农民离土不离乡地进入了工业领域。静悄悄地在我国经济结构里引起了一场大变化，这是一次从农村里发展起来的产业革命，是一场具有中国特色的产业革命的开端。它避免了西方早期产业革命发生时，许多极可怕的现象，而且是在不破坏农业的前提下，农民自己用农业的积累建设起来的自己的工业。我认为这在人类经济发展史上是一件了不得的事情。现在西方国家，如有几十万人失业，政府就要垮台。而我们在短短几年里，乡镇企业为 7000 万农民创造了就业机会，这不是应当大书特书的么？

乡镇工业开始时是破破烂烂的，而现在却大大改观了。去年全国的产值已达到 3300 亿元。江苏无锡一个 1.5 万人的乡，今年创造了 3 亿元的产值，其中农业只占极小部分，每人平均贡献给国家 1000 元的税收。更重要的是在乡镇企业的发展中培养出了一批有现代管理能力的干部和头脑灵活的农民企业家。过去在基层当干部，懂得农业就行了，现在已不同了。在苏南各县的县委书记或县长，没有现代管理知识是当不下去的。特别是那些小工厂的经理，经营的本领都不小。吴江县有一个皮鞋厂，不到一星期可出一个新品种，能迅速跟得上市场的变化，就表明有一套现代的经营思想。搞商品经济不懂经营、不懂市场不行。社队工业开始时我说它们有点像老太太养鸡，生了蛋，卖得出最好，卖不出藏在家里自己吃。这些工厂不了解市场变化，常常发生积压，资金流动不转，停工关厂。现在不同了，换了一代，性质都改变了。一代农民企业家正在成长，乡镇企业也在向现代化经营迈进。

我在上面讲到了我在湖南洞庭湖区和我在江苏南部所看到这几年农村经济发展的情况。总的说都是由贫致富的道路。但是两个地方所走的路却不一样。苏南主要是靠兴办乡镇企业，所以说"无工不富"，洞庭湖区却是先从搞大农业富起来，进一步再搞工业，可以说是"先农后工"。这说明我们农村经济的发展不能单搞一个模式，而必须因地制宜、多种模式。

其实不仅在发展工农业的重点、先后上，各地因不同的条件可走不同的路子，就是在人多地少、农业不易发展的地区，也就是无工不能富的地区，搞什么样的工业也可以有不同的模式。我去年3月到温州去，了解温州地方家庭工业的发展情况。我回来了写了一篇《温州行》，也叫《小商品　大市场》。它的路子不像苏南，这个地方每人只有半亩地，处在台湾对面，当时是前线，解放后国家没有对它投资发展工业。公社时期无集体积累，人们生活穷困，大批流亡到外地去，卖工讨饭。前几年就有不少人到北京来，住在地震棚里，有木匠，很受欢迎；修鞋的、成衣的、弹棉花的浙江人到处走，内蒙古、甘肃都有，遍布全国。其实这种情形不是近年开始的，挑担走四方可说是温州人的传统。50年前我去德国柏林，就见到过不少做小生意的温州人。这次去意大利，招待华侨时，一看其中有一半是浙江人，没有什么大资本家，都是些开小店的。他们好几万人把挣得的外汇寄回家来，养活家乡的亲属。我说这段话是要指出所谓温州模式是有历史根源的。前几年国内开放了市场经济，允许长距离贩运，温州人的传统本领得到了发挥的机会，首先发展了"小商品，大市场"。这种市场又带动了温州的千家万户搞家庭工业，制造小商品，"以商带工"，发展温州的乡村家庭工业。他们走出了一条发展农村经济的新路子。家家户户住上了新建的房屋，就是苏南也比不上。

这里可以讲一讲，农民有了钱怎么办的问题了。简单地说，农民有了钱，有三种办法：第一是吃掉，消费掉；自己吃不了，消费不完，请客人吃，用上万元来办婚事，大请客，姑娘出嫁的被子就有十几条，一生也用不完。买了电视机，没有电无法看。第二是藏起来，我在湖南调查时曾问过他们：如果办个工厂要你们出钱，当场能拿出多少？农民说每家可以拿三四千元现款来。这是说每家都有三四千元钱压在箱子里成了死钱。苏南的情况不同些，因为发展的是集体企业，各家的收入没有温州和洞庭湖区多。第三是投资再生产，在这方面苏南因为是集体企业，利润部分成了集体积累，可以用来再生产，但是在个体经济较多的地区，集资的办法就困难了。制度很不健全，农民还不太习惯到银行来储蓄，其他合资办企业还刚开始。我到各地调查时和干部们研究发展乡镇企业时总是遇到"资金短缺"的问题。他们习惯于向上面伸手要钱，其实应该把眼睛往下面看。中国农民是懂得勤俭起家的，他们只要看到了手上的钱可以用来再生产时，他们是乐于这样做的。这就要我们的干部想办法，出主意，找到怎样把分散在农民手上的钱能集中起来搞生产的办法。

时间到了，就讲到这里吧。我们的农村确是进入了一个新的时代。这是中国历史上少有的欣欣向荣的时代。这句话并不只指少数地区，除了不到1/10的人口尚未脱贫外，9/10的农民温饱问题是解决了，而且正在走更富裕的道路。我们应当多了解一下，他们是怎样脱贫致富的，更应当研究一下在这个过程中出现的各种社会问题，更进一步的发展，可以搞得更好。我这几年虽走了不少地方，但是观察不深，讲不出什么理论，只有一条较深的认识，就是各地区都应当从实际出发，参考其他地方的经验，找出自己的优势，走自己发展的道路。这就是我的题目：因地制宜，多种模式的主要意义。

1986 年 12 月

小商品　大市场 [①]

近几年来,我主要是在江苏农村作调查,同时还到内蒙古、甘肃、北京郊区等一些地区进行比较性的观察。看到三中全会后,农村经济普遍活跃了起来,而且发展速度出于一般人的预料。但我也注意到各地的经济发展很不平衡,农民的致富门道也各具特色。去年听到有人提出农村经济发展的不同模式引起了我的兴趣,于是抓住今年政协会前的一段时间,来到浙江看看颇为闻名的温州模式。

2月27日从杭州出发,途经东阳、丽水、青田来到温州,3月7日取道台州、绍兴回到杭州,历时9天,实际行程1518公里。限于时间的局促,在温州我只走访了四县、五镇和参观了市区的两个街道厂,算不得是深入的调查,只能说是一次初探。

一、以商带工

比较是科学认识最常用的一种方法。行前,脑子里带着的是一套苏南农村经济发展的模式,到了温州,我就试图寻求两地的

[①] 本文初次发表时题目为《温州行》。

异同，从而在具体的比较中去认识这一地区的发展特色。

从相同方面而言，首先是江、浙两省都具有人多地少的特点。浙江全省面积10万余平方公里，与江苏大致相仿。人口是4000万，比江苏少了2000多万。可是两省的地形特点差别很大，浙江是七山一水二分田，也就是说可耕田面积远少于江苏，因此，浙江的人均耕田比江苏更少，只有0.68亩。就温州来说还要少，人均不到半亩田。其次，在三中全会之后，特别是进入80年代的三四年间，温州地区的农村经济如同苏南一样，也有令人惊异的高速发展。1978年温州市农村的人均收入仅55元，1980年为165元，1985年达417元。农村的经济结构也同样发生了革命性的翻转。1978年温州总产值中，种植农业占64%，工业与其他各业加在一起只占36%；而1985年的25.3亿元总产值中，种植农业占25%，工业产值猛增到16.5亿元，占了65%，其他各业占10%。

同是人多地少，也同样是由穷变富，为什么在人们的认识上对苏南肯定的较多，而对温州却出现较大的分歧呢？我就带着这个问题探求它们之间的不同之处。

汽车刚拐进金华以南地区，只见公路两旁不时出现一块块木牌，上书"货运温州""货运山东"等字样，这是我在江苏未曾见过的新鲜事。什么货运出运进？来往运输怎么会有那么多？货又怎么运？谁在运？这些疑虑直到走访了温州的桥头镇才得以释然。

桥头镇坐落在瓯江北侧的山峦之中，偏离杭温公路3.5公里，属永嘉县桥头区管辖。该区共有5000多户人家，近2.5万人，人均耕田0.28亩。如果只事农业，全区8000名劳力就会有70%到80%的剩余。据介绍，历史上桥头人解决人多地少的办法是外出经商，用当地流传的话说，"桥头生意郎，挑担奔四方"，靠农商结合维持人们的生计。70年代中期，桥头镇开始出现了表带、手套、发夹、塑料花等一些小商品市场。1979年据说是一位王姓的弹棉郎在江西买来一批处理纽扣，带回桥头摆起了纽扣摊，谁知这一摆竟成了气候。一年之后，镇上把纽扣从外地买回来，再在这里摆摊子卖出去，这样的摊子发展到100多家。1983年初，县政府批准桥头镇为纽扣专业市场，至今全镇有700多个纽扣店、摊，全国300多家纽扣厂生产的1300个品种的纽扣在这里都有销售，1984年桥头销售的纽扣共计50多亿粒，相当于全国每人5粒，日成交额高达16万元。去年的成交额为8000万元。1981年，桥头人不再满足于单纯做买卖，他们开始用经商积累的资金办厂生产纽扣，现在全区有430家纽扣厂，其中300家是家庭工厂。桥头市场销售的纽扣有40%是这些工厂自己生产的，年产值近2000万元。这是温州模式以商带工的一个典型事例。

桥头纽扣市场的繁荣不仅消化了本地的剩余劳力，还吸收了大批邻近地区的劳动力。现在市面上做纽扣生意的就有5000多人，全区工业从业人员也接近此数。特别引起我注意的是还有9000人在全国各地搞采购和销售，他们的身影虽不在桥头，但牵动着纽扣市场的生命线。据说这批人大都是昔日的"卖货郎"，现在新名称叫"购销员"。这批购销员组成了遍布29个省、市、自治区的流通网络，将各色纽扣和其他生产资料采购进来，"货运温州"，同时把桥头的纽扣推销出去，"货运山东"等处，将商品直接送到各地售货店、成衣铺和用户手上。正是有了这支队伍，桥头的市场才充满生机，越搞越大，被人誉为"东方第一纽扣大市场"。

小纽扣，大市场——桥头群众闯出了一条富裕之路。据估算，1984年全镇工商两业收入占总收入的86%，全镇600余户人家中万元户达80%，人均收入600元，纽扣市场上缴国家的税收也逐年向上翻，1983年是95万元，1984年是182万元，1985年是311万元。三年来，全镇建房845间。有趣的是在街道两旁鳞次栉比的三层或四层的新楼内，底层设铺面，一般由女主人经管，二楼是生产车间，大多由儿女当家，三四层是居室，男主人则外出担当着供销员的角色，设摊经商、办厂生产和出外供销等商品经济的环节有机地结合于一个个家庭之中。

听完介绍，我想去市场转一转，不料刚看了一家，就被凑热闹的人群团团围住了，竟成了参观对象。当地干部解释说，由于桥头纽扣品种齐全，在上海等大城市转悠一星期不能完成的采购任务在桥头只需个把小时就可得到圆满结果，所以现在每天来桥头的外地客商有两三千人，他们把窄小的街道挤得水泄不通。保卫人员见此情况怕出意外，就将我塞进车子一溜了事。

二、"八仙过海"

桥头的生意郎勾起了我对近半个世纪前的一段往事的回忆。那是1937年的夏天，我从伦敦到德国柏林去和我的哥哥一起度假。一天，有人敲我们的房门，打开一看是一位拎着手提箱的中国人。异国遇乡人自然大喜过望，可我们彼此的方言不同，话语不通。只见他极有礼貌地鞠了个躬，然后打开手提箱，一看里面都是一些日用小百货，看来他是请我们买东西的。他走后，哥哥同我说：在柏林、巴黎等欧洲大陆的不少城市中，这样的小生意人数以万计。他们大多来自温州、青田一带。起初他们背着青田石飘洋过海，在意大利、法国、德国做石刻手艺，待到石头用完了，就转而做小买卖。这些人靠着挨家挨户地送货上门和很有礼貌的优良服务态度，经营商品赚钱。1938年我回国时，打听到法国马赛有一些往返中国的轮船，设有专门低价供应欧洲华侨来回的统舱。我就买了这种船票。在统舱里我结识了其中一些能通语言的朋友，了解到他们一生千辛万苦的经历。可是在他们的脸上却看不出有丝毫痛苦的痕迹。我清楚记得一位老人对我说，他在欧洲过了一辈子，已经在家乡盖起了两栋房子和自己的坟墓，这次回去是想送老了。他流露出一副任务完成、叶落归根的心满意足之情。

50年前的记忆，50年后眼前的市场，其间脉脉相通，也可说是历史的必然联系。从中我领悟到这里存在着所谓"温州模式"与"苏南模式"之间不同特色的关键。苏南的历史传统是农工相辅、男耕女织，可以说是"牛郎织女"，而温州地区的历史传统却是"八仙过海"，是石刻、竹编、弹花、箍桶、裁缝、理发、厨师等百工手艺人和挑担卖糖、卖小百货的生意郎周游各地，挣钱回乡，养家立业。这些飘泊异乡的手艺人和商贩和居家耕地的农家女相结合，是艺商与农业的结合。在这两种不同的老根基上，苏南长出来的是社队工业和后来的乡镇企业，浙江冒出来的是家庭工业加专业市场。苏南是从农副出工业，以工补农，浙南是从商贩出工业，以工扩商。

不同的历史特点总是要顽强地表现自己，然而历史传统的现实体现必须具有足够强大的动力并满足一定的条件。苏南人说70

年代初期的社队工业是人多地少，农业里抢工分，逼得搞工业上"梁山"。在温州也听到了"抢"和"逼"两个字。温州在那个时期，由于地更少，情况更严重。据说前几年，苍南县金乡镇发生过群众到机关食堂抢饭吃的事。出外逃荒的农民为数不易统计，据说，平阳县达 60%。市委政策研究室的一位同志总结说，温州人走今天这条路就是群众生活的需要逼出来的。

温州与苏南被"逼"的时间相同，可温州的起步要比苏南迟约 5 年，这是由于温州的经济发展方式所需的客观条件成熟较晚的缘故。苏南当时面临的是社会生产与社会需求之间的矛盾，即在城市里"停产闹革命"时社会需要并没有降低，而城市工业生产却严重不足。加上沪宁一线城市里长期培养出来的一大批技工被"内战"驱散到乡下。农村劳力要找活路，城里下放的技工要工作，公社、大队等行政机关由于"分灶吃饭"需要自己找财源，最终是社会需要商品，这众多的因素凑合在一起，就出现并形成了初期社队工业的基本模式。温州当时的情况却不同，它原是个名不符实的"商埠"，在历史上没有发展起像上海一样的工业基地，解放后由于温州面对台湾，地处前线，不予投资。温州人传统的商贩活动，又被斥为"资本主义泛滥"多次加以抑止。在这种情况下经济振兴是不可能的。直到 70 年代末人均收入还只有 55 元。只有到了三中全会以后，农业上落实了生产责任制，农村经济有了起色。但是剩余劳力的压力则更突出，外出找活路的人越来越多，形成了一股劳动输出的大军，起初还是躲躲闪闪，"地下"奔走。个体商贩合法化后温州人民才得到了用武之地，在外流动的手艺工人，到目前估计已达 22 万人，其中经商的约 10 万人，这是构成"温州模式"的骨干。

三、由贫致富

温州广大农民发挥了他们从历史的特殊条件下培养出来的才能，在短短三四年的时间里改变了家乡贫困落后的面貌，特别是该市沿海的一些县，发生了巨大的变化。择其要者来说，首先是商业活动的异常活跃。至今全市已有 415 个大大小小的专业市场，其中类似桥头那样年成交额在 8000 万元以上的就有 10 个。它们是宜山的再生纺织品，金乡镇的徽章、标牌，肖江的塑料编织袋，北港的兔毛，仙降的塑革鞋，塘下和莘塍的塑料拉丝的编织，柳市的小五金、低压电器，虹桥和钱库的综合商品。据统计，每天上市的人总数达 45 万，1984 年全市商品零售总额为 18 亿元，其中 10 大市场就占了 9.58 亿元。其次是商品生产高速发展。1985 年农村的工农业总产值比 1978 年的 6.6 亿元翻了接近两番，其中引人注目的是 13.3 万个家庭工业和联户工业的兴起，它们的年产值占农业工业产值的 60% 以上。第三是商品流通和生产增加了国家的税收。据称 6 个沿海县的财政税收主要靠商品税，仅 10 大专业市场和生产基地 1985 年就创税收 7450 万元，比上一年增加一倍多。第四是结束了 90% 的农民搞饭吃的局面。1978 年温州市农村劳动力为 180 万人，其中从事种植农业的为 160 万人；1985 年的 210 万劳动力中，务农的只有 60 万人，占 28.5%，其余 132 万农民从农田上解脱出来。这些劳力的分配状况是：乡镇集体企业 44 万人；家庭和联户工业 33 万人；为商品市场流通服务的 22 万人，其间 10 万人是供销员；从事其他劳务输出的有 28 万人。最后是农村富裕起来了。如果以每户每年净收入超过 5000 元为标准，全市已有40万户，占总户数的1/3。我走访所到之处看到的几乎全是簇新的楼房，连成街道，聚成村落，连二层楼都很少见，盖得很有气派。一路上看到农民的穿着，款式时髦，整齐多彩。就是老人孩子和做工干活的人中也仅仅找到一个还穿着有补丁的旧衣服。在塘下，我串进一家织衣领商标的个体户家中，年轻主妇正用午餐，桌上是四碟菜一瓶酒。我怕所见有偏，可是一问，1985年温州地区的货币净投放为12.7亿元，镇上百户抽样调查所得的户均收入为6000元，这和我们的现场观察不能说有很大出入。

温州变化的基本经验是什么？有的同志总结了两条：一是在生产领域发展了家庭工业，二是在流通领域开辟了专业市场。在走访了金乡、塘下、柳市、虹桥等镇之后，我们同意这种认识。

毗邻福建的金乡镇，主要是靠生产徽章、塑片、红膜、标牌四类小商品改变了过去曾经抢饭吃的状况。现在全镇有2800余户家庭工业，人均收入1984年达到574元。我走了几个家庭，一户在用废铝作原料，制成五好家庭的牌照和新疆乌鲁木齐锅炉厂的标牌。另一户是一些姑娘通过印刷等工序制成各式粘贴塑料商标，其中有一枚是北京人大会堂用具的贴标。市场之广，令人惊异。区政府的同志告诉我，金乡致富是靠了"一双手、两条腿、三分邮票、四种产品"。所谓两条腿是指最初抓购销的全靠供销员在各地到处跑，现在这种方式已部分被更快捷的邮寄方式所取代，即所谓的"三分邮票"。金乡用发信联系购销的有800多户，1984年全镇共发出业务信1134万封，这种业务信使邮局的邮电收入猛增，1978年为6.3万元，1985年为183万元。近来又产生了一套专门为发业务信服务的民间机构，从写信到封口、贴邮票、送邮局等均有专业分工。尽管如此，全乡仍有7000名供销员在外面搞活流通。

在塘下、柳市和虹桥，我分别询问几户家庭，看到他们生产的松紧带、小电器。我们一再询问他们的生产是谁在组织，又是谁在帮助推销。这些问题的答案使我看到了当前我国经济中极为重要的一个"大市场"。这个市场不仅包括在各镇上街巷里家门口看得见数以万计的店面或摊子，而且还有散布在全国各地10多万个每天在火车、轮船上运转，甚至深入到偏僻边区活动的商贩大军。各家各户的生产者靠了他们和千千万万零售商店、摊子，甚至无数消费者个人之间建立起了一个生动活泼而又似乎无形的流通网络。这次我未能深入到供销员这一层次去摸清他们的活动，不能说不是遗憾。但确是无时无刻不觉到这一网络在温州经济中的巨大力量。而且这个力量已在全国范围，甚至已越出国境，在国营商业渠道所不及的领域里发挥商品流通作用。这是一件极有意义的新生事物，不仅是理论工作者新的研究园地，而且是当前体制改革里必须重视的民间自发的流通网络。

四、小商品大市场

这10万供销员的前身大多是走南闯北的手艺人和货郎担，这些年我在北京随处见到叫卖棉胎、修补皮鞋的浙江人，而且远在新疆、内蒙古以及海拔3000多米的甘南高原，都见到过他们的身影。前两年我访问内蒙古伊克昭盟的东胜镇，请人帮助结算由该镇邮局寄往浙江的汇款数，一年内竟有40万元之多。这次听人说，桥头镇每天收到从全国汇来的款子达6—7万元。真是涓滴泉流，汇成湖泊。这些属于个人所得的劳务收入正是温州地区10余万家庭小工业的原始资本。有了资金家庭工业才能在时机成熟时像雨后春笋般遍地生长。家庭工业的发展又使原来到处流浪的手艺人和购销员摇身一变成为这地区生产事业的组织者。

我们看一看这些人物的发展历程是很有意思的：他们最早是出卖手艺的流动匠人，即所谓劳动输出。后来他们捎带外地商品到家乡出售，成了商贩。然后自家生产商品，出外购原料和推销成品，是购销员。接着发展到和各地签订合同，带回家乡，分给各户生产，是邻里间的经纪人。甚至进一步，用贷款或预付货款的方式支持外地生产他们所经营的商品的厂家，成了区域间产销的组织者。这些人物的个人经历正反映了商品经济发展的过程。

我在苏南调查时，那里乡村办的工厂常要我帮助他们解决销售上的困难，甚至带了样品到我家里要求联系商业机关。可是在温州，我没有听到有产品积压滞销的情况，桥头的商业资本约二十几天就周转一次，这里甚至没有提起仓库储存的问题。看到江苏的乡镇工业，至少在早期，多少有点盲目生产。他们缺少定销的产前服务，信息不足，只好看到别地什么产品销路好，就抢着也生产什么。商品生产出来再想办法找买主，结果是市场上供应多了，价格下跌，卖不起钱，有些不得不关厂转产，被称为开关厂，或说"船小掉头快"。温州的家庭工业看不到这种现象，因为他们基本上是以销定产，合同来了就按约生产。苏南一些乡镇工业里的供销员不少是产后为企业奔走的服务员，而温州的供销员很多是走在生产前面开拓销路、指挥生产的联络员。

由此可见，温州家庭工业或联户工业的发生和发展一刻也离不开"大市场"，家庭工业可以说是依托这个大流通网络的附属品。因此，我觉得温州农村经济发展的基本特点是以商带工的

"小商品,大市场"。

从这一特点看去,温州模式就超出了区域范围而带有全国性的普遍意义。农村的经济改革,第一步是落实责任制,第二步是取消统购统销,从而使农业生产和非农业的其他生产门道出现了蓬勃发展的局面。生产的发展势必提高商品化的程度,商品生产也必须有相应的商品流通为它服务。因此去年的1号文件就提出了流通问题,今年1号文件又再次予以重申,说明经过了一年,这个问题还是没有根本解决。今年初我在北京跑了四个县,了解到当前要解决的主要问题也是商品流通不畅。在原有流通体制下渠道过于单一,远远不能适应正在商品化中的农业经济发展的需要。原有流通渠道和生产的脱节,迫使温州的农民自己起来组织流通网络。依靠了他们传统的才能和遍布全国的手艺人,形成了面向全国的大市场,为流通体制的改革创造了新鲜经验,为从根本上解决买难卖难问题树起了一个标本。所以,我认为"温州模式"的重要意义倒不在它发展了家庭工业,而在它提供了一个民间自发的遍及全国的小商品大市场,直接在生产者和消费者之间建立起的一个无孔不入的流通网络。

这种专业市场在流通上确实有它的优越性。许多制造工业需要的零部件在专业市场上有充分选择和采购的方便。上面讲到过的桥头纽扣市场已为全国成衣业供应纽扣这个必要的零件。一个需要各色纽扣的成衣业采购员在桥头不到半天就可以把所需的货色买齐,不必要到各个纽扣工厂去分别采购了。同样,在白象镇有一个建筑材料专业市场,这里从钢筋、水泥、木材到砖瓦、石砂、矿灰、玻璃、油漆等应有尽有,消费者若想购买一幢楼房的建材,只需半天时间即可配齐,甚为便利。

专业市场本身的发展产生了许多信息、运输，甚至信用的专业户。在前述的金乡镇，有30家为家庭工业提供信息的专业户，还成立了信息协会。其中一位姓许的农民订了97种报纸，请了五个帮手，研究整理信息，随后发信联系业务合同。1984年共签订20余万元的合同分别转让给生产者。家庭工业对商业信息反应灵快。据说报上一公布信用社体制改革和颁布居民身份证的消息，金乡人就把社员股金证、身份证等样品送去，联系生产业务。具有这样经营头脑的"农民"，我在别地是少见的，这又使我不能不联系到温州长久的历史传统的培育了。

商品生产需要一系列为它服务的设施。在柳市和塘下，我们都看到技术、信息、维修、邮电、运输、包装等生产运销服务系统。有人想把货物运出，打个电话或到河边随便叫一声，就有车有船。柳市的货物转运站能在20天之内将货物运往全国任何地方，这样的速度是国营单位远远赶不上的。

温州购销员所创立的大市场不仅在地域上在不断扩大和深入，而且市场结构在分工联系上、内在性质上也在不断发展。出现各式各样为生产者服务的方式。在肖江镇，供销员从外地订来合同，大部分是自己垫本购买原材料，然后公告规格型号、加工金额和交货限期，供加工户选择。合意者上门领料，回家生产，按期送货，经检验后领取加工费。据说平均一个供销员订来的合同可安排100人就业。

苍南县钱库镇有个综合商品市场，往昔是个有名的"讨饭之乡"，现在已成为浙南交流的农村贸易中心，万商云集，他们靠着能人当家、发挥专长、价格浮动、薄利多销、重视信息、勤进快出、讲究态度、热情周到等灵活的经营方式，全年销售总额已超过3500万元，而且流动资金周转期平均在25—30天之间，比国营商业要快三倍。

温州市农民搞活流通的具体经验不胜枚举，归结起来就是"服务"二字。他们懂得大规模的商品生产和日益提高的社会生活里生产者和消费者之间必须有一批服务专业。这种分工是任何性质的商品经济所必需的。温州商品经济的发展使10万购销员和邮电、运输、信息、科技等众多的服务人员从直接的生产部门中分离出来，正是他们用所谓的"千山万水，千言万语，千辛万苦，千方百计"编织起了一个巨大的民间流通网络，把千家万户的商品生产同千变万化的社会需求衔接了起来。虽然流通网上的每个成员都要从商品流转中获取报酬，维持生计，甚至致富较易，可是作为社会的一个服务于生产者和消费者之间的流通网络运转得是否有效正是商品经济能否发展的关键。从这个角度看去，才能找到温州各县都如觅宝一般地招聘能干供销员的理由。他们服务于千家万户，人民群众需要他们的服务。由此出发，我们也才能正确对待当前农村经济发展的"温州模式"。它在商品流通环节上取得的经验是具有中国特色的，也是值得其他地区结合实际予以学习的。

五、走向联合

同时我们不能不看到，温州农民所创立的这个"大市场"的另一面，那就是它的自发性和原始性。自发性带来个体经济的盲目性。原始性表现于这个流通网络的联系纽带大多利用亲戚、朋友及其延伸的社会关系。这种自发性和原始性在商品生产发展的初期或许是不可避免的，然而随着开放和改革的步步深入，它的局限性会逐渐显现出来。这就意味着温州的民间流通网需要一个正确的引导和不断提高和完善的过程。所谓正确的引导就是为这一流通渠道提供它所需的各种服务，使其合法化、公开化和社会化。如果设想这种服务性的引导能来自改革后的国营流通部门，那么，温州经济的继续发展就有可能出现有计划的商品经济的一种雏形。

温州的大市场是从小商品发展起来，进而以商带工，把农户卷进商品生产的洪流之中，这有其城市工业基础薄弱、农村能工巧匠较多的客观条件。可是现在的家庭工业对于生产力的进一步发展已出现它的限度。人们对桥头没有异议，而对柳市就不以为然，原因就是桥头生产的是纽扣，柳市生产的是电器，而电器在家庭里生产质量没有保证。

对此，我们首先应当想到的是原来种地的农民在两三年内能够转化为能搞电器的工人是一件多么了不起的大事。可从另一方面看，产品的技术、工艺要求一高，单家独户的生产的确暴露出它技术、设备不够，测试手段不齐等弱点。对柳市家庭工业产品的各种批评责难纷纷而来，甚至怀疑到家庭工业和专业市场的优点。我们必须承认柳市现有产品中确有一些质量没有过关，但是我认为对此应当采取鼓励和帮助他们的态度，而不应该是打击和扼杀他们的措施。事实上我们已经看到为了克服这些弱点，柳市的电器生产开始出现联合的苗头。我听说有不少是几家人家合股添置设备，然而生产和经营核算仍以家庭为单位。区政府也正在筹划建立一个电器测试中心。这些都是可喜的苗头。

柳市的联合苗头给人以启迪。首先，联合是生产力发展到一定阶段的产物和必需。只要生产力继续向前发展，温州的家庭工业就必然趋向于"合"。我在塘下时，两位搞家庭工业的妇女告诉我，她们编织的电灯拉线和松紧带由于织户多，赚头不断下降，表现出对激烈的市场竞争的忧虑。利润再降下去，甚至无利可图时该怎么办呢？如果停产关门，回到讨饭的老路上去，群众是不甘心的。那么出路只有转产或提高劳动生产率，以保持一定的利润。要避免频繁转产必须有一个高于个体的企业管理组织为家庭工业服务，只靠现在原始性的供销队伍怕是难以做到的。提高劳动生产率的必然途径是联合和规模生产。所以无论是柳市产品质量的要求，或是塘下生产利润的要求最终将迫使家庭工业走上管理、资金、技术、生产、运销等多种形式的联合道路上去。这就是说，我们一方面应当吸取过去操之过急搞"一大二公"，并在形式上搞划一化、简单化的教训，另一方面要积极地去创造促进生产力发展的条件，总结群众的实际经验，在此基础上建立起来的经济联合体才能稳固。其次，在我们看到的众多的联合形式中，大体上可以区分为两种基本的形态，一是单纯生产者之间的联合，二是各级基层政权以经济手段参与其间的联合。上述的几家合股是前者，测试中心是后者。

从家庭工业个体经济基础上逐步走上联合的道路是温州模式发展的前途。但是这不仅需要一个合乎经济规律的发展过程，而且必须认识到并不是所有家庭工业全都会演化成联合企业。相反地，我认为家庭工业个体经济在中国国民经济中具有长期存在的客观历史条件。所需要的是为它提供社会性的服务，而这些服务行业可以是联合性质的集体经济或是国营经济，有类似于农业里统与分的双重结构。因而我们可以设想，在相当长的时期里，多种性质的企业可以共存，而且发生协作关系。从所有制上说也是多层次的：一是计划内的国营企业。有些地方国营企业又不完全是计划经济所包干的。所以具体情况比较复杂。二是计划外的乡镇企业，它是地方社区合作性质的集体所有制。三是计划外的联户企业，它是企业成员联合性质的集体所有制。四是有社会服务的家庭企业，它基本上是个体所有制，但由于它依附于国家或集体的服务，所以也不是纯粹的个体所有制。这个结构可能是有计划的商品经济的轮廓。

在对苏南和温州两个模式进行比较中，我觉得对苏南乡镇企业的性质有了进一步的认识。它是从过去的社队企业演化而来的，而且现在还在演化过程之中。社队企业是当时公社和生产队所办的企业，实际上是具有不在计划内的"小国营"的性质。公社体制改革后，农业实行了家庭承包责任制，但各地方在不同程度上留着统的一层，形成统与分的双重结构。在苏南统少分多，不像北京郊区那样统多分少，这是双重结构里的比重问题。苏南的社队企业却没有分散，起初还保留了它原来政企不分的性质，只是名义上改为乡镇企业。后来为了提高效益，开始政企分离，企业的经营管理逐步取得独立，但是依旧是乡、村政权所领导。实际上它正在向地方政权领导下的社区集体所有制演化。社区集体所有制是指以村、镇等基层社区为单位，由全体住户联合成的经济实体，属合作性质。这和从个体经济联合起来形成的联户合作经济还有所区别。联户合作的经济体并不一定包括整个社区的居民在内，它只是参加合作的各户的联合体。温州模式中的家庭工业就有从个体企业向联户合作演化的趋向。简单地说，苏南模式是从公社制里脱胎出来的集体企业，而温州的家庭工业则是个体经济，但在这基础上正在向合作化演进中，部分已进入联户的合作企业。

如果说温州模式是家庭工业加专业市场，这是突出这地方的经济特点的表达方式。温州经济中不仅有和苏南模式一样的乡镇企业，而且还有一些国营企业：大概是1:3:6。由于家庭工业比重高，而且比全国其他地方较为发达，所以予以强调作为温州经济的特点。

在虹桥镇，我参观了一家很有生气的村办工厂，它是完全由村政权掌握的，村支书兼厂支书，村长兼厂长。这是政企未分的苏南模式早期形态。在全乡镇有一名叫叶文贵的中年农民企业家。他从专业户发展起了一个为全镇家庭工业提供再生塑料薄膜的小工厂。在谈话中，他生怕被人扣上"资本家"的帽子，表示真诚地愿意在不改变现有企业管理方式下，接受地方政府的领导，成为一个地方社区集体性质的企业。可见温州也存在着苏南模式的乡镇企业，而且在家庭工业基础上也出现了向乡镇企业演化的趋势。所以温州模式和苏南模式并不是互相对立的，而是相互补充的。

六、新事物　新问题

无论是苏南模式、温州模式或其他群众创造的模式，评价的唯一标准应当是视其是否促进社会生产力的发展，是否提高人民大众的生活水平。这些模式在中国历史上乃至人类发展史上都是旷无师古的。惟其如此，方显出中国社会主义现代化的特色；惟其如此，才需要我们对伴随这些新事物一同出现的问题进行科学的认识。

从温州地区来看，农业的相对落后，一州里西部山区与东部沿海区域之间的发展差距都是值得认真研究与解决的问题。尤其是在商品流通和商品生产中，诸如金融、财政、税收、劳务和收入分配等方面出现的新问题是相当众多和深刻的。

以劳务来说，我看到了雇工大户与童工。这些雇主大多心神不定，为了扩大再生产，不能不雇工，而且从起先的亲戚朋友逐渐向外扩张，可是雇多了又怕挨整。被雇的工人从哪里来？一问大多数是从温州落后的山区下来的，每年可得800元左右的工资，在本乡是得不到的。从不占有生产资料的标准看，这些工人形成了劳动力市场。在地区之间经济发展不平衡的情况下，劳务的流动又是必然的。在我家乡吴江县挖掘鱼池、筑路等工程就雇用苏北、安徽的劳力。北京的几万名家庭保姆也形成一个巨大的劳务市场。在全乡我看到十五六岁就在干活的姑娘，总觉得她们应当在学校受教育。可是人们说这里小学毕业的升学率不到50%，升高中的比例更低，让这些孩子闲着惹出事来，不如"穷人的孩子早当家"。

再如在收入分配上，市政协的一位同志说起在国营单位工作的一对夫妇，都是大学毕业生，被三张同仁婚礼的请帖难住的事。他俩的月工资只有100多元，可吃三次喜酒所需送的礼却超过此数，然而目前那些供销员、工商专业户嫁女要逾万元。从总体说，收入是国营不如集体，集体又不如个体，城市不如农村，以致不少城里人眼热乡下人。有不少国营职工在搞"第二职业"；集体企业里也有能人外流、散伙各自经营的趋向。有人把这些现象归结为对国营和集体企业的冲击。在这股冲击力中的确存在某些不正常的因素，比如温州市对9县147名供销员的调查，其中10人有行贿等手段，占6.8%。可是对于绝大多数供销员、工商专业户来说，他们的高收入主要来自经营的创造性和劳动的积极性。从收入悬殊中我们看到了一个显著的反差。即拥有先进技术、设备的企业，职工的积极性越低；反之则积极性越高。这一反差是生产力发展的桎梏，是值得注意的问题。

因此，要消除收入过分悬殊带来的种种问题，还得从消除这一反差入手。怎样能把收入拉平一些，看来需要因地制宜地实行一些体制改革。但是目前所实行一些一刀切的信贷控制和奖金税等等不仅没有缩小反差，反而在扩大反差，使一些集体企业趋向于分散成个体企业。我在温州市内参观了两家街道集体工厂，当初都是几个人集资合股办起的合作企业。前进电焊设备总厂是从7000元资金起家的，去年产值达563万元，利润244万元。156名工人全部实行计件工资，加上奖金和各种福利，人均月收入不下于200元，由于企业把奖金作为劳动成果的一种社会荣誉，调动了工人的生产积极性，有的连星期天也不休息。这个厂44岁的厂长说，自从去年9月份起，奖金税条例一出，厂里说话就不管用了。因为奖金税比例是1∶3，多发1元的奖金要收3元的税，企业不得不考虑缩小分配的数额，扩大留存比例。可是这一来工人的收入就封了顶，他们就再另找活路，个人办家庭工业了。另一家电器厂和乐清工业缝纫机厂也遇到同样的问题，他们说，奖金税对于不吃大锅饭的集体合作企业来说，工人生产得少些，企业日子还好过些；生产多了企业反而要亏。由此可见，上述反差的消除还有待于在城市经济体制改革过程中完善各项具体政策。

在这一过程中，温州作为一个开放城市，是否应当下放一定权力，使地方上能采取一些与本地区发展特点相适应的政策？这是温州各级领导极为关注的问题。

凡此种种新问题，我都还缺乏研究，更谈不上有深入的认识。但是既然客观现实已经提出了问题，如果我们不去认识它，就必然会陷入盲目性，还有可能重犯过去人为地"割尾巴"的错误，用"割"的方法是不能奏效的，割了还会长出来。我们只能创造条件去推进客观事物向高一级演变，来消除矛盾。要做到这一点，社会科学研究必须紧跟上实践的步伐，去深刻地认识它。认识的立场应当尊重群众的创造；认识的根本途径应当是实事求是地做分析，因为中国社会主义建设出现的是前所未有的新事物、新问题，不可能在原有的本本上找到现存的答案。

1986 年 5 月

中国农村工业化和城市化问题[①]

今天我来参与讨论的这个题目,是中国从传统的农业社会向现代化社会发展的这段历史中实际发生的一个题目。若是把《江村经济》看成是我一生学术道路起点上的一个界标,也许可以说,正是这样一个题目把我带上了学术道路,使一个人和一段历史联系了起来,使我有机会伴随着中华民族发展过程中一个很不平凡的时期,从学术道路的起点就开始注意中国农村工业化的问题,一直持续到晚年,并有幸在晚年亲眼目睹、亲身经历、亲笔记录了中国农村城市化问题的提出及其到目前的发展过程。由于我在本世纪30年代中期就注意并描述了开弦弓村的合作工厂,并注意到其普遍意义,可以说,这个题目是一个老题目;由于中国农村工业化和城市化的进程仍在继续,我也仍然在进行跟踪式的观察和记录,可以说,这个老题目又因不断充实新内容而得到新的发展,增添新的意义,给我以新的启发。中国有句老话,叫"温故而知新",我希望今天我在这里对这样一个亦老亦新的题目的讨论能给有兴趣了解中国农村工业化和城市化问题的新老朋友提供一些新的素材和思考。

[①] 本文是作者参加浙江农业大学与加拿大贵而富大学联合举办的国际学术研讨会上宣读的论文。

一

　　中国农村工业化的苗头，从我所接触到的事实来说，开弦弓村在20年代末搞起来合作工厂可以作为一个实例。我认为它是发展中国农村经济思路上的一个突破，是现代工业进入农村的一个标志，是一场具有重要意义的实验。我也把当年进行实地调查时对这个工厂的关注，看成是我对乡镇企业最初的接触和理解。

　　由于时代条件的限制，发生在开弦弓村的这一场实验，当时没有能在更大的范围内成为一种普遍的事实。我对中国农村工业化的早期接触和理解，也就无从离开这个苗头而走得更远。但是，这个苗头是重要的。它实际上连接着中国农村经济发展的历史和未来。历史是被我概括为"人多地少，农工相辅"的传统，未来是利用现代技术改造传统手工业的工业化前景。这是我对这个苗头所具有的意义的一点基本理解。

　　我从这一理解中提出的基本想法是：从传统经济向现代化经济发展，从农业经济向工业化的方向发展，这是中国必然要走的路子。这条路子怎么走法，应该根据中国的特点来考虑。传统中国的特点是人多地少，农业为主，工业停留在手工业状态。靠农业和传统手工业的发展不可能满足现代化的需要，必须用现代技术改造传统手工业，改变工业结构。

　　把传统手工业为主的工业结构改变为现代工业结构，怎么做才比较可行，比较有效，我们没有现成的经验，不可能一开始就有自觉而成熟的做法。大家也会有不同的主张。因此，在三四十年代的中国，就有过讨论和争论。我当时提出的主张是技术下乡、工业下乡，把现代工业分散到广大农村去办。用现在的话说，就是发展乡镇工业。这个主张来自江村调查和禄村调查一再给我的启发，我相信是有道理的。但是当时的整个社会局面是处在战乱当中，并不具备从容着手改变工业结构的条件。哪怕是有道理的主张，当时也只能是纸上谈兵。

中华人民共和国成立之后，大规模的工业建设提上了日程。由于当时影响决策思想的各种因素的辐辏，中国工业化的整体性起步，事实上是从计划经济的办法和集中办工业的路子着手的。从第一个五年计划开始，由国家投资布点，把大中型企业主要放在东北、西北的边区和"三线"，形成工业基地，又由于工业基地的形成而出现工业城市。这样的办法，使中国的现代工业有了一个开头，形成了大量的国有工业企业和巨额固定资产。但同时也使得这些工业基地处于分散和孤立的状态，形如"孤岛"，和原有的工业形式脱了节，互相融不进去，不仅没有带动起农村工业化局面的兴起，反而加深了城乡差别的鸿沟。

可以说，这是集中力量改变工业结构的时期。集中的路子反而造成了分散、孤立的效果。这样形成的工业孤立于民族传统经济之外，中国的经济也孤立于世界经济之外。

70年代末中国实行改革开放政策以后，出现了一个根本不同的、农民出来办工业的局面。农村家庭联产承包责任制的全面实施，带来了农村生产力的大幅度提高，也带来了农村劳动力的大量解放。数千万计的农村富余劳动力离土求生的强大需求，在城乡二元体制使他们没有进城机会的约束下，找到了工业下乡这条路子，整个局面一下子活了起来。他们以农村为基地，以地方性社区的各种用得上的生产条件为基础，在传统手工业的底子上引进机器和技术，并且一呼而百应，千家万户地干，千辛万苦地闯，千方百计地学，千山万水地跑。从沿海到内地，中国农民创办的乡镇企业很快就从星星之火发展成为燎原之势，打出了中国农村工业化异军突起的红火局面，有效地促进了中国农村传统经济结构的变革，培养出了现代中国市场经济的先导力量。

可以说，这是分散力量改变工业结构的时期。分散的路子恰恰促成了集中的效果，使中国的工业化进程真正出现了实质性的突破。乡镇企业不光融进并改造了历史上传统手工业为主的工业结构，也使中国工业大步跨进了世界经济当中。我在苏南地区的乡镇企业里看到过直接出口欧美的高档服装；在中原地区的乡村工厂中看到过和日本汽车配套的机械部件；在广东的小镇上看到过畅销海内外的各种家用电器；在浙江的大型乡镇企业集团中看到过国际先进水平的高科技产品……像这类具体而生动的事例恕我不再一一列举。我被中国广大农村里突起的这股"异军"所吸引，跟着它看发展，南北往返，东西穿梭，几乎走遍了全国各省，直到今天，我也没有停下脚步。在这将近 20 年里，我把自己在各地看到的乡镇企业因地制宜找到的不同发展模式——记录在了《行行重行行》一书及其续集当中，这里可以不再赘述。但是，既然已经提到这个话题，既然这个话题中有我 60 年前的梦想，并且亲眼看到中国农民在最近 20 年里亲手把这梦想变成远远超出我期望的辉煌现实，我就很难抑制住自己内心的激动。在这里我想说，蓬勃发展的乡镇企业，是中国农民在人类 20 世纪进步历史上的一个伟大的创造，是中国农村工业化的具体表现形式。它使中国农村工业化得以在农业繁荣的基础上发生和发展，并且反过来以工补农，进一步促进农业向现代化道路发展。同时，这也是中国从几千年来以农耕传统为主要特征的传统经济向现代化工业经济转变的一条希望之路。这是一条与西方工业化迥然不同的道路，是适合中国国情、具有中国特色的农村工业化的道路。

二

乡镇企业的蓬勃发展，带动了小城镇的兴旺和发展。换句话说，中国农村工业化在取得节节进展的同时，接踵而来的就是农村城市化的起步和发展。80年代初，我去四访江村的时候，意识到农村的具体建设工作中存在着许多值得研究的问题，特别是看到了农村的发展和小城镇建设的密切关系。这使我回想起1936年夏季做江村调查时留下的一个伏笔。当时我从村民日常生活中柴米油盐酱醋茶烟等日用品的供应上感觉到有一股外来的力量，对村民的经济活动和社会生活发生影响。我意识到这股力量应该是来自村外的集镇。但是当时由于人力和时间的因素，都使我没有条件进入对集镇的调查。我在《江村经济》一书的"贸易"一章提到了集镇的作用，但没有展开。时隔四十多年，条件终于成熟。1982年，我要求自己的农村研究增加一个题目，在跟着看乡镇企业发展实况的同时，去研究作为农村政治、经济、文化中心的集镇。

我的这个想法，可以说是赶上了农村经济与社会发展的步调，适应了当时和后来农村建设工作的迫切需要，因此得到了多方面的支持。在随后的几年当中，我从家乡吴江开始，集中力量对小城镇进行实地调查，并提出了"类别、层次、兴衰、布局、发展"

的 10 字提纲。我把自己在调查过程中看到的成绩，发现的问题，产生的心得，先后写进了《小城镇　大问题》《小城镇　再探索》《小城镇——苏北初探》和《小城镇　新开拓》等一系列调查报告中。在一站接一站的实地调查中，我逐步加深了对小城镇衰而复兴的原因的认识，也更清楚地看到了农村工业化和农村城市化的递进关系。

若是以吴江为例，小城镇的兴衰变化大体可以分为两个时期，以 70 年代初期为分界线。70 年代以前，农村经济政策是以粮为纲，取消商品生产，商业国营化，集体和个人经营受到限制和打击，小城镇失去了作为商品流通和小手工业生产中心的作用，人口下降，经济萧条，趋于衰落。进入 70 年代初期，小城镇开始有了转机。到 70 年代后期，中国实行改革开放政策，小城镇进入复兴时期。

80 年代初期，我在家乡看到了农民家庭副业的兴旺和小城镇衰而复兴的景象，曾经产生过一个错觉，以为是农副业商品生产的发展促进了小城镇的复苏。后来进行实地调查的结果，证实小城镇复苏的直接原因是乡镇工业的发展。办工业不同于搞农业，工业生产对能源、仓储、运输、市场等条件的需求，使它寻求农村中交通便利、易于集散的中心地带，这就找到了当时还带着冷落、凋敝景象的小城镇。越来越多的工厂在那里安家落户，机器轰鸣，产销两旺，人气聚集，物流加快，对相关服务行业的要求增加，自然就把小城镇的发展带了起来。

我把自己当初的错觉和后来的发现，原原本本地记录在了上述关于小城镇的四篇文章中。这四篇文章，在 1985 年由新华出版社结集出版，书名为《小城镇四记》。这本小书因为及时地提出了问题，在国内引起了广泛的关注。从当时的中央最高领导，到我所接触的许多基层干部，都对它表示兴趣。不过在当时来说，中国的小城镇建设才刚刚拉开序幕，我对于小城镇的研究也才刚刚破题。《小城镇四记》记录的只是我在江苏一个省看到的情况，更大范围内小城镇发展的事实还有待于去接触，去观察，去记录。

从80年代中期开始，我的社区调查范围越出了江苏省界。到目前为止，国内除西藏和台湾以外的各省区，我都走到了。小城镇研究的题目也被我带到了所有走过的地方。在最初的几年里，我看重小城镇发展的一个主要原因，是它积聚人口的功能。举例来说，80年代中期，苏州市的乡镇企业职工人数达70余万人，已经超过苏州市区的人口总数。1985年，全国乡镇企业的职工人数已超过6000万。如果加上小城镇里原有的居民，小城镇以及靠近小城镇的农村企业已经吸收了大约1亿人口。到1996年，通过乡镇企业和小城镇这条吸纳农村人口的主要渠道，转移到非农产业的农村劳动力已经达到两亿左右。这是一项了不起的成就，是中国农村劳动力和生产力的大解放。在这个解放过程中，从集镇、乡镇、县属镇到县城，各个层次的小城镇都在起着层层截流人口、聚居人口的作用，十分有效地减轻了大中城市的人口压力。如果不是兴办乡镇企业和发展小城镇，中国要达到目前的经济发展水平，原有的那些大中城市受到的人口压力将会是灾难性的，是无法想象的。

在我跟踪着小城镇的发展一边观察、一边记录的过程中，大量的发展事实也在潜移默化地教育和启发着我，使我在小城镇的内涵里发现了比"人口蓄水池"的功能更为深刻的东西。既然是乡镇企业的发展带动了小城镇的发展，乡镇企业在其发展过程中所形成的那股现代中国市场经济的先导力量也就顺理成章地进入了小城镇的发展过程。广大农民群众不是等着计划经济体制内层层报送、层层盖章的预算、立项、审批、拨款，而是说干就干、自力更生、自己投资去建设家园。例如浙江省温州市苍南县的龙港镇，就是农民投资建设小城镇的一个标本。那里的农民采取市场经济的思路，以乡镇政府所在地为依托，通过出让土地使用权的办法，收取城镇建设设施费，在先前的一片滩涂上建设成了已有十几万人的繁荣城镇。我初访温州的时候，龙港还只有一条土路。重访温州时又到龙港，已经可以住进镇上的四星级宾馆了。如此之巨大的变化发生在 8 年里边，这是计划经济时代的几十年里想都不敢想的事情。像这样的城镇，目前在温州已经有 100 多个，当地农民为此投资累计 100 多亿元。据国家建设部统计，最近 10 多年来，全国农民投入到小城镇建设上的资金，平均每年都在 1000 亿元以上。

我的小城镇研究刚开始破题的时候，还只是在家乡看到小城镇的衰而复兴。经过 10 多年来的发展，中国的小城镇建设已开始呈现出星罗棋布、遍地开花的可喜局面。小城镇的建设与发展，是中国农民继乡镇企业之后的又一个伟大的创造。从乡镇企业的兴起到小城镇的发展一再说明，中国经济与社会发展之最深厚的伟力存在于广大农民之中。他们不是照搬西方工业化集中在大城市的发展模式，而是让工业生产方式适合于自己生活的需要，把现代工业扩散到了乡村中去，走通了一条独具特色的工业化道路；他们又在世代躬耕的田野上第一次建设起一座座现代化的城镇，走通了一条独具特色的城市化道路。从工农关系、城乡关系的角度看，现代中国主要从 20 世纪 80 年代以来发展起来的乡镇企业和小城镇，表现出了与历史上曾经出现过的工农对立、城乡对立完全不同的面貌，它们在中国的工业和农业之间、城市和乡村之间，发挥着沟通、协调、缩小差别、促进融合的建设性作用。事实上，通过发展乡镇企业和小城镇，中国农民不仅是在创造着巨量的物质财富，也在创造着中国的市场经济和富有中国特色的现代化道路。

三

今年春天，我完成了在全国人民代表大会所担任的公职，得以"告老还乡"。但是"告老"不是从此不再做事情，而是想趁脑筋还可以思考的时候，写一些对自己过往学术思想的回顾和反思的文章。"还乡"也不是图安逸，颐养天年，我还在追踪观察中国农村工业化和城市化的新进展。最近多半年中，我在福建、浙江、山东、江苏等地看到的发展事实，在推动我对中国农村工业化和城市化的问题做出进一步的思考。

众所周知，中国的乡镇企业在最近几年里遇到了一些困难，有点难以适应当前市场的要求。各地的农民群众都在想办法，一边改革已经不能适应当前形势的体制，一边探索新的路子，力图保住并进一步发展乡镇企业。事实上，不少地方的改革和探索已经很见成效。乡镇企业在取得自身稳定和发展的同时，还直接帮助国有企业解决了困难。我在浙江金华附近的一家乡镇企业看到，他们正在从重庆招收相当于企业现有职工人数的国有企业下岗职工。我又在山东济南附近的一家大型乡镇企业集团看到，集团所属几个大的专业市场中的职工，70%都是当地国有企业下岗职工。看来，当初主要吸收农村富余劳动力的乡镇企业，在下一轮的发展中，开始吸收城市中的富余劳动力了。这个令人感兴趣的变化里边，说不定又会出来一篇大文章。

中国今后一个时期的农村工业化将怎样继续进行，是需要做出正面回答的一个问题。以我最近在实地调查中观察到的结果，概括地说，我认为大体上倾向于采取上下两手并举的办法。一手是引进高科技集中力量扩大规模，提高质量，向跨地区乃至跨国的、大集团的、农民和科技人员联手的、体制多元的新型乡镇企业的方向发展，面向国际市场，开发现代化的新型产品。目前各地已经出现的销售额超过几十亿元、经营管理上也逐步具有现代化水平的大型企业集团，应该属于我所说的上一手乡镇企业。还有一手是在下面一层，是发展以农户为单位的家庭工业为基础，加上为其提供服务的、广泛而高效的、提供信息和销售渠道的中介体，即近年来在广大农村地区广泛出现的"公司+农户"的新型企业结构。这是一种分散生产、集中服务的双层结构，也属于我在80年代称之为"草根工业"的性质。生根在农户基础上的家庭工业，既具有顽强持久的特性，不怕风浪冲击，又灵活易变，容易适应新的情况。随着农民文化水平的提高，又易于接受科学技术的进步，并有化整为零、集腋成裘的能力，在当前这个经济急速发展的时期，需要一批适应性强、灵活易变，甚至能聚能散、停停开开的具有游击战和运动战本领的基层乡镇企业。这个基层队伍可以保证农民的生产能力和生活水平，再加上一层为它服务的、供销流通的中介机构，就能够便于在国内外市场上顶得住风浪，并保住国民经济的阵脚。这可以说是当前农民正在创造中的一种适应市场经济需要的、新型的乡镇企业基层结构。这个新型的基层结构，加上上述集团化、高科技、大规模的一层，展示出一种"传统加科技，乡镇企业异军再起"的前景，我对此抱有深厚的希望。

从长远的观点来看，国内外形势风云变幻，吉凶难测。当前的东南亚金融危机刚刚开了个头，今后大风大浪还会不断出现。我们要想在风浪面前立于不败之地，就需要采取上述两手并举的办法，抓住两头。一头要精心爱护、培植"草根工业"，稳住阵脚；另一头要努力创造良好的环境，促进乡镇企业提高技术含量，形成规模经济优势，使产品质量好、管理水平高的大型乡镇企业集团更快地发展和壮大起来。

至于农村城市化在今后一个时期的继续发展趋向，由于中国人口众多，地域广阔，我看恐怕还是要走大、中、小城市和村镇同时并举、遍地开花的路子。估计到下个世纪前半叶，中国的人口总数大约会达到十五六亿的样子。到那个时候，怎样把这么多中国人妥善安排在这片国土上的大大小小、各地各种的社区内使他们都能安居乐业，这是个大问题，还要及早筹划。

目前我对这个问题的初步想法是，以沿海的上海、香港、北京、天津和内地的重庆等为重点，发展500万到1000万人的大都会；以200万到500万人规模的大中城市为主体，带动辐射周边地区；以星罗棋布的几万个一万到几万人的小城镇和几十万人上下的小城市为依托，承载下一步农业产业化进一步解放出来的富余劳动力和新一轮农村工业化浪潮，形成中国农村工业化和城市化的多层次、一盘棋的合理布局。

在我当年描述开弦弓村出现的中国农村中现代工业生产的苗

头时，我就表达过一个基本的信念：社会科学应该在指导文化变迁中起重要的作用。这句话写在《江村经济》的前言当中。六十多年来，这个信念一以贯之，至今未变。今天，中国农村工业化和城市化的多层次、一盘棋的合理布局之形成，仍然需要社会科学的指导，我也愿意为体现出社会科学在文化变迁中所能起到的建设性作用再付出一份老来的心力。同时，我认为，这里所谓"合理布局之形成"所需要的指导，首先不是哲学的思考，不是学术的讨论，而是具体的方案制订和实际的操作思路，为此需要有对相关地区现有经济水平、流通网络、传统产业、人力资源、民众生活等实际情况的真实而系统的反映，以及以可靠的情况为依据的常识性判断。中国地域广阔，要认识全局，还要从局部做起。我希望有一个现实的题目能从一个局部把大都会、大中城市、小城市、小城镇连接起来，并希望我能参与这个题目的实地调查。正在这时，京九铁路建成通车，给了我一个很好的机会。

四

京九铁路的建成和通车，可以说从根本上改善了沿线地区的交通运输条件，为从北到南沿线分布的欠发达地区和贫困地区加快经济发展步调提供了难得的机遇。机遇的意思是某个目标的实现有了可能性，但还不是现实。以我在国内所经历的事实来说，因为有了铁路而使沿线地区的经济得到良好发展的事例是有的，虽然拥有铁路交通条件而沿线地区长期处于经济欠发达状态的事例也是有的。最有说服力的例子也许是沪宁铁路和陇海铁路的对照。这两条铁路干线的开工建设时间几乎是同时的，都是在20世纪的最初10年里边。我出生的时候，它们都刚开始通车。如今我已进入望九之年，两条铁路沿线地区发展的情况怎么样呢？事实摆在那里。沪宁铁路上的上海、苏州、无锡、常州、镇江、南京等一连串的大中城市发展了起来，辐射和带动着周边的广大农村，成为目前国内最为发达和富庶的地区之一。陇海铁路沿线地区的发展，却令人遗憾地一直处于欲起而未起的迟滞状态。沿线地区不缺矿产资源，不缺农产品资源，不缺劳动力资源，也不缺出海口的条件，人流和物流在这条铁路上来来回回地过了八九十年，却至今也没有把沿线地区的经济发展带到发达的程度。我把这样一个局面叫做"酒肉穿肠过"，意思是没有在腹地留下油水，当地自然就缺乏发动经济迅速起步的能量。在最近十几年里，我的实地调查题目带着我一次又一次地经过沪宁铁路和陇海铁路，使我对这两条干线沿线地区经济发展程度的鲜明对照留有深刻印象。

　　由于有这样的印象，我在京九铁路尚未全线正式通车的时候就在想，这一条南北大动脉通车以后，要借鉴沪宁铁路沿线地区的发展经验，吸取陇海铁路长期以来"酒肉穿肠过"的历史教训，尽快把国家投入巨资修建的京九铁路变成一条创造财富的富民之路、强国之路。在考虑自己能为这个大目标做些什么事的时候，我想到的一个题目是：利用京九铁路穿成一根"糖葫芦"。意思是，利用铁路干线的交通条件，促进一连串中等城市的兴起，通过这些中等城市对周边农村地区的辐射和带动作用，形成一个位于东部沿海地区和中部地区之间的、经济发展速度明显提高的带状区域。

　　这个题目的产生，从表层原因上说，也许是来自沪宁铁路和陇海铁路沿线地区的不同经济发展程度给我留下的深刻印象；从深层原因上说，则不能不提到我的社区研究工作给我带来的启发。在最近20年的实地调查当中，跟随着中国城乡社会的步步变革，我的调查研究题目逐层从乡村生活、乡镇企业、小城镇提升到了区域发展和全国一盘棋。每一步提升，都既包容了以前的内容，又开拓了以后的视野。在我主要从农村研究城市的时期，所注意的更多是农村对城市的影响。进入到对小城镇的调查和区域发展研究阶段以后，看到小城镇的发展不是孤立的。像农村发展需要小城镇一样，小城镇的发展也需要中等城市。一个区域的发展，不能没有中心城市的带动。看来，从农村研究城市的同时，也需要从城市研究农村。城市可以对周边农村地区发挥的辐射和带动作用，是广大农村地区的发展不可或缺的。中国农村现代化前景的最终实现，需要有遍布各地的中心城市的带动。具体到京九铁路沿线地区，要真正把机遇变成发展的现实，实现加快发展、脱贫致富、进入小康的目标，也需要促进沿线各地尽快发展起一连串的中等城市来。我认为，这是京九铁路通车以后应该切实做起来的一个题目。

从今年开始，我已经进入对这个题目的实地调查。从北京出发，从衡水开始，我沿着京九铁路一站一站去看，一边实地观察，一边向当地群众和干部请教，有没有切实的基础，已经有哪些条件，还缺少什么条件，这些条件怎样解决……我一路把看到的情况、请教的收获都一一记录下来。这条铁路沿线的不少地方我曾经去过，有些地方去过多次，情况不算生疏。这一次再连起来全部走上一遍。现在已经走了一半，准备接着走完。目的是要争取做到心中有数，说得出这个"糖葫芦"怎么个穿法，最后形成关于促进京九铁路沿线地区加快发展的设想和实际操作的办法,为这个"糖葫芦"的最终成型,为沿线贫困地区和欠发达地区的加快发展和脱贫致富做一些有所助益的工作。

这个题目里边,既有农村工业化的内容,也有农村城市化的内容,更包含着区域发展的具体研究和实际操作。从北京、香港这样的国际性大都会,到沿线各省的中等城市,再到各个层次的小城镇,其间涉及到生产力布局、人口分布、基础设施、市场网络、流通渠道、金融与信息服务、教育和科技的发展、资源开发和环境保护等各个方面的问题,以我现有的知识,是远远不够用的。但是我愿意学,我也相信自己在为这个题目进行的实地调查中能学到有关中国农村工业化和城市化的更多一些知识,并希望今后还有机会就今天的讨论题目向各位汇报新的学习情况和心得。

1998 年 11 月 14 日

传统产品与科技相结合
促使乡镇企业异军再起①

去年我参加了中央统战部组织的各民主党派领导同志京九铁路考察团，曾经来江西看过。我体会这是中央希望民主党派的同志，多为加快京九铁路沿线地区的经济发展出些主意，想些办法。从那以后，我一直想再到江西来，花点时间多看看、多学学。这次借全国人大检查组到江西等地检查《科技进步法》实施情况的机会，实现了这个愿望。

这次在江西看了不少新东西，增加了对江西的了解。我最早知道江西是小时候念王勃的《滕王阁序》，现在全文虽然背不下来了，但是其中有名的句子还有印象。"物华天宝，人杰地灵"这两句话就表明江西这个地方物产丰富，人才辈出，人加物等于生产力，江西应该很富强才对。但是现在看来不是这样，虽然我没有掌握具体的数据，但听到的很多，江西给人们的印象是个老区，曾经为革命做出了很大贡献，但是当前还比较贫困。近几年经济建设取得了很大成绩，但是变化不像发达地区那么快。总的讲，江西还是一个欠发达地区。

这次我到景德镇访问，感触很深。景德镇号称"瓷都"，但是

---

① 本文是作者视察江西时和地方干部的谈话。

有着一千几百年历史的陶瓷业却一直没有发展成一个大的经济力量。景德镇的这个现象表明了江西省的特点，潜力很大，但还没有发挥出来。

我喜欢讲点历史，因为不了解历史，就不容易了解现在。王勃写《滕王阁序》是在唐初，距今有一千三百多年了。到了北宋末年，东北的游牧民族进入华北中原地区，占领了长江以北的广大区域，使得北方大批的优秀人才，集中到了长江以南，从而促进了这一地区的经济发展，成了全国的经济文化中心。景德镇之所以能成为当时的陶瓷中心，正是靠了这一时期的大移民。直到现在景德镇的艺术陶瓷在世界上仍然享有很高的声誉。到了明朝，朱元璋开发西南，大批汉人从内地迁移过去，大量的人口通过这里转移到西南，江西成了当时的人口转运站，古代交通运输的水运中心。唐代大诗人白居易在《琵琶行》中写的"商人重利轻别离，前月浮梁买茶去"讲的就是当时经济贸易发达的情景。到清末，帝国主义用枪炮打开了中国的大门，强迫清政府开"通商口岸"，其中就有九江。这些事实说明这里的市场经济发展得很早，也很发达。江西在中国经济文化历史发展过程中曾经占据了重要的地位。

现在京九铁路已经开通了，贯穿整个江西省，南接亚洲经济、金融中心香港，北连祖国大陆的政治、经济中心北京；长江水运可以直通上海；公路交通也有了很大发展，加上空运，形成了立体交通网，这个条件是几千年来所没有过的。江西的区位优势越来越凸现出来。再加上江西开埠早、本钱足，有这样好的底子，江西一定会成为中国经济发展新的增长点。当前重要的是，如何挖掘潜力和充分利用现有的条件。

江西发展的条件应该说是很好的，但是为什么长期以来工业一直发展不起来呢？这是个大问题。大家都说经济的发展最终要靠工业的发展，问题是工业如何发展。以前搞计划经济，靠上边给钱给项目，现在国家实行市场经济，再不能像过去那样，一味"等、靠、要"，而是要靠自己，现在确实比过去困难了。江西是个农业大省，如何发展工业呢？我认为还是不能脱离自身的特点，真正搞活江西经济还要靠农业，要发挥农业的基础作用。我在郑州讲过一句话：要从农业中长出工业来。就是要发动农民，家家户户从搞农民熟悉的庭院经济、从搞农副产品加工开始，千方百计增加收入。一旦农民口袋里有了钱，就会逐步发展起乡镇工业。走这条路发展起来的例子很多，比如河南漯河的南街村就是从烧砖磨面开始，发展到进行面粉的深加工，农民富裕了，整个村子变了样。你们这里也有这样的例子。南昌市郊区湖坊乡的热心村，就是由几个热心人，用国家征用土地的一笔钱，从搞橘子水开始，从一个小企业一步步发展成实力强大的大企业。热心村开始的时候也很困难，但是他们找到了突破口，靠自己的艰苦奋斗，成长起来了。现在他们有力量到外边去招聘人才，借别人的"脑袋"发财。热心村能做到的，别人也应该能做到。

　　从农业大省到强省，还是要加强发展工业，在这个过渡时期里，应该大力发展乡镇企业。现在的乡镇企业同十几年前的乡镇企业已经不可同日而语了，有很多已经发展成大集团。就以热心村的"热心（集团）总公司"来说，总公司下属企业包括了洪城制药厂、小霸王食品集团、开心食品集团、新兴装潢彩印厂、热心汽车修理厂。此外还办了农场、避暑山庄和综合服务公司。他们生产的土霉素、青霉素等产品占领了不小的国内市场，还销往国外。去年全村实现产值达3.6亿元，上缴税金367万元，创汇

1200万美元。村民年均收入6100元。我去参观的一户农民家，是一座四层楼房，房间里电器设备齐全，进门的时候看见两个孩子正在玩电脑。

这次检查组还参观了南昌绿色工业（集团）公司。他们依靠科技人员，应用科技知识，从绿茶中提取出一种叫茶色素的生物活性物质，这种生物对危害人类健康的心脑血管病、肿瘤、糖尿病，有预防和治疗的作用，从而使茶叶一下子身价百倍。我国是世界上最早的产茶国家，种茶已经有四千多年的历史，茶不仅是我国人民最喜爱的饮料，而且茶的药物作用早已为人们所认识。但是长期以来，我们很少对茶叶进行深入的科学研究。绿色集团请来专家、教授，为他们提供条件，用现代科技手段，终于从传统的东西里面推陈出新，创造出新的东西。

我在景德镇农科所也看到一个成功的例子。这个所过去长期靠国家拨经费，日子一直不好过。该所的刘浩元同志是个有心人，他偶然在一份科技刊物上，看到国外应用酵酶技术改变牛肉纤维的报道，受到启发，经过多次试验后终于搞出一种新食品——板鸡。刘浩元同志告诉我，这种酵酶技术与我国盐水腐乳的制作方法很相似，是利用微生物在一定条件下合成生物素类蛋白质及生物酶介糖化的原理，使鸡肉变得刺激人的食欲而且易于消化吸收，所以板鸡食用时口感特别鲜嫩。对于他所讲的这一套食品加工，我是外行，不过，像板鸭这类食品我却尝过不少，这次我尝了板鸡的样品，觉得咸淡适中，几乎吃不出有粗硬的肌肉纤维，咀嚼毫不费力，与过去吃过的，用传统方法制作的同类食品味道确是不同。味道入里，十分鲜美。

美味的板鸡能够生产出来了，接下来就要把这种加工技术转化为生产力，也就是要打开市场。1993年他们组成公司，到上海举办了一个"板鸡品尝会"，没想到一炮打响，定货接踵而来。当时他们的资金、场地、人手都不足，生产能力还很小，为了尽快满足市场需求，他们采取公司+农户的经营模式，组织周边的农村发展养鸡业，公司提供产前、产中、产后服务。公司在投资不大的情况下，当年就生产了64万只板鸡，同时也使农民得到了实惠。1996年年产1000万只，产值达2亿元。现在，在公司登记注册的养鸡户有6000个，并已扩散到南昌、九江、安庆、祁门等市县。现在实力强了，发展成德宇集团公司。

德宇集团和绿色集团为什么会发展得这样快，关键在什么地方？我看就在于他们能够将传统的东西和现代科技结合起来，使科技成为生产力，同时开辟出大的市场。这些成功的例子，使我感到我们要十分重视实用科技的开发利用，真正使科学技术能为生产服务，成为生产力。另外我也看到，德宇集团把公司+农户这个公式延伸到了与科技相结合。别看小小的一只板鸡，却需要养殖、防疫、化学、微生物学等多种学科的知识，科技含量很高。靠"科学技术是第一生产力"这几个字，他们取得了今天的成绩。我想乡镇企业今后如何"异军再起"，也得走传统加科技转变成生产力再加大市场的这条路子。传统就是中国特色的一个方面，我们要在社会主义制度下，把传统、科技、生产力、市场有机地结合起来，走出一条社会主义市场经济的路子。

1997年我们国家取得了很大的成绩，中共十五大胜利召开，为我们指明了今后前进的方向；香港回归、江主席访美等大事，表明中国的综合国力又有了进一步提高，在世界上的地位有了显著变化。

在国际、国内这样好的形势下,江西也迎来了有史以来最好的发展形势。希望江西能够抓住机遇,跟上这个形势,因地制宜,根据自己的特点发挥优势,以老区的革命精神,艰苦奋斗,一定能够取得更大的成绩。

1997 年 11 月

苏南乡村发展的新趋势

从 70 年代末期开始我的第二次学术生命以来，差不多每年都要回家乡苏南走一走，有时候甚至一年几趟，去看看那里的变化。不久前正是春暖花开的季节，我用一个月的时间又一次走访了苏南的一些地方。我的行程从南京开始，最后一站是我出生的地方——吴江。在吴江期间，我第 23 次专访了江村，了解江村的发展，看望那里的乡亲和领导。时近清明，大地上油菜花正黄，柳树嫩绿，掩映着一片又一片新盖的民居，爽心悦目。

一、回顾乡镇企业的苏南模式

我曾经说过改革开放以后苏南乡镇企业发展的基础是"文化大革命"时期的社队企业。回顾这段历史，这地方乡镇企业的萌芽应该说早在 50 年代后期已经茁长。在对农业、手工业、工商业进行社会主义改造的过程中，成立了手工业合作社，专业的从业人员虽然不多，吴江县只有 288 人，但兼业的人员多达 16530 人。在大炼钢铁的 1958 年，吴江县的农村工业产值已占到了全县工农业总产值的 13.3%。到了"文化大革命"早期，这个数字才降低到了 1.3%。后来，在城市停产闹革命、城镇青年下乡锻炼和城市大工业的旧设备急于寻找出路的情况下，苏南这些靠近大城市的地区，偷偷地接受城市工业的辐射，又大搞"五小工业"：小化肥、小农机、小水泥、小钢铁、小化工。70年代，吴江县出现了村办工业，到70年代中期，农村工业的范围包括了纺织、食品、工艺服装、农机具、机械、电子、冶金、化工、建筑材料等，这些社队工业是后来乡镇企业大发展的直接基础。

80年代初期，我在总结苏南乡镇企业经验的时候提出，苏南的干部和群众采用多种方式在农业之外发展了农村工业。最早是搞农产品粗加工，办酒厂、粮油加工厂、丝厂、皮革加工厂等。后来又进了一步，引进技术，采用城乡挂钩、厂村挂钩等方式，发展了传统的丝绸工业、和"文化大革命"时期开始的化工、纺织、金属加工等等。在技术和管理上有了一定的基础之后，又同大城市工业联营，开展多方面的产品互补、技术协作等等。当时，我把这样的农村工业发展路子叫做"苏南模式"。

"苏南模式"的主要特点大致可以归纳为这样几个方面。第一，集体所有制。苏南乡镇企业的基础是"文化大革命"时期的社队企业，在农村人民公社体制解体的时候，苏南根据本地情况，没有像许多地方那样把集体的资产分光，而是利用集体的优势，在过去的基础上进一步发展了农村工业，让集体的资产不断壮大。第二，接受大城市的辐射。苏南各地的机械加工、化工、纺织、电子等各种行业，在产品销售、技术发展，甚至生产环节等方面都和大工业有各种密切的关系。第三，政府经营。社队时期的集体资产是由政府管理的，乡镇企业继承了这个遗产，在计划经济力量仍然强大的时候，政府能够为企业做的事情很多，企业的原料、资金、销售都离不开政府的帮助；反过来，企业也能够为政府提供财源，企业的利润可以直接被乡镇政府拿来做各种地方上的事情，包括公益事业；这种互倚互惠的关系使企业的经营活动"政企不分"。第四，离土不离乡。乡镇企业的工人大多是本地的农民，他们在农业之外多得一些收入。他们在企业里工作，但大多仍住在乡下。这样一方面企业少了许多的负担，降低了生产成本，增强了产品的价格优势和企业的生存能力；另一方面，万一企业缩紧了，农民还有一条回到农业的退路。这种离土不离乡的就业方式成为了农村剩余劳动力的蓄水池。第五，工农相辅。乡镇工业是农村剩余劳动力以新的劳动手段和新的劳动对象相结合的产物，它是农民依靠集体的力量办起来的工业，它不仅不会损害作为自己基础的农副业，而且能在为国家财政收入上做出一定贡献的同时，主动承担起支农、补农和养农的责任。乡镇企业收入的一部分被乡镇政府用来增加农业的基础设施建设，农民从乡镇企业获得收入的一部分也被用来增加对农业的投入。所以，在农村工业高速发展的时候，苏南并没有出现工业化国家早期那样的农业凋敝，而是形成了工业和农业的共同发展。

在后来的调查研究中我发现，"苏南模式"的这些特点使乡镇企业获得了以小补大、拾遗补缺、适销补需的优势。乡镇企业一方面把眼睛盯着城市工业生产千差万别的少量需要、特殊规格，以小补大；另一方面把眼睛盯在大工业的缺门上，发展自己的产销路子；再有就是把眼睛盯在城乡对小商品的需求上，利用船小好掉头的优势，生产城乡人民日常生活必不可少的千千万万的小商品。

到 90 年代初期，苏南乡镇企业的发展成为了地方经济增长最快、最活跃的一部分。仅以在苏南发展中属于中等地位的吴江为例，1990年和1978年相比，乡镇企业就业的人数从4.2万人增加到11.8万人；工农业总产值从1.2亿元增加到52亿元；利润从2486万元增加到9731万元；税金从434万元增加到8269万元；固定资产原值从3236万元增加到近6亿元。

二、乡镇企业的发展和改革

在苏南地区，城市工业、乡镇工业和农村副业，这三种不同层次的生产方式浑然一体，构成了一个区域经济的大系统。随着乡镇企业的发展，大量的农村剩余劳动力有了一条出路，到90年代中期，大约2/3的农村劳动力进入了工厂做工。虽然各地对这批脱离了农业的劳动力叫法不同，但意义却相同，那就是各种方式下农工相兼相辅，这是他们最大的特点。兼业劳动队伍的形成不仅影响到社会结构，而且改变了人口的分布。

乡镇企业的这种发展势头在90年代得到了继续，不仅如此，在这次的访问中，我还发现"苏南模式"又有了新的发展和改革。大约是从90年代中期开始，一部分乡镇企业通过产权制度改革已经集团化了。在常熟，我看到了从村办企业起家、生产床上用品的梦兰集团，现在有资产2亿多元，职工1000多人。领导这个企业的女老板告诉我，他们的产品在全国各大中城市都有连锁店，产品还销往欧美和东南亚的许多国家和地区，产量、销量、人均创利、综合效益都处于全国同行业的领先水平。另一家以生产羽绒服为主的波司登集团，近几年的发展势头也很迅速，他们紧紧围绕市场做文章，每年推出近百种新款式，使产品牢牢站稳市场。

到1998年，他们已经连续四年创全国同行业产销量第一。位于常熟市辛庄镇的江苏隆力奇集团的老总告诉我，1986年，这个集团所在的村还是全苏州最贫困的村，村里欠银行的债务达30多万元。从捕蛇开始，一位姓徐的农民在蛇加工上做文章，不断发展，到今天他的集团已经有净资产2亿多元，员工1700多人，其中大中专毕业生400多名，生产的产品包括五大系列1000多个品种，产品远销世界各地，1998年的销售额达到了1.8亿元，利税4000多万元，成为国际上知名的蛇产品企业。在和我的交谈中，这位老总已经注意到企业发展和科技运用的关系，提出企业发展最重要的是人才、技术和市场。在昆山期间，我还访问了一家这样的企业，10年前只是一个校办工厂，如今已经发展成为一个拥有7000多名职工的"好孩子"集团，他们生产的儿童用品销售到世界各地，童车的市场占有率高居同行业的首位，在访问中，集团的老总还跟我说，中国的轿车做不了世界第一，但他要争取让中国的童车做世界第一。

在我一路访问的10个地市中，净资产亿元以上的企业集团数量并不少，据当地的干部同志告诉我，一个县市少则几个，多则十几个，他们有的是在原来的镇办或村办企业的基础上发展起来的。这些企业的一个共同特点就是和市场的关系很紧密，有的甚至已成为国际市场的重要部分，像昆山市的一些企业主要依靠国际市场，这些企业不再是我在80年代讲述的那些"船小好掉头"或者"船大抗风浪"的那些乡镇企业了。经过产权制度改革，他们已经成长为市场经济中的现代企业。在他们身上所表现的技术、管理、经营水平不比我们很多国有大企业差，也可以和国外的同类企业进行竞争，"乡镇"对于这些企业来说，仅仅只是企业出身所处的地域概念。像昆山开发区中的企业，"乡镇企业"和国内的大公司具有同等的实力和水准，吴江开发区中的企业也是如此。对这些企业而言，"乡镇企业"已经是一项不太合适的帽子了。

促进一些乡镇企业集团化的产权制度改革在苏南没有统一的方式，改革的时间也有先后。在改制的过程中，原来集体所有制企业的一部分集团化了。对于大型企业而言，总的趋势是实行股份制。和我过去所讲述的"苏南模式"比较，股份制的一个重要影响是使乡镇企业所有制发生了变化。从我这一路的访问来看，在大多数实行股份制的企业中，地方政府都已经从企业的经营管理中退了出来，不再直接参与企业的经营活动。地方的领导告诉我，这样做的目的是为了使企业更好地适应市场的变化，在市场竞争中获得活力。企业老总们则告诉我，股份制以后，企业家有更大的自主权决定企业的生产经营活动。近几年一个显著的变化是，为了在激烈的市场竞争中求生存求发展，企业不得不把重点从劳动力转到资本和技术上，也不得不多考虑经济效益，不得不减员，不得不让过去离土不离乡的农民离土又离乡了。

除了股份制的企业集团之外，另有一部分企业仍然保留着村办或是镇办的集体性质，但是这样的企业在整个乡镇企业中已经不是主要部分了。即使在这些企业中，也有一部分采用了股份制的方式，只是保留了集体的较大股权，当地的人把这样的方式称为"股份合作制"。至于那些效益不佳、前景不明的企业，干脆解体了，集体的资产被拍卖，人员被遣散回家了。

这一路的访问中我还了解到，在乡镇企业产权制度改革的过程中，大约有20%—30%的乡镇企业员工属于富余人员，考虑到企业的继续发展会吸收其中的一部分劳动力，大约也有20%左右人员面临下岗。乡镇企业改制前后苏南各市镇的经济发展水平虽然有些差别,但农村劳动力的大致分布是,70%左右的劳动力以工业为主,30%左右的以农业为主。总体上看,集团化的企业稳定了大约1/3的农村劳力,他们有的已经成为城镇居民的一部分,有的虽然仍居住在乡村,但这些人是不大会回到农业中了。一些在改制中被动"下岗"的工人许多已经在城镇里办起了第三产业,进入了城镇服务业领域,大概这些人也很难再回到农业生产中间去了。

还有一些人又回到了农村,但不一定完全回到了农业中。我在开弦弓访问时得知,那里的织机从工厂又搬回了农家,原因是村办的集体企业经营效益不佳,垮了,原来工厂的工人回到了农村,办起了家庭工厂。另一个家庭工厂发展的例子不是因为集体工厂垮了,而是因为在家庭工厂和集体工厂之间形成了不同的分工。吴江市横扇镇叶家港村的朱书记告诉我,1982年村里有一个村办羊毛衫厂,工人基本上是本村的农业剩余劳动力。1986—1987年时,农业剩余的劳动力越来越多,有的农民自己办了一些小工厂,收入不错。那个时候政府虽然不鼓励家庭工业,但也没有明令限制。羊毛衫厂的工人自己也出来办起了家庭工厂,进行羊毛衫加工。1988—1989年,农民家庭办的私营工厂就已经很普遍了。这个时候的集体厂虽然没有垮掉,效益也还不错,但在工厂工作的工人基本上都不是本村的劳动力了,一部分是外村的,一部分是从外省来的。1992年,集体厂的管理人员也不愿意干了,即使是年薪10万元,也不愿意,因为家庭工厂的收入更高。1992—1993年的时候,全村50%的家庭都办起了羊毛衫加工厂。集体厂的羊毛衫加工实在办不下去了,干脆关门,把所有的机器都卖给了村民，利用原有的厂房办了一个印染厂，为家庭工厂提供染色服务，赚到的钱用来办公益事业。由于交通比较便利，这些年家庭工厂发展很快，过去集体厂的技术骨干，现在一般也有100多万元的资产了。

在整个横扇镇，从事羊毛衫生产的家庭有2700多户，家庭织机多达1.8万多台，每年生产的羊毛衫有5000万件。当地的老乡说，在发货旺季，每天从镇托运站发出的羊毛衫多达2700包，总计50多万件。羊毛衫的生产又带动了一大批产业。现在他们在全国各地开设了转销店500多家，在像北京、天津、郑州、哈尔滨等大城市也设有专销门市部，经销羊毛衫的家庭多达1000多户。生产的扩大又推动了地方服务业的发展，镇上建起了托运站、经营羊毛纱的批发店，还有交通运输、餐饮服务、通讯，每100人的电话普及率也达到了18部。

但是，像叶家港这样的例子在苏南地区并不是主流，回到了农村的劳动力找不到工作的例子也不少见。

三、农业产业化和集约农业的发展

在昆山访问期间，我参加了昆山市政府举办的昆山经济发展咨询会，会上市领导介绍的"一碗面、三篇文章"的例子让我看到了这些年农村经济的另一个趋势。台湾的统一企业在昆山投资了一个方便面厂，用来做方便面的面粉必须是高强度的面粉。苏南人的传统习惯是吃米不吃面，对小麦生产历来都不太重视，本地没有好的小麦品种生产高强度面粉，工厂生产用的原料不得不从外地购买。昆山人看到了这块利益，他们通过引进优质小麦品种，形成了农业的产业化经营，这是第一篇文章。第二篇文章是方便面的碗。现在方便面通用的碗多数使用化工材料，泡沫和塑料都有，构成对环境的"白色污染"。苏南农村传统的燃料是稻草，农村经济发展以后，农民烧火做饭的燃料从稻草改用了煤，现在多数又使用液化气了。稻草逐渐成为了农业生产的一个负担，还田做肥料只能解决一部分问题，焚烧又污染空气。昆山人想到，能不能用稻草生产方便面碗？他们做成了，据说这样的碗放在水中48小时就可以溶解。用稻草加工方便面碗既解决了处理稻草的难题，也解决了方便面碗的环境污染问题。第三篇文章是方便面的汤料。昆山当地有一种有名的传统食品叫奥灶面，面并没有什么特别，和江南人常吃的阳春面差不多，特别的是面汤，据说是用鱼和中药材等多种原料配制成的。我在昆山期间有幸品尝了这一地方佳肴，味道的确不错。昆山人把传统的面汤拿到现代化的实验室进行分析，获得了合成生产的方法，生产面汤的原料仍然从农业中来。这三篇文章带动了农业的三个产业。

在吴江的访问中，我也碰到了相似的例子。吴江市的八圩镇原来是一个农业社区，围绕着农业的优势他们发展了水产、畜牧和禽蛋加工。镇党委书记吴炜女士告诉我，现在全镇从事禽蛋加工的农户有1000多户，年产3亿枚加工蛋，收入1000多万元。全镇多种经营的产值达到3.8亿元。在一些村庄，农民收入的1/3来自禽蛋加工业。为了提高农产加工品的附加值，这位苏州市唯一的年轻镇党委女书记说："我们在禽蛋加工方面还加入了科技，生产了无铅含锌皮蛋、真空包装熟咸蛋等，其中真空包装熟咸蛋直接进入了超市。"禽蛋加工业的发展也促进了运输业的发展，现在专门从事运输的农户达到 600 多户，禽蛋销往 20 多个省市。

紧邻八圻的莞坪镇是一个外省移民形成的社区。大约 100 年前，一位沈姓的外省移民在这里围垦，聚集了一些外来人口，现在的人口构成包括来自 18 个省、184 个县、9 个民族的移民，人口的复杂构成甚至形成了不同于吴江话的莞坪话。莞坪一向很穷，1958 年成立人民公社时，全社只有其他人民公社赠送的 64 头耕牛、84 件农具、1000 多元钱，当时全社只有排灌站的房子是砖砌的，其余都是草房，人称江南的北大荒。近些年，全镇积极发展农业产业化，水产养殖面积达到 12000 亩（内塘 8000 亩，太湖 4000 亩），其中养殖的高档水产品种占 70%，还有藕 1000 多亩。他们还利用临近太湖的小气候，种植了柑橘 3000 亩，目前正在引进日本的品种进行改良，三年内可以完成。通过农业产业化的发展，农民的收入提高较快，1998 年人均收入已达 4000 多元，比较吴江市的其他镇虽然还有距离，但是和他们自己的过去相比，进步的幅度比其他镇还大。现在全镇的农户都住上了楼房，有的还是洋房别墅。1998 年全镇普及了电话，教育达标了，而且成了苏州市的卫生镇。

在农业产业化和集约化经营走得更进一步的地方，基本上已实现了农业机械化和设施化，在昆山和张家港可见到塑料大棚和计算机管理的温室。农业的产业化和集约化一方面稳定了一批农村劳动力，他们不需要从事工业也能够获得比较高的收入；另一方面，机器、设备、技术、资本代替了人的手工劳动，又释放出一批劳动力。

四、向城镇化迈出一步

30年代，小镇的繁荣是依靠城市和乡村之间农副产品和工业品的交易，农民把自己生产的粮食、蚕茧等农副产品卖出去，买回日常生活所必需的油盐酱醋和生产工具，交易的地点发生在像吴江震泽那样的处于交通要冲的小镇，它是农副产品与工业品交易的集散地。

80年代初期，我看到农民家庭副业的兴旺和听说那几年小城镇也在恢复繁荣起来的情况，曾经产生过一种错觉，以为是农副业商品生产的发展促使小城镇复苏。后来经过实地调查才发现，苏南小城镇的复苏和繁荣，是因为小型工业，特别是社队工业的发展使一部分农民转化为工人，县办和镇办工业的发展招收了相当数量的农村劳动力，不少农民到小城镇里来了。农民到镇上与镇上的工人一样干活，甚至那些条件最差、最累、最重的活往往由他们来承担。他们实际上是工人阶级队伍中的新成员。根据当时的统计，农民工挑着小城镇工业1/3的担子。因此，小城镇兴衰的直接的原因是社队工业后来叫乡镇工业的迅速发展，不能说主要是多种经营、商品流通的结果。

乡镇企业20年的发展在促进农村经济繁荣的同时，也为当地的居民增加了收入。还是用我的家乡吴江市作为例子：1978年吴江（当时为县）农民年人均纯收入仅为173元，1998年已超过了5000元，即使在比较贫困的莞坪，也超过了4000元。镇江、无锡、常州、苏州的领导告诉我，当地农民年人均收入的平均水平都已超过了5000元。

1983年左右是苏南农民从乡镇工业发展中初步得到收益的时候，记得当时在我们调查所经过的地方，农民住宅已在更新，使得农村面貌焕然一新。长江北岸开始"草房改瓦房"，苏、锡、常开始"瓦房改楼房"，一幢一幢地绵延几里。

自从我三访江村以后，每次返回苏南都会体会到城镇建设和农民居处的新变化。10多年中，张家港已经从一个不知名的小镇成长为一个现代化的都市，昆山市的城区面积从4.5平方公里不断扩大到了现在的37平方公里；吴江市、吴县市和苏州市已经连成一片。在这样的背景下，广大的乡村出现了第三次"建屋热"。

我第一次注意到江南鱼米之乡的"建屋热"是在三访江村之后，那时是把砖瓦房改建为钢筋水泥的二层楼房。村里的乡亲告诉我，砖房改楼房已经是第二次"建屋热"了，第一次是将草房改建为砖瓦房。在没有能力建造砖瓦房的时候，草房是农民的主要居住场所。通常的草房建筑是用木料做骨架，用泥土做四壁，用稻草、茅草、麦草盖屋顶，天长日久、风吹雨淋，房子很容易受到损坏，居处不得安宁。因此，草房改砖房的动力可以说是来自自然的力量，盖砖房是为了抵御风雨、保证安居。砖房改楼房已经超出了安居的基本要求，超出了居住的一般需要，部分是属于家庭副业的生产投资，还有部分是属于"实物存储"。农民从商品生产中获得的收入，一时消费不了，按照农民的传统心理，要变成不动产才放心，所以也构成了兴建房屋的一种动力。这第三次"建屋热"又不同于前两次，农民建造的是西洋式的"别墅洋房"，许多是四壁瓷砖，屋顶琉璃瓦，少则二层，多则四五层，占地面积大多数为草房的2—3倍。这样的建筑除了安居、实物存储以外，更多了一份夸耀的性质。我在全国各地的农村访问中了解到，大约农民人均纯收入在 500 块钱左右的时候，就要整修房子了；1000 块钱左右的时候就要加楼，特别是给孩子的结婚用房；5000 块钱左右的时候就要建筑别墅洋房了。

苏南的第三次"建屋热"就是从人均年收入 5000 块钱左右开始的。在一路的访问中我了解到，在经济较发达的村镇，目前别墅洋房大约占到了总户数的 1/3 左右。今年的元宵节，我访问了吴江市横扇镇的叶家港村，那里的居民 50% 都造了别墅洋房，金泉羊毛衫厂的老板告诉我，他造了两幢洋房，花了 100 多万元。在经济不算太好的地方，也有人在跟随模仿。从庙港到江村的途中，我看到了正在建造的洋房式别墅。我的学生到村里走了一圈，回来告诉我，村里的马路上到处堆放着盖房用的石子和砖料。从江村回松陵镇路上，我还注意到大多数运河船只装载的也是建筑用的石料、水泥预制板。

和前两次的"建屋热"不同，在第三次的"建屋热"中，除了村民住房以外，还有生产厂房。在家庭工业发展较快的村镇，家庭工厂的规模逐渐超出了一家住房可以容纳的范围，造了两幢洋房的羊毛衫厂老板就准备向村里申请 8 亩地盖一片标准厂房。大概用不了多长的时间，家庭工业的扩展都会碰到这个问题。因此，和 80 年代初期的砖房改楼房不同，第三次"建屋热"不是在原来房屋基础上的修补，而是全面的改造，占用的土地比原来也大得多。叶家港的人告诉我，他们那里的一幢别墅洋房一般要占用 1 亩地左右。我在常熟访问时也注意到，根据政府的规定，每户的宅基地面积应该为 235 平方米左右，实际上农民的新房远远超过这个标准，有的地方人均宅基地占地已经超过了 260 平方米。

直观地看，"建屋热"可能造成的影响是耕地的大量减少，房屋的大量重复建设。当地的领导已经注意到这个热潮可能引起的后果，他们给我算了一笔账：每个农户造一幢二层别墅洋房的基本费用大概为20万元，装修大概10万元，占地面积平均为560平方米。仅苏州市112万农户，花费在建房上的费用大约为3360亿元，占地面积为627平方公里，相当于16个昆山市建成区的大小，这还没有包括道路和公用设施占地。即使假设完成这一次"建屋热"要花费10年的时间，每年花在这方面的资金和物质仍然是一个很大的数字。

根据这个事实，当地的政府已经在着手进行建立"中心镇"的设想。我在常熟访问时，有机会参加了一个座谈会，专门讨论"中心镇建设"问题。在讨论中，我学习到，苏南各市市政府所在地之外的小城镇，目前建成区的面积一般在1—3平方公里之间，这样的小城镇大多数可容纳的人口在3万人以内。在昆山的咨询会议上，城市建设专家提出，从基础设施建设和服务行业发展等方面考虑，这个规模是不很经济的。常熟市支塘镇的同志反映说，支塘镇有3万多人（包括农村人口），在常熟市属于人口规模比较大的镇，1998年出生的儿童只有138人，若干年后，镇里学校就会面临生源短缺的问题；镇里花了大量财力物力建设的中心卫生院和学校虽然为周围镇的居民提供了便利，但却为镇里的财政带来了负担，形成了小马拉大车的格局。这已成为了近几年苏南地区城镇建设的一个值得注意的课题。

现在我们需要研究下一步怎么迈？苏南的同志提出的"中心镇"是规模5万人，占地5平方公里，辐射半径5公里。问题是建成这样的中心镇大约要花多少钱？钱从哪里来？我们现在知道农民正在村子里造洋房别墅，农民手里有钱，支塘镇有3万人，人均存款 1.8 万元；叶家港村 1300 人，人均存款也有 1 万多元。所以我认为首先是如何让有经济实力的农民愿意把房子造到镇上去？

这里，我们碰到了苏南进一步发展的新问题。乡镇企业的现代化释放出一部分劳动力，农业的产业化和集约化也释放出了一部分劳动力，农村经济的发展提供了农民改造居住用房和生产用房的基本资金，小城镇的发展考虑规模效益和避免土地和资金的浪费需要农民把房子造到城镇里，但是我们不能让农民住在城镇里没有事情做。换句话说，农村工业化、农业产业化和乡村城镇化从不同的方向走到了一起，遇到了一个共同的难题：如何解决农村剩余劳动力的出路。这些年发展的第三产业、家庭工业是解决这个问题的一个途径，有了规模的家庭工业需要政府引导，提供优惠的条件让他们把厂房造到城镇，但是，这不是解决问题的全部，重要的还是要从整体考虑产业的发展，只有让搬到城镇居住的人获得稳定的收入，他们才会安心住下来，这才是城镇发展的出路。有人做过一个估计，在未来的 20 年内，全国大约有 5 亿左右的农村人口会离开农业，现在这批人还在原地，如何安排这批人，我们必须从战略的高度提早研究，研究城镇发展的下一步，研究城镇社区的空间布局。对这些人口，我不主张大集中，而希望能在最经济的条件下集中到城镇里来。

1999 年 4 月 29 日于北京北太平庄

中国城乡发展的道路

——我一生的研究课题

70年代末80年代初，中国农村改革以农村家庭联产承包责任制为突破口迅速推向全国，接着促使部分地区乡镇企业异军突起，现在乡镇企业已经成为全国农村经济的一大支柱，在我国整个国民经济中也是一支不可忽视的重要力量，而被认为是"达到小康水平的必由之路"。中国城乡发展已找到一条有自己特色的道路，全国农民绝大多数已经脱贫，走向较高的生活水平。

近十多年来乡镇企业一直是我的一个重要的研究对象，并且有一个很长的背景，可以说是我学术生涯中的一个主要部分，今天请允许我借此机会谈谈我这项研究的经过。

我最早到中国农村进行实地调查研究是在1936年。那是我从瑶山调查受伤以后，回家乡养病时，在吴江县庙港乡开弦弓村开始的。我所以选择开弦弓村，是接受家姐费达生的建议，她在这村里帮助农民办了一个生丝精制运销合作社，那是我国农民自己办的最早的乡镇企业之一。它引起了我的研究兴趣。那时我住在合作社的工厂里，看到农民在机器上缫丝，就想到这不是现代工业进入了农村么？我心里十分激动。我在该村调查了一个多月，便起程赴英国留学，在去伦敦的船上，把开弦弓村调查的资料整理成篇，并为该村提了个学名叫"江村"。

我在伦敦经济学院人类学系攻读博士学位时，根据这项调查材料撰写了论文。在这期间我的导师马林诺斯基正在研究文化的变迁问题，他十分重视农业社会转向工业社会的过程。我在他的指导下以"江村"为具体实例，描述了现代文化进入传统农村文化的过程。他在这篇论文出版时写的序言中说：对社会的改革"如果要组织有效果的行动并达到预期的目的，必须对社会制度的功能进行细致分析，而且要同它们意欲满足的需要结合起来分析，也要同它们的运转所依赖的其他制度联系起来分析，以达到对情况适当的阐述。这就是社会科学者的工作，所以社会科学应该在指导文化变迁中起指导的作用"。他认为有关蚕丝业的那章是最成功的一章，"它介绍了家庭企业如何有计划地变革成为合作工厂，以适应现代形势的需要。它证明，社会学需要研究社会工程的有关实际问题"。他对我在这些方面的鼓励对我后来的研究工作起了重要的指导作用。

人类学的发展到30年代，已碰到了研究文化变迁、变化接触的现象和现代文化的传播问题。我在留英之前，已经和燕京大学社会学系的一辈学生，在吴文藻先生的启发下，开始探索用实地观察的研究方法去认识中国社会，如杨庆堃的《山东邹平的贸易系统》，徐雍舜的《河北农村社区的诉讼》，林耀华的《福州的族村》，廖泰初的《动变中的中国农村教育》，李有义的《山西的土地制度》，黄石的《河北农民的风俗》，郑安仑的《福建和海外地区移民的关系问题》等等。所以马林诺斯基说："中国社会学界已独立自发地组织起一场对文化变迁的应用人类学的真正问题进行学术上的攻关。这一学术攻关表达了我梦寐以求的愿望。"马氏所支持的用现在的语言来说就是"理论联系实际的研究为社会改革服务"。这个方针可以说一直贯彻在我一生的学术工作之中，没有动摇过。

我们当时已经注意到中国农民在现代文化传播接触中，已无法维持原有的生活方式，出现了种种问题，主要的是农民的生活日益贫困。我在《江村经济》的结论里说："中国农村的基本问题，简单地说，就是农民的收入降低到不足以维持最低生活水平所需的程度。中国农村真正的问题是农民的饥饿问题。"而穷困的根源一是土地制度的不合理，其出路是改革土地制度。其次是人口的不断增长。要在土地有限的农村里维持这么多人口，一方面必须控制人口的继续增长，另一方面是要为充分利用农村里的劳动力从事各式各样的生产活动。可是当时的环境，一方面受到传统土地制度的束缚，另一方面又有外来势力和西方新技术的竞争，中国农民陷入极其贫困的境地。这种历史的现实促使我发生了尽力使中国农民脱贫致富的使命感，也为我后来一生"志在富民"扎下根子。

由于在实地观察江村时，看到了一个以合作为原则来发展小型工厂的实验，引起了我极大的兴趣。我认为这是个在发展农村经济上具有重要意义的实验。这就是当时我对乡镇企业最初的接触和理解，简单地说，我从开弦弓村实地调查中，明确地感觉到农村需要现代工业。可是，我并没有注意到这个合作工厂建立和存在，有其特殊的条件，就是它有家姐费达生所在女子蚕业学校技术推广部的支持，引进了科学技术和工厂管理，并帮助培养人才和组织生产。这是当时一般农村不可能都具有的条件。更重要的是我没有注意到当时在国民党统治下，土地制度没有改变，在商品生产上国外有强大的竞争力,这些实验固然取得了成绩,但由于客观条件不具备,这个小小的实验改变不了整个地区的农村面貌。

1938年,我在伦敦经济学院毕业后,怀着继续研究中国农村的愿望,暑假即急忙回国。但是我的家乡已经被日本军队占领,江村的小型丝厂已经夷为平地。我只能进入抗战后方的昆明。在昆明云南大学,我在吴文藻先生的支持下建立了一个小小的研究中心,继续进行云南省的内地农村调查。内地农村调查使我们进一步看到在一个人口众多、土地有限的国家里,要进一步提高农民的生活水平,重点应当放在发展乡村工业上。我在介绍云南农村调查的 *Earthbound China* 一书中,再一次更明确地提出了这个见解。现在回头来看,我的这项改变农民穷困的见解,尽管是从实际调查中得来的结论,但从整个局面来说,其实还是书生论政,纸上空谈。这也使得我抛弃了不问政治的态度,而投身于当时的民主运动。从此我的学术研究工作也和广义的政治分不开了。我当时提倡的"实用社会学或人类学",其实也就是中国传统的学以致用,政学不分的。

到全国解放后,在50年代初的三年国民经济恢复时期,我国农村成功地实现土地改革和农业恢复的目标。第一个五年计划时期,又使农业得以顺利发展,并且引导农民走上合作化道路。但是那时没有发展农村小型工业的政策。由于苏联模式的影响,在"以粮为纲"的口号指导下,农村主要是去搞粮食来支持城市发展大工业。

1957年我重访江村,看到当时农业上有了发展,粮食增产了,我感到高兴,但是为那种忽视副业和没有恢复乡村工业的情况忧心忡忡。农民自己有了土地使用权，但手中无钱，市镇上商品交换日益萧条，小城镇也萎缩了。针对这种情况我认为农村里应当提倡恢复副业和发展小型工业。我在《重访江村》一文中是这样说："农业显著地增产是不是提高了农民的收入呢？为什么农业增产了60%，而还有人感觉到日子没有以前好过呢？问题出在没有发展副业上。"同时，我重新提出了"乡土工业"问题，讲到村子里办小工厂的好处。但是这种主张与当时的政策相抵触，不但没有被接受，在"反右"时还受到了批判。

直到70年代，这种限制农村单纯搞粮食生产的政策受到了事实的挑战。这项严重的挑战来自人口的不断加速增长。单纯依靠种植粮食的低收入，使广大农民在那不断增长的人口面前无法维持他们已有的生活水平。解放时我国人口5.4亿，经过32年到1980年已接近10亿，增加了81%，每年平均增长19%；1978年全国粮食比1949年固然增长了169.2%，但按人口平均仅增长了52%。经过解放以来30多年，到1980年中国谷类的个人平均配额仅有580斤。以这一个仅够糊口的粮食来维持农民全部的生活费是远远不够的，何况各地区的产量不平衡，绝大部分地区的农民所得低于平均数，因而贫困重又成了农村的主要问题。这种严重的处境曾在60年代发生了全国性的"困难年"，饿死的农民上千上万，接着是"文革"时期，全国经济到了崩溃的边缘。我在这20多年中由于我的言论和当时的政策相抵触，被划为"右派"，失去了继续实地研究工作的条件。

80年代初，我的社会和政治地位恢复了，社会学也恢复了，于是又重新开始我的农村调查研究工作。1981年我三访江村。那时江村个人全年平均收入已接近300元，位于全国的前列，大约是全国平均水平的三倍。而三年前，即 1978 年江村个人平均收入还只有 114 元，为什么在短短的三年里这个村子农民会这样快地富裕起来？我看到家庭副业恢复了，集体小工厂办起来了。从农村经济新结构中农、副、工三方面来看，发展前途最大的显然是工业。

使我特别兴奋的是在这里看到了我几十年前所想象的目标已在现实中出现，而且为今后中国经济的特点显露了苗头。在人口这样众多的国家，多种多样的企业不应当集中在少数都市里，应当尽可能分散到广大的农村里去，我称之为"工业下乡"。工业下乡同样可以在国家经济结构中增加工业的比重，但是在人口分布上却不致过分集中，甚至可以不产生大量脱离农业生产的劳动者，在这个意义，为具体实现工农结合、消除工农差距的社会开辟了道路。《三访江村》是我在英国的老师 R. Firth 为我去伦敦接受"赫胥黎奖章"做演讲出的题目，他建议我讲讲江村在半个世纪里的变化，这次演讲也决定了我其后 10 年的研究课题——中国城乡发展的道路。

1982 年以后，我的研究领域逐步扩大，首先是从农村到集镇，提高了一个层次。由于我是从农村出发去研究集镇的，因而我的着眼点一开始并没有限于集镇本身，而首先把它看作是城乡的结合部，称之为小城镇，并提出了对小城镇"类别、层次、兴衰、分布、发展"的 10 字研究课目。我研究的地域也从家乡的一个村，扩大到包括七大镇、十几个小镇的吴江县。我把单枪匹马的个人研究改变为组织队伍的集体研究，打下以后建设研究中心的基础。

80 年代初期已是中国各地小城镇复兴的时刻，我注意到家乡吴江县各个集镇上的人口无不在迅速增加，追究过去，了解到它们都曾在50年代进入过一个衰落时期,人口下降,70年代后期陷入谷底,出现冷冷清清的局面。嗣后前前后后出现了生机,当我们1981年去调查时,这些集镇的面貌正在发生明显的变化,出现了欣欣向荣的势头。

这些集镇怎么会兴旺起来的呢?这个问题吸引了我,我注意到当时正在有如异军突起的发展着的乡镇企业,因为这些是公社和生产队所办的工业,所以一般都称作"社队工业"。集镇是社办工厂集中的地方。这时集镇上新办的工厂纷纷到农村里去吸引农民出来当工人,集镇的人口也就多起来了。工业带来了繁荣,集镇上新的建筑一座座盖了起来,面貌大变。农村里也由于生产大队或生产队办了工厂,收入增加了,农民生活改善了。

这里特别要提出的是人口问题。70年代中期中国人口压力越来越大,虽然提出了人口控制的号召,但已出生的人口已相当多。由于严格控制城乡人口迁移,用行政手段划清城乡户口,农村户口不能向城里迁移,于是农村中"隐藏"着大量的剩余劳动力。城乡户口的隔离迫使农民另找出路。

这条出路就是人口不走向城市集中而把工业拉进农村,使农村里的剩余的农业劳动力可以向自办的工业转移。通过农村工业化来改善农村经济状况,以提高农民生活,这应当说是中国农民逼上梁山、自己闯出来的一条生路。

正是那时客观上存在了发展农村工业的具体条件,一方面"文革"失败,政策改变了。公社制取消后,农民可以在粮食生产之外,生产其他的产品,副业、工业都产生了。另一方面在"文革"中一批大城市的技工和知识分子下乡,提供了兴办工业必需的知识和技术。在这些条件下,江苏省主要是苏南于1984年形成了兴办乡镇工业的高潮。

值得特别注意的是,由于这些乡镇工业办得好,因而富裕起来的乡村,农副业收入所占的比例不断降低,而在绝对数字上却相应地增长,增长速度也较工业不发达的乡村为快。这个事实应当大书特书,因为它向人们展示出我们中国在发展经济道路上的一种崭新的特点:中国社会的工业化是在农业繁荣的基础上发生、发展的,而且又促进了农业的繁荣和发展,走上现代化的道路。

这个特点的重要意义要和西方早年工业化历史相对照就容易看清楚了。欧洲工业化初期,在集中于都市里的机器工业兴起的同时,农村都濒于破产,农民失去土地,不得不背井离乡涌进城市,充当新兴工业的劳动后备军。西方国家现代工业的成长是以农村的萧条和崩溃为代价的。这是西方工业化的道路。在当前历史条件下,中国是决没有可能走这条道路的。不能想象上亿的农民,拥入城市来发展工业。中国要工业化只能走一条迥然不同的道路。农民在农业繁荣的基础上,以巨大的热情兴办集体所有制的乡镇工业。这种乡镇工业以巩固、促进和辅助农业经济为前提,农、副、工齐头并进,协调发展,开创了农村繁荣兴盛的新局面。这种工业化的道路,从具体历史发展来看,并不是从理论上推论出来的结果,而是农民群众在实际生活中自己的创造。

从实际出发进行研究来促进实际的发展是我行之有效的工作方针。工业下乡,发展乡镇企业都不是我的创造,而是中国历史上发生的事实。我作为一个研究工作者只是抓住这个历史事实进行分析、表达和传播,使人们能理解其在社会发展中的正面和反面的作用,从而通过对社会舆论的影响,对社会客观进程发生作用,从广义来说也可以包括在政治活动范畴之内。

在 80 年代农村经济大发展中，由于乡镇企业的兴起，在比较发达的地区，不论过去属于哪一种类型的乡镇都走上了工业化的道路，几乎都成了以乡镇企业为基础的小城镇，但是各地条件不同，所走的具体路子各有特点。这个客观的历史事实使我产生了"模式"这个概念。模式是从发展的路子上说的，因为各地的乡镇所具备的地理、历史、社会、文化等条件不同，在向现代化经济发展的过程中采取了不同的路子。不同的发展路子，也就是不同的历史进程，就是我们所说的不同发展模式。

1984 年我走出苏南，进入苏北调查，看到了两地发展上的差距，起初还以为是先后不同。1986 年在温州考察时，才进一步明白地区间的区别可以出于客观条件不同而所走的路子也不同，因而提出"发展模式"的概念。模式是指"在一定地区，一定历史条件，具有特色的经济发展的路子"。这个概念使我们的研究工作推进了一步，要求我们从整体出发探索每个地区的背景、条件所形成的和其他地区相区别的发展上的特色，从而引导我们进入不同模式的比较。

这个概念有它的实用价值，它防止了全盘照搬的办法，所以我们提出了"因地制宜，不同模式"的观点。后来在 1988 年，我在两广调查时，对当地农村迅速向珠江模式靠拢的事实，发现我所提出的这个发展模式的概念多少带有一点静态的意味，没有照顾到条件本身是个变数。而且路子尽管不同，不能排斥相互交叉和学习。所以我在《四年思路回顾》一文中又提出了"随势应变，不失时机"的观点，在发展模式的概念中注入了动态的观点。

提出发展模式的概念是有利于采用比较研究的方法。但也必须防止偏重于各模式之"异"，而忽视其所"同"。各种模式之所以能相互比较，是因为它们是在共同基础上出发，又向同一目的前进的，共同基础是我们传统的小农经济，同一目的是脱贫致富，振兴中华。概括起来看，乡镇企业的发展，必须具备劳动力、资金、原料、市场、技术和管理等条件，它们的来源可以不同，办法可以各异，但缺一不可。怎样把农村中潜在的巨大的剩余劳动力转化成生产力是我国农村经济发展共同的关键问题，但转化的办法有所不同。

对各种模式进行比较分析时，我们注意到内地和边区的农民即使有劳动力和启动资金，工厂还是办不起来的。乡镇企业必须有现代工业的制造技术和管理知识以及市场信息，而这些在农业传统里是得不到的，必须向工商业中心的城市中去引进，所以靠近城市的乡村比较容易发展乡镇工业。这说明了农民内发的要求还是要结合了外援才能办工业。这个事实使我们注意到城乡之间的关系，逐步走向城乡关系的研究。

80年代初，我国在广东和福建建立了经济特区，试行具体的对外开放政策，进一步推动了广东珠江三角洲农村经济的发展，出现了新的发展模式，使我们意识到在中国农村发展中出现了外联和内发的不同性质。外联是指资金、经营、运销靠国外投入，不靠国外的是内发。这两种不同性质的模式又互相渗透，互相结合，90年代初期在沿海各省成为发展方向的外向型企业。

乡镇企业的发育是一个很生动的过程。这是一个农村里商品经济的生长过程。自给自足的小农经济商品流动数量和范围极小，往往采取日中为市的赶集的方式。工业下乡后情况就基本上起了变化，工业品需要广阔的市场，从低级到高级，从小规模到大规模，从国内到国外。农业经济纳入了商品经济，农村的小细胞已成为世界总体的构成部分。乡镇企业的发展促进中国市场的发展，具有极深刻的历史意义。

我在这十几年里从农村体制改革后遍地开花的家庭企业和局限在乡村小天地里的小型社队工业，一直看到正在发展中的大城市的开发区，上亿农民不同程度地离农投工，广大乡镇已换上了小城市的面貌，农村生产力大大增加，人民生活普遍提高。我们这个小农经济的国家已出现了城乡一体化的宏伟前景。也许这勾画出了我国进入改革开放时期中走出的一条具有中国特色的现代化道路。我不能不有生逢盛世之感，在我的晚年竟能亲眼看到中华民族这样深刻和伟大的变化，说实话是我完全没有预想到的。

1991年乡镇企业总产值突破了1.1万亿元，这1万亿元意味着在全国工业总产值中"三分天下有其一"。从发展速度看，乡镇企业从1984年的1000多亿元到1991年的1.1万亿元仅用了7年，而我国从1952年的1000多亿元社会总产值达到1983年的1万亿元用了31年。在乡镇企业发达的江苏省它的产值已占全省工业总产值的一半以上了。

这1万亿元意味着乡镇企业在工业产值上已与国营企业平分秋色，而成为我国经济的"半壁江山"，乡镇企业已不再是国营工业的补充和调剂，而是我国经济建设中的一支生力军。在近三年的治理整顿期间，乡镇企业在十分困难的情况下仍以每年10%以上的增长速度发展，远远超过了全国工业年平均增长的速度。江苏省苏州市等乡镇企业发达地区的年增长则在30%以上。

这1万亿元还意味着打破了我国历史上长期形成的"农村搞农业，城市搞工业"的经济结构，乡镇企业使农村走向城镇化，工农差距在缩小，城乡差别也在逐步消失。农民自觉自愿、兴高采烈，但也是千辛万苦地、在没有花国家一分钱的投资下，自我完成了从农民到工人的角色转换。约有1亿农业劳动力转移到了乡镇企业，相当于我国前30年城市工业吸收劳动力的总和。日本一位教授评价中国农民的这一伟大创举时说："乡镇企业的迅速发展可以看成是在中国各地出现的一次静悄悄的产业革命，它使中国农村地区的经济社会生活发生迅速变化。""这是中国正在进行的使农村地区实现工业化的一种新尝试。乡镇企业的成功，对其他发展中国家来说，也具有重要的意义。"

现在比较发达地区的乡镇企业已向现代工业发展，从初期的"船小好调头"到"联舟抗风浪"，已发生了历史性的变化，把眼光转向质量、品种、效益和开拓国际市场，发展合资企业上来，开辟高新技术产品，以便在国内外的市场竞争中保持后劲，永远立于不败之地。如江苏省的乡镇企业出现了联合兼并的势头，形成了6000多个较大的骨干企业，其产值和利税均占全省乡村集体工业的55%以上，其中200家企业达到国家规定的大中型企业标准，近百家涉足高科技领域。

同国营大中企业、高等院校及科研所的横向联合，给乡镇企业注入了新的活力，并发展了外向型经济，使众多乡镇企业有了发展的新天地。江苏省乡镇企业创办的"三资"企业累计上千家，其中以"嫁接型"企业为主。所谓嫁接即把外资和技术甚至经营管理嫁接到原来的社队集体企业的基础上，这种嫁接形式的转变在广东省很多，被称之谓"造船出海"，不同于"三来一补"的"借船出海"。更可喜的是已出现了跨出国门外、到国外办厂的乡镇企业，显示了中国农民面向世界的伟大气魄。

引人注目的是，1991年涌现出一批以乡镇企业为主体的，农业、商业、工业、建筑、运输、服务全面发展的乡（镇），人口在10万以下，产值接近或超过10亿元，其中江苏的盛泽镇突破了15亿元，还有产值达2亿元，而人口在1000上下的村。江苏省1984年有6个工农业产值超亿元的乡，8年后就发展到了550个，现在全国有了2093个，以巨大的经济实力成为我国农村向现代化迈进的中坚力量。这些亿元乡镇占全国乡镇总数3.77%，人口总数占全国农村人口总数6.5%，社会总产值占全国农村社会总产值26.8%，乡镇企业产值占全国乡镇企业产值的28.86%。乡镇企业使2亿农村人口有了固定收入和过上安定的生活。

但就全国来看，农村经济发展是很不平衡的。我国的中、西部人口为7.2亿，集中了全国63%的人口。其中农业人口5.77亿，占全国农业人口64.4%；城市人口1.4亿，占全国城市人口57.4%。中西部农业劳动力占全国农业劳动力76.2%，我国的劳动力大部分集中在中西部，而且基本上是以从事农业为主。

在我国经济发展中，宏观上形成了东（指经济较发达地区，它包括京、津、沪、辽、冀、鲁、苏、浙、闽、粤10省市）、中（指经济发展中地区，它包括黑、吉、晋、陕、豫、川、湘、鄂、皖、赣10省）、西（指经济欠发展地区，它包括蒙、宁、甘、青、藏、新、滇、贵、桂、琼10省区）在经济发展上的差距，而且差距相当大，这个差距不是差在资源上，而是在经济发展水平上，由于乡镇企业在地区上发展不平衡，各地区农民收入差距很大。东部的农民人均收入为812元，而中西部只有527元，东部是中西部的1.54倍。差距是显而易见的。

为了实现我国第二步战略目标，使全国人民生活水平达到小康，中西部地区能否从现有较低的发展水平跃上一个新台阶，有一个大的突破和大的发展,是一个决定的因素。

1984年我开始边区研究,在内蒙古和大西北进行社会调查,始终关注这一有关大局的东西差距问题,提出了"以东支西、以西资东、互惠互利、共同繁荣"的意见。"支"是指资金、技术上的支持,"资"是指原材料和能源的供应。

就边区本身来看,那里的现代工业基本上是靠外边的力量兴办起来的:有抗战时期从沿海地区迁入的现代工业,新中国成立后在苏联帮助下建立的重点企业,还有60年代为国防需要而兴建的许多三线企业。这些具有现代机器装备的大中企业,依靠行政力量搬进或兴建在原以农、牧为主的经济不发达地区,形成一个个平地起家的大小新兴城市。它们和周围乡村在经济社会各方面很少联系,有点像海洋里的孤岛。

80年代大中企业的体制改革使得孤岛上的企业要开门出来找出路了。正在这时,四周的乡村也要求发展乡镇企业,双方走到一块来了,由大中企业提供信息、技术和部分设备,乡村提供土地、劳动力和部分资金,合作办中小型乡镇企业,走"城乡一体"或"一厂两制"的路子。这是城市把工业扩散到农村,农民把工业引进乡村在中西部发展中的重要突破口。

我在看到沿海和边区的农村发展的差距时,对全国经济这盘棋的格局有了初步的综合印象,那就是经济水平由西向东梯阶形的上升和现代工业的由东向西的逐步延伸。进一步考察,我看到这个经济梯阶正表现在作为工商业中心的城镇的规模和密度上的差别。在沿海分布着一系列工商业较发展的城市,而且都拥有经济水平较发达的腹地,特别是长江和珠江的三角洲已出现接近小康水平的地区。而在边区,正如上文中所说的那些孤岛式的新兴城市，大多还停留在点上，没有扩散成面。这幅画面促使我从着重在比较农村发展路子的"模式"研究，更上一层楼，联系上了经济区域的概念，注意到它们空间分布的格局。

1987年我在甘肃调查时，看到了在青海和甘肃接境的祁连山两麓居住着许多人数较少的民族，如裕固、土、撒拉、保安、东乡等少数民族和人数较多的回族。它们正处在青藏高原和黄土高原之间，形成了一条夹在藏族和汉族之间的民族走廊，在经济上正是牧业和农业的接触和过渡地带。当时我从回族聚居的甘肃临夏，越过省界到青海的海东地区，这里正是明代以来茶马贸易业中心——河州的故地。我当时就意识到要发展这个地区的经济，大概只有利用它特有的历史传统，恢复它作为农牧贸易的集散地。所以提出了两地建立成一个经济协作区来发展农、牧两大区域之间的贸易。这个建议在我的研究工作中标志着进入区域发展研究的开始。在临夏和海东协作区基础上，1988年我又进一步提出建立包括青海、甘肃两省和宁夏、内蒙古两个民族自治区的黄河上游多民族经济开发区的建议。这个建议得到了四省、区和中央的支持，已经实行了四年，取得了一定的实效。

区域发展的概念丰富了我对中国城乡研究的内容。这个概念并不取代发展模式的概念，而是城乡协调概念的进一步发展。经济发展区域是城乡协作在空间的具体表现，可以各有其发展的模式。80年代后期，也许可以说我的研究工作又进入了一个新的层次。1988年在南岭山脉的考察中，我把开发这一片瑶族聚居的山区的希望寄托在珠江三角洲的经济扩散上，而提出了以香港为中心的三个环形带的区域格局。可以说在我研究工作的历程中，从"珠江模式"走上了研究珠江三角洲区域发展的方向，直到最近我在《珠江模式的再认识》中提出的港、珠经济一体的观点。

1991年我开始了以发展山区经济为重点的研究计划，首先走访了四川、云南两省接界的大小凉山，考察后我提出了采取"一点一线一面"的发展方针，即以攀枝花的工业中心为启动力，联合凉山自治州开发成昆铁路一线的丰富资源，开辟通向东南亚的南方丝绸之路，来推动西南云贵高原的全面发展。这也表明了我的研究着眼点正逐步从微观分析确立模式走上宏观思考区域规划的路子。当然这不是一种观点和方法的转变，而是我城乡研究本身的生长发育、逐步丰富的表现。这个方向也和中国经济和社会发展的历程更进一步地结合了起来，并更直接地发挥了以科学知识来支持社会发展的作用。

1990年结合我这几年在长江三角洲的调查研究为这地区进一步发展提出了建立长江三角洲经济开发区的建议。最近为了配合改革开放政策的进一步发展，我在前年建立长江三角洲开发区的建议基础上，更具体地提出了以上海为龙头，江、浙为两翼、长江为脊梁，以南丝绸之路和西出阳关的欧亚大陆桥为尾闾的宏观设想。

至此，综合过去一连串有关区域发展的建议，已逐步接近"全国一盘棋"的整体设想。

今天我在这里提出我们最近的研究方向，是想说明社会科学的研究工作说到底是研究者所接触到的社会变动的反映，我个人这一生的研究过程离开了中国这几十年的历史变化，连我自己也是无法理解的。看来科学不可能也不应当脱离现实，也很难超越现实，所能要求于科学工作者的可能只是忠于现实，就是从现实出发，而不以主观愿望来歪曲现实。我也相信只有实事求是得来的知识，才能成为促进人们生活的知识。强调知识的实用性，我不认为是贬低了它的品质，而恰恰相反这正是科学知识可贵之处。

我30年代从事社会学和人类学以来，已经半个多世纪，除了由于政治原因停业了有二十多年外，我并没有放弃过实地观察的研究机会。但是现在回顾一下，我所接触的问题还主要限于中国农民怎样解决他们基本物质需要的问题，通俗地说是解决农民的温饱问题，也可以概括说是人对资源的利用和分配的问题，人和人共同生存的问题。这些问题都属于人文生态的层次。这几年，也可能是因为我已进入了老年，越来越感觉到人的研究不能满足于这个层次了。所以在前年国外的朋友们在东京为庆祝我80岁生日而召开的讨论会上，我说当前人们已迫切需要一个共同认可和理解的价值体系，才能继续共同生存下去。并且预言21世纪由于这地球上人和人之间信息传递工具的迅速改进，互相反应的频率越来越高，集体活动的空间越来越小，原有的可以互不相干的秩序，已经过时。必须建立的新秩序不仅需要一个能保证人类继续生存下去的公正的生态格局，而且还需要一个所有人类均能遂生乐业、发扬人生价值的心态秩序。

说起了这个心态层次的人的研究，我不能不想到今天我们在此以举行这个学术讲座会的形式来纪念的潘光旦老师。我紧紧跟随他学习了有三十多年，经常听他根据儒家的中庸之道反复阐发的"位育论"。位就是安其所，育就是遂其生。在全球性的大社会中要使人人能安其所、遂其生，就不仅是个共存的秩序而且也是个共荣的秩序。也就是说不仅是个生态秩序而且是个心态秩序。

当前世界的形势发展已使人们觉悟到生态秩序的日形紧张，但是很多人还没有觉悟到更为迫切的心态秩序的危机。人类历史发展到今天正应当有潘光旦先生这样的学者来广泛地宣讲他的"位育论",而这样一位学者今天已成了我们共同缅怀的先哲了。我作为他的一个及门弟子,而没有能把他对建设人类心态秩序的课题阐述发挥,真心感到无穷的内疚。今天我只能把这根接力棒递给下一代的学者了。如果天假以年,在我这一生中还有一段生存的时间,还是极愿意在已有生态研究的基础上,更上一层次,把心态研究做一点破题和开路的工作。我想就用这个对自己今后的愿望来结束这次关于我过去近半个世纪对中国城乡研究经过的汇报吧。

1992 年 7 月 6 日

展视中国的乡镇企业[①]

我一向对乡镇企业很关心，最近10年来用了很多时间和精力到各地去看乡镇企业的发展。这是我这段时期的一项主要研究课题。

"乡镇企业"作为一个名称已经通行了有十多年的时间。究竟什么叫"乡镇企业"？要想有个概括的、全面的、科学的定义似乎还很难。它包括的东西很多，内容很复杂，各地情况不同，各人脑筋里面熟悉的乡镇企业也不完全相同。乡镇企业本身也在变，性质、范围、特点、意义，一直都在变化、发展。

最初是在80年代初期，苏南还没叫"乡镇企业"，是叫"社队企业"。那时公社已经过去，正在实行联产承包责任制。社队企业就是公社时代延续下来的公社办的或生产队办的企业。但农村中农业之外的生产活动并不都包含在社队里边，温州的很多小作坊是办在家庭里边的，是家庭手工业，现在也叫它乡镇企业了。一个事物及其名称，是在一定历史条件下产生的，时时都会产生变化。乡镇企业的开始，或者说它的前身，至少来自两个不同的方面：一个是社队企业，集体所有制；一个是家庭手工业，个体所有制。

三中全会之后，农村中实行家庭联产承包责任制，这是一个

[①] 本文是作者在全国乡镇企业发展与经营研讨班上的讲话。

基本性的变化，是我们改革的一个起点。公社建立以来国家土地的集体经营制变成了以家庭为基本单位的个体经营制，农民有权在自己承包的土地上进行自主经营。承包制调动了农民的积极性，提高了劳动生产率，同时也出现了一个很有意思的问题，就是在农业生产里边吸收不了这么多的劳动力，单靠农业养不活这么多人。同时，土地上的收入低。既然归自己负责了，就会想办法多赚点钱增加收入。从这一条很基本的道理出发，农民就要自己找生财之道，让劳动力创造更多的财富。以前不给机会（1957年我到江苏访问，农民说粮食有的吃，但没钱花，因为不让搞副业），现在有机会了，这个力量很大，对经济的推动力很大。各个地方都根据自己的条件想办法。对这些不同的办法，我后来经过实地调查，分成了不同的模式，记录在《行行重行行》一书里边。

各个不同的地方都根据它不同的条件，去利用它的剩余劳动力。但当时户口政策没有变，仍然是城乡分割，农民不能进城做工，这就把农民的多余劳动力逼在农村里边找出路。怎么办呢？一部分过去有过工业经验的人开始搞工业。最早在农村里办起工业的，是靠近上海的苏南地区。为什么在这里先发展起来呢？这里有一些在上海打工、家在农村的人，他们有技术专长，在"文革"期间被红卫兵和派性斗争排挤出来，赶回了家乡。他们回来，正赶上村子里边刚刚有条件可以搞非农生产活动。两方面凑在一起，大量的剩余劳动力加上上海回来的技工，还有公社时代剩下的集体积累，结合起来，就出现了小型工厂，出现了农村里边的小型工业。农民找到了这条路子，但有户口的限制不能进城，他们就把机器拉到乡下。技工下乡，机器下乡，在农村里边开始了工业的发展。

每个国家的工业化都有它的历史,有它的具体条件。中国的工业化离不开农民的积累,农民的积累是从土地里边出来的。我在30年代就说过,中国有这么多的农村,有这么多的人口,走西方工业化的老路肯定是走不通的。中国的工业要从土地上和农业里生长出来。社队企业的出现似乎是个例证。

办社队工业是在"文革"期间生长起来的。后来,"文革"结束,公社解体,不能再叫"社队"了。这时名称就发生了混乱。叫什么好呢?我当时提出叫它"乡村工业"。后来乡变成了镇,就叫"乡镇工业"。不光是加工业,还有其他也在里边,因此就叫作"乡镇企业"。这个名称就是这样出来的。

乡镇企业开始时规模很小,几十个人,几百个人;资金也很少,几千块钱,几万块钱,都是农民的积累。朋友之间、亲戚之间凑起来的。很多就用自己的房子当厂房,让自己的子女做工。这种很典型的、初级的小型工厂是农民走向工业的第一步。一开始产量很小,但利润比农业高得多。农民收入增加了,劳动积极性大大提高了。但是办乡镇企业是很艰苦的,这条新路子上有很多困难。最难的就是它处于我们国家的计划经济之外,当时整个流通领域是由国家掌握的。不在计划经济里边的乡镇企业,原料、市场都成问题。办乡镇企业的就要千方百计地自己搞原料,想各种办法推销产品。他们用千军万马、千山万水、千辛万苦、千方百计的精神,搞出了市场经济,在苏南一带搞出了乡镇企业的基地。要求生,要富裕,这是很大的动力,在这个基础上把剩余劳动力发动起来,建立市场,发展市场经济。这在当时还被戴上"资本主义"的帽子,受到各种压制。直到1984年,中央承认了乡镇企业是一条农村富裕之路。

农村改革是第一步。第二步是搞特区，开大门，这是小平同志的一大发明。也是几经周折，很不容易。

深圳毗邻香港，香港的工业是怎么发展的？在 30 年代我出去留学的时候，香港是国际航道上大轮船从印度洋到太平洋航程中加煤加水的码头。烂鱼的腥气扑鼻，满街都是广东人，光着脚穿木板拖鞋，一片脚踏板的噼啪之声。殖民地的统治者和社会上层人士住在半山别墅里，保持着英国绅士派头，是香港的另一世界。那时的香港没有工业，没有农业，只是搞海运和过境生意。后来，主要是靠我们上海的民族资本家做基础，香港在荃湾建起了一个工业区。一层楼里好几家工厂，一个工厂平均不过几十个人，我把这种工厂叫做"蜂窝工厂"。在这里做工的是大量从祖国大陆过去的内地人。朝鲜战争后，大陆对外界封锁，紧闭大门，实际上只留了香港这一个小道的出口。大量的廉价劳动力，加上广大的国内市场，使香港的工业发展起来了。都是小型工业，没有重工业，相当于我们乡镇企业的规模。

特区建立，对外开放，使当年出走香港在那里开办小厂的广东人有条件回大陆、回家乡办厂。我在香港参观"蜂窝工厂"时就想：假如有一阵风把这些工厂吹到大陆，不就是乡镇企业吗？后来，果然吹过来了。我们这里劳动力便宜，工人工资是香港的 1/10，香港商人就把工厂搬到大陆，把营销工作留在香港，形成了"前店后厂"，这就是所谓"三来一补"企业（来料加工，来样加工，来件装配，补偿贸易），这大概是我们外向型企业最早的形式。虽然港商拿大头，我们拿小头，但对珠江三角洲的农民来讲，他不用像苏南那样自己去想法办厂了，"老乡"回来就把厂办起来了，这是又一种乡镇企业的形式。从东莞一直到广州，一路看去，都是这样发展了工业。

佛山走的是苏南道路,也是以社队工业的基础自己办乡镇企业。可是它比苏南有个优势,它有许多人在香港开工厂,然后回家乡搞联营,都是同乡、亲戚,甚至是兄弟,联手搞工业,直接面对国际市场。我把这种方式叫做"嫁接"。嫁接能结合双方的优势,发展很快。顺德一家风扇厂在国际电扇市场中占有很大比例。这同"三来一补"不同了。"三来一补"是借船出海,现在他们要造船出海了,又出来一种新形式。我们初期的外向型企业主要是这两种形式。近两三年里边,又向江苏、山东等内地发展。吸收外资,利用它的技术,乡镇企业又发展了一个新的阶段。

小平同志南方讲话之后,受浦东开发区的带动,各地都争着上开发区,主要目的是吸收外资。或是"三来一补",或是联营,即"嫁接"模式,比"三来一补"高了一步,能多拿一些。第三种方式是给外商一块地,让他自己办厂办公司。小平同志强调抓住机遇,全国到处都办开发区,争相吸引外资,这有着整个世界经济发展的背景,我们要清醒地看待天下大势。

天下大势中最引人注目的,是在整个西方世界经济普遍衰退的情况下,东亚地区、中国沿海地区的活跃和经济的持续高速发展。二次大战之后,美国出于它的远东战略需要和经济发展中调整产业政策的需要,向日本转移劳动密集型工业,扶植它发展,恢复经济。日本发展起来以后,就向韩国,向台湾转移,加上香港、新加坡,一齐发展起来,出现了东亚"四小龙"。这是70年代到80年代的事情。到80年代后半期,苏联解体,西方经济衰退,美国、日本、英国、法国,还有东西合并后的德国,经济增长都在5%以下。美国起初很神气,"战国"之后,想当秦始皇,统一天下。海湾战争也打得很凶猛。但仗打完之后，美国发现自己已经不是二战之后的样子了，已经不能像当年实施马歇尔计划那样拿出几千亿美元实施又一个类似计划了。这种衰退情况还会持续下去。

就在这个时候，东方的中国出现了惊人的经济发展速度，达到两位数。特殊地快，超常地快，有些地方成倍增长，一年里边翻了一番。发展最快的有四个地方：一个是珠江三角洲，一个是福建沿海，一个是长江三角洲，再一个就是山东的东部，速度都在30%上下。但是发展不平衡，东部沿海快速发展，中部缓慢，西部更慢，拖后腿。这是我们发展中的一个大问题，就是发展不平衡，而且差距还在扩大。怎么能加快中西部地区的发展呢？现在能想到的一个办法，就是接受东部沿海地区的启示，加快中西部地区乡镇企业的发展。我希望自己有机会多看一些地方，多花点时间，在这个问题上多研究一下。

讲到沿海地区的发展，这是机遇所致。经济增长速度快，是吸引资本的最大力量。资本的流动有自己的规律，不认人的。哪里利润高，它就往哪里流。从去年下半年开始，到今年上半年，大量的外资向我们沿海这里流动。国际上都看好东方和中国，说21世纪是中国的世纪。山东现在有了好机遇，我们同韩国建交了，韩国与我国对应的首先是山东。韩国的力量不在香港之下，借它的力量把山东半岛发展起来是很有希望的。山东不要错过这个大好机遇，要争取像珠江三角洲、长江三角洲那样，成为中国发展全局中有影响的地区，占有重要的地位。

这是外部条件，从内部讲，我们该怎样干呢？思路之一，可以大力发展乡镇企业，各种形式的乡镇企业，各种体制的乡镇企业。可以包括私人的、个体的、集体的乡镇企业，多种所有制形式的，多种多样的产品和产业结构，一村一业，一村一品，有市场的商品，名牌商品，建立起自己的牢固地位、良好信誉，争取国际国内两个市场。现在的世界，今后的世界，是个息息相通的世界，经济的网络超越了国界。我们要从全世界的观点出发，结合国际经济的发展趋势和结构的变化，来研究我们的问题，研究我们怎样珍惜机遇，获得更快、更好、更加协调的发展。

1993 年 6 月

乡镇企业的发展与企业家面临的任务

我们中国的乡镇企业,不但是我国经济复兴的一支重要力量,同时也为第三世界发展中国家提供了一条思路。最近一个时期,我跑了日本、香港、泰国和印度,这一圈跑下来我有很多感想。的确,现在人家对我们中国的看法与以往不同了,都说我们起来了,蒸蒸日上,很多朋友为我们高兴。我们这一代人衷心希望中国富起来,现在终于有点路子了,这是国际上公认的,不是我们自己夸口。这几年我们东南沿海几省的经济发展在东亚是领头的。这样高的速度,连我们自己都觉得太快了点。世界上贫困的国家都在看中国的路子,他们能不能走。所以我们在做一件十分重要的事情。

乡镇企业是怎么发展起来的?是因为农民创造了联产承包责任制,为乡镇企业发展创造了条件。乡镇企业最早是苏南地区发生的,我看了之后,极受启发,所以写文章广为宣传。我认为乡镇企业是中国农民第二个伟大的创造。第二个创造的主要特点是广大农民感到了劳动就是财富。农业上一年最多干100天左右的农活,大量的劳动力和劳动时间都浪费了。他们要把劳动力和劳动时间变成生财之路,因此,有些地方开始把工业引入农村,走向工业化的道路。这是人类历史上不多见的事情,因为传统上是农民务农,城里人才务工。西方国家的工业就是这样发展起来的。

可我们的农民不是进城干工业，而是把工业搬到乡下来干，这一点的确很了不起。把工业搬到乡下来，这是乡镇企业的开始，我曾叫它乡土工业，又叫它草根工业。因为当时的户口制度，乡下人不能享受城市户口的待遇，没有粮票，自己种地自己吃。乡下户口不能进城，不能进城、进工厂，农民就自己开工厂，搞工业，结果中国农村里出现了工业。为什么无锡、苏州发展乡镇企业最早呢？因为历史上苏南农村人多地少，很穷，要吃饭，要花钱，因此，一些农民就到上海去做工。经过几十年，上海这个大城市培养了一批农民出身的技术工人，而这批技术工人与乡村没有隔断，过年过节要回家。"文化大革命"时期上海工人打派仗，很多老职工回家了。一些上海的技工为了自己的生活，也为了替农民找活路，用公社积累的资金办起了工业。这就是乡镇企业的开始。

当时办企业是很艰苦的，需要资金、厂房，农民把自家房子腾出来，自己去借钱和用公社的积累办起当时所谓的社队企业。社队企业生产出来的产品商业部是不管的，那么卖给谁呢？因此，只有靠自己培养推销员，他们满天飞，去推销产品。就这样在计划经济之外，出现了市场经济成分。现在看来这是很了不起的，它为发展我们社会主义市场经济打下了基础，这个基础有多大呢？1990年时乡镇企业产值至少占全国工业产值的1/3。这样一个强大的经济，从自然经济中分离出来了，使我们可以逐步地过渡到社会主义市场经济。外国人搞不懂，他们说为什么前苏联搞不成你们能搞成呢？我对他们说，有一个秘诀，就是我们早就有了市场经济，不是官方的，是中国农民自发创造的。我们回想一下农民自发创造乡镇经济的过程很有意义，他们为国家立了大功。中国农民不但在解放战争中为解放全中国立了功，而且在经济发展过程中又为中国富起来立了功。立这个功是不容易的,大家从不断的失败中积累下经验,打下了乡镇企业发展的基础。在不断的实践中,到今天产生了这样许多了不起的乡镇企业家。现在 1 亿元产值以上的乡镇企业全国有 400 多家,也有 3 亿元、5 亿元,最高有 10 亿元以上的企业。这些都是乡镇企业家干出来的成果。

我们乡镇企业开始是靠农业的积累起家的。靠农民的努力,形成目前这样的规模。现在要反过去补助农业,以工助农,以工建农。从 1978 年到现在全国一共补贴了 1200 亿元。这样我们的农业不怕了。乡镇企业本来和农业是一家人的事。我称它们为妈妈与儿子的关系,妈妈把儿子养大了,儿子该孝顺妈妈了。现在,外国在闹大米开放的问题,它们解决不了这个问题,因为它们的工农是对立的。开放了农民要吃亏。只有我们中国农工结合,这不是小事情。在几千年的农业大国中,在农业中发展出工业,回头工业又帮助农业,这样形成了有中国特色的社会主义。这是别人学不来的。

对现在的乡镇企业家我想讲两个问题,这也是你们应当想到的问题,一个是对内问题,一个是对外问题。对内说,我们还有中西部地区和沿海各省里远离城市的乡村还没有发展起来,以江苏说,苏北还有些地方的农民与苏南发达地区的农民相比,收入相差一半以上。中西部地区和黄金海岸的珠江三角洲和长江三角洲相比差距还要大。沿海地区的乡镇企业以两位数的发展速度前进,百分之十几、二十几,个别地方乡镇企业发展超过 30%,是超高速发展。

我们发达地方的增长速度的确是高,但与不发达、欠发达的地区一平均就只有 8%—9% 了。假如中西部能赶上前 10 年的沿海地区，或者与山东一样，山东就是这几年发展起来的，我们的国际声誉就会大幅度提高，国际社会就不敢轻视我们了。现在国外就有人说，将来经济发展潜力最大的就是中国，当然说这些话的人各有目的。可实实在在地说，在我们大家的共同努力下，我们的国际地位日渐提高，这不是虚话。假如我国中西部发展起来，我国的实力就会更加强大起来。可要做到这一点，我看还是不那么容易的。我从1984年开始往中西部地区跑，看到了这个差距问题和它的意义。中西部地区这10年来也有进步，但进步得慢，所以我认为应当想办法把沿海的乡镇工业扩散到中西部去。单依靠自己的力量中西部地区发展不容易很快，因为过去那些地方没有大的工业化城市。华南靠香港、华东靠上海，因此，要靠东部帮助中西部发展工业，把劳动密集型的工业向中西部转移。我们企业家明白这个道理，这也是一种经济规律，国际上也是这样，美国把劳动密集型工业转向日本，日本转向台湾，香港转向广东都证明了这一点。

中西部地区发展起来对东部也有利，中西部将为东部提供广阔的市场。假如中西部地区的农民每月拿出100元来买东西，那你们的企业就都能发展起来了。要培育发展这个市场首先要增加农民的收入，那就要把工业搬过去。在今后10年将会形成一个西进的浪潮，这是必然的。你们这些企业家要心中有数，看准了早去比晚去强，现在外国人都在向中西部投资了。如果中西部的农民年均收入能达到1000元，那我们的经营环境就完全不同了。

另一个问题是向外，目前我们已经有良好的条件。比如，以前台湾产的鞋在美国最畅销，可是我们大陆制作的鞋穿着更舒适，又便宜，更受美国人欢迎，很快占领了市场。据说近几年大陆的自行车也大量出口美国。我们出口的东西越来越多了。但是中国的企业界还有很多工作要做，首先要不断提高产品质量，还要了解国外市场。因此要建立信息服务机构，提供信息，解决企业产销对路的问题，为乡镇企业家服务。

下一代的企业面临着一个经济接轨的问题，这个轨不容易接，接不好要翻车的。接轨就是我们的产品能出去，外面的信息能进来，在一个大区域里竞争，外国人也要想尽办法保护自己的企业，这个竞争将是激烈的，甚至是残酷的。因此，我们要做好对应工作。我们乡镇企业家不仅要懂得国际上经济风云的变幻，努力扩大对外联系。同时也要掌握我们政府的政策，维护政府的利益。最近我去了黑河，看到俄罗斯对我们的日用品有大量的需求，但要使生意做成，使我们的货出去，换回我们所需要的原材料，就需要我们企业家出主意，想办法，给政府提建议。这样通过我们与政府的密切协作，互通信息，做好对内对外的市场开拓工作。

1993 年 12 月 8 日

近年来中国农村经济发展的几个阶段[①]

我想借这个来港讲学的机会,介绍一些我国大陆近年来农村经济发展的情况。所说近年来是指70年代末起到目前为止,一共大约包括近15个年头。这正是中国农村历史上发展得最快的年头,值得我们回顾一下。这一段时期为了方便可以分几个阶段来讲,先讲一段发展的背景,再讲大发展的初期,其后的5年是各地根据不同条件八仙过海各显神通,各自形成具有特色的发展路子。进入90年代后的最近这几年是城乡结合吸引外资,进入了加快发展的时期,同时因为各地发展速度不同,出现地区间的差距,提出继续前进中的一系列问题。

一

进入这三个发展阶段之前,我想应当讲一下这三级跳的背景,也就是要说明从什么、在什么基础上开始发展起来的。30年代中期,还是在抗日战争发生之前,我在江苏省太湖附近的一个农村

[①] 本文是作者在香港中文大学逸夫书院作"邵逸夫爵士杰出访问学人"的演讲。

里进行过一次社会调查。这个地方过去有"上有天堂,下有苏杭"的美誉,就是说在全国曾是最富裕的地方。我根据这次调查所写成的《江村经济》一书的结论里说,中国农村的问题是一个饥饿的问题。农民吃不饱肚子。我算了一笔账,因为这地方人多地少,农民一家在自有的小块土地上辛辛苦苦耕种了一年,收获的粮食刚刚够全家人吃饱肚子,生活上其他费用就得另外想办法来张罗。这种人家还算是好的,在全村不到1/3。大多数农民都已把土地卖给了地主,农田上的收获有将近一半要作为地租交给地主。那就是单靠农业连肚子都吃不饱了。当时中国最富裕的地方还是这种情况,其他地方的农民就更穷困了。这是导致解放战争的根本原因。农民要生活,土地制度必须改革。

到了50年代,新中国成立后,全国进行了土地改革。农民有了土地,情况是有了很大的改善。但是人多地少、粮食不足的基本情况并没有改变。农民的贫穷问题并没有得到根本解决。到60年代初还发生过困难时期,我调查过的江村确实有不少人逃荒和饿死。这个农民的贫穷问题根本上是出于人多地少,农村经济如果只靠种粮食是不可能发展起来的。在1966—1976年"文革"时期由于推行"以粮为纲"的政策,农村经济已濒于崩溃的边际。直到70年代末"文革"才结束,到80年代初各地陆续停止了公社制度。这才开始了农村经济的大发展。近年中国农村发展的第一功是在农村里实行了家庭联产承包责任制。那就是土地的经营包给农户,农民只要交纳定额的粮食卖给国家,可以自己支配他们所承包的土地和自己的劳动力。这样把农民的劳动生产力解放了出来,通过各种各样渠道,转化成巨大的生产力。这是近年来农村经济发展的基本原因。中国农民就在想方设法利用他们从事农业以外的大量剩余劳动力来创造财富的道路上开创了农村经济大发展的局面。

二

农民只能靠种田吃饭，不能靠种田生活。这是广大农民从经验中得出的结论，也说明了人多地少的农村里的一条普遍的规律。人除了吃饱肚子外还有衣着、居住、社会来往等等生活需要。种田是指种粮食作物，单靠种粮食，农民至多只能吃饱肚子，其他生活需要就没法满足了。因之，"以粮为纲"的政策是做不通的。农民总是要千方百计地在种粮食之外搞些收入才能维持生活多方面的需要。所以即在公社时代农民还是偷偷地搞各种副业活动。农村里几天一次的小市集，那种最基础的商品流通场合，一禁再禁还是禁不了。这里赶散了，换个地方又集合了起来。这说明要农民走单一经济的路子是不现实的。

到"文化大革命"的后期，在长江三角洲的各市、县的公社本身已感觉到"以粮为纲"的单一经济政策在农民生活需要的压力下已无法执行，于是就利用城市里的工厂因为"停工闹革命"让出了市场，又把许多有技术的工人赶回乡村老家，公社和生产队纷纷用"以工补农"的名义，开办小型工厂，容纳社队里剩余劳力，进行工业生产。开始时还是借了官方允许存在的"农机修配厂"的招牌做掩护，后来就蔓延成了大片的"社队企业"，就是公社和生产队办的企业。这是农业里发展工业的初期形态。由于这些企业是属于公社和生产队所有，由公社和生产队经营管理，所以它是属于集体所有制，大家认为还是公有制，是姓社，不是姓资。因之在一些地方还容许它们存在和发展。

回头来看，"社队企业"在农村工业化的过程中确是起了重要的过渡作用。首先是公社和生产队是个集体的经济实体，可以自由支配它拥有的集体财力，有力量投资办工厂。比如我上述的江村为了要恢复缫丝工厂，就协同了附近的几个生产队，凑足了几万元去购买设备。而且公社和生产队本身是个行政管理机构，兼管新办的企业也比较便利。最初这种企业是和农业一样管理的，比如劳动力即由主管的公社或生产队分配到户，企业的收入和农业的收入合并在一起年终结算分配给社员。工人出勤上工等于到地里去做农活，按出勤记工分，再按工农总收入计算工分值，年终结算给各户。这种工农混合的集体经营方式在公社解体时才开始改革。但是它却完成了从农业里长出工业来的这个过程中的一个接生的任务。

公社制的解体在时间上各地不完全一致。在江苏是1982年才完成。公社制所遗留下来的那些社队企业是无法实行包产到户的。土地可以分划成小片承包给农户，工厂却不能拆散给各户。所以社队企业没有动只改了个名称为乡村企业。原属公社的由乡政府所有，原属生产队的归村政府所有。在公社时期，这些企业实际上是由社队干部管理的，公社制取消后就归乡村干部管理，实质上没有多大变化。地方政府所有的乡村企业和国营企业是有区别的，因为社队企业本身不属于计划经济，而是自负盈亏的市场经济中的法人，只是这种法人是地方政府，地方政府派人经营管理。它的性质不易说清楚，或者可以说是属于基层地方政府办的市场经济性质的企业。具体地说是在计划经济之外发生的一种市场经济性质的乡村政府办的中小企业。这种企业后来一般称为乡镇企业。

公社群体作为乡镇企业脱胎的母体，其后的5年中正是它发展的初级阶段。这个阶段的主要特点是农民大力地把工业引进乡村，但是各地乡村引入工业的方式因客观条件不同而各具特点。从全国范围来说，各地农村吸收工业不仅时间上有先后，规模上有大小，而且所形成的形式都有所不同。我们从各地的调查中分出了若干不同模式。但是有一点是共同的和主要的，就是这些在乡村里发展的工业，不是由国家规划的，而是由农民自己创造的，而且都是走市场经济的道路。如果说包产到户是农村经济发展的第一步，乡村里办自筹原料、自己生产、自行推销的小型工厂，事实上走出了一条市场经济的路子，应当说是农村经济发展的第二步。这一步影响了整个国民经济，为改革开放闯出了一个新的方向，就是现在我们所说的社会主义市场经济。

三

让我接着简单地介绍一下乡镇企业的几种主要的模式。

上面我已讲到在我的家乡苏南的农村里在"文革"时期已经开始偷偷地办起了小型工厂，称作社队企业。公社制度取消时这些集体企业并没有拆散，而由接替公社和生产队的乡和村接收过来，由这些基层行政机构继续经营管理，改称为乡村企业，后来又统称为乡镇企业。这种企业的产权属于基层行政机构，自负盈亏，所得盈利除了工人的工资外由地方支配，主要用在扩建工业和地方公益事业及补贴农业建设和农民收入。所以成了地方政府财政的一项重要来源。走这种路子的我们称它作苏南模式，因为最早我们是在江苏南部观察到的。凡是在公社制度没有解体前利用集体积累办起来的企业都属于这个模式，不仅限于苏南，其实沿海各省大多在不同程度上是采用这种模式起步的。

我们在温州看到另一种以家庭企业为主的经济发展模式。温州农村过去也和苏南一样是人多地少，但是附近没有像上海一样的工业城市，所以大量人口只能出海谋生，解放后出海的道路被封锁，农村里多余人口大量流向全国各地，卖工卖艺，做那些靠个人技术的木工、成衣、理发等等工作。一时在全国各地到处有这一类浙江来的服务性流动工匠。在1984年政府开放长途贩运后，这些已在各地流动的浙江人，形成了一股在各地搞商品流通的队伍。他们用贩运挣来的钱，积累起来，开始在家乡利用家庭里的劳动力，制造容易推销的小商品，如纽扣、家用炊具、小型的电器等等。在80年代前期，温州市几乎家家户户在制造小商品，并且形成了十几个专业市场，吸引了全国的客户。这种制造小商品的家庭工厂和供销全国的专业市场形成了一种发展农村经济的特有模式，我们称之为温州模式。温州模式的特点是各户各家自办的家庭规模的小工厂，集合起来在一个专业市场上出售他们的小商品，我称之为"小商品，大市场"。它不同于苏南模式之处是实行个体所有制而不是苏南模式的集体所有制，和苏南模式相同之处是开拓市场经济，和国家的计划经济脱了钩。家庭企业其实并非真正的私有制，因为乡村里家庭成员可以包括有亲属关系的许多人，所以可以说是以亲属关系为基础的股份制。到90年代小商品制造业的发展和扩大，许多原有的家庭企业联合了起来，成了真正股份制的企业，提供了乡镇企业的一个新的模式。

80年代初期在深圳成立了经济特区，最先实行对外开放的政策，靠近香港的珠江三角洲上的各个县、市的农村，首先接受港商采用"三来一补"的企业形式引进了现代工业。这种企业是香港工业的延伸和扩散。因为大陆农村的劳动力便宜，香港的小型工厂就把需要劳动力制造部分的车间搬到大陆的农村里，留着经营的门市部在香港，所以称作"前店后厂"的方式。这种"三来一补"的方式也有一个发展的过程，总之是把一个企业跨界分工，一方面得到面向国际市场的便利，另一方面得到内地劳力工资较低的便宜，把香港和珠江三角洲联成了不可分割的一体。从珠江三角洲的农村这一头来说，这是引进现代工业的捷径。这个地区的农村工业化比全国各地都发展得快，起步虽较后于苏南地区，但是依靠香港工业的扩散，发展势头很快赶在前列。当地人说"三来一补"是"借船出海"。接着他们就"造船出海"，就是吸收外资独立经营，店面和厂房都在大陆。80年代末期，珠江三角洲吸收外资引进高新技术办厂的方式已经蔚然成风。

几乎同时，福建的侨乡已有为数众多的侨胞和国外华人回家乡投资办企业，引进新技术、新产品，而且深入乡镇，大大发展了侨乡农村经济。这和珠江三角洲的当地居民和香港侨胞合资办企业是同一性质。这种形式的中外合资企业逐步向北发展，浙江、江苏和山东都先后走上了这条路。最初大多以原有乡镇企业为基础分别吸收外资成为中外联合经营的企业，其后形式也多样化了，而进入90年代之后，由于小平同志在南方讲话的号召，进一步加快改革开放，各地方大中城市纷纷建立开发区，用来吸收外资和迅速发展工业、贸易和第三产业，使中国农村经济进入了又一个新阶段。

四

在进入 90 年代之前，以农村为基地发展起来的乡镇企业是促进农村经济发展的一个重要的支柱。凡是乡镇企业发展的地区，当地的农民生活都有了显著的变化。以我所熟悉的苏南来说，在进入 80 年代时，农民的平均年收入还徘徊在 200 元人民币上下。到进入 90 年代时，农民的平均年收入都超过了 1000 元人民币。凡是乡镇企业不发展的地区，农民的生活虽则有所改善，但很少平均收入能超过 600 元人民币的。中西部地区则更要低。

这是说由于农村工业化速度上有快有慢，全国各地农村的经济水平也出现了不平衡的现象。在这里让我补充讲一讲在中国中部和西部的农村情况。先说中部，以两湖地区来说，历史上是中国的主要粮仓，有"两湖熟，天下足"的老话，两湖就是指湖南和湖北，长江中部的平原。在这大片平原上，除了武汉之外，没有重要的工业中心。广大的农村里就是以粮棉油为主要的农产物。80 年代我去调查时，洞庭湖周围还很少有乡镇企业。农村主要是靠农业和副业为主。自从公社制度解体后，农村里大多在种植粮棉油之外还是在土地上做文章，从事多种经营，发展经济作物和家庭副业。1986 年我去洞庭湖区调查时，正值苎麻涨价，我所到的农村几乎都在种这种经济作物，但是没有看到利用这种原料来发展纺织工业的。在山区的农民则以种果树来挣钱，性质和种麻一样，还限于经济作物的范围里。他们都以家庭为单位进行副业经营，所以我们称之为"庭院经济"。这种性质的经济固然增加了一些农民的收入，但是发展的限度很大，所以即使在经济作物价格高的时候农民平均收入也比不上发展了乡镇企业的地区。而且由于流动渠道狭小，经济作物价格稳定不住，多产了反而会受损失，农村经济不能稳步上升。

至于西部边区各省、区和沿海乡镇企业发达地区的差距就更大了。西部边区有资源，而且也不是没有工业。在抗战时期就有一批工业搬迁到内地，开国后又在苏联的支持下兴建了不少重点工业；在和苏联对抗时，又在西部发展了一批称作"三线工业"，总的投资有几千亿元人民币。但是这些企业不仅都属国营的计划经济，而且大多是军用企业，和当地农村不相联系。企业里工人和技术人员几乎都是从外地移入的。它们从当地采取资源，制成产品后，按计划运往外地，所以形成了不少分散在西部的封闭性工业孤岛，其中有些本身已发展成为拥有几万人口的新兴城市，但并不能带动当地农村经济的发展。我在1984年去调查时，离兰州市不到一个多小时汽车的定西，当时是个有名的国家重点扶贫县，西部地区的农村当时还属于贫困地区。这种基本情况直到80年代末和90年代初才发生了初步变化，主要还是由于开放工业孤岛，把现代工业逐步扩散到四周的农村里，发展了乡镇企业和市场经济，同时国家在西部进行能源、交通和水利的建设，使得农村里的乡镇企业有了兴起的条件。国家还大力推行扶贫政策，把荒山旱地的一部分居民迁移到土地比较肥沃的河西走廊，建立了新农村。西北农村的面貌这几年已开始有了改变，但是如果和沿海地区相比，还有很大的差距。

以上我想讲的是中国农村生产力近年来虽然一般都有了一定的提高，但是发展的水平是很不平衡的。大体上出现梯形倾斜，沿海较高，越向西南越低。在发达地区已经有部分达到了我们所说的小康水平，即生产总值人均800美元，在1980年国民生产总值人均还只有250美元，这些地区在这10年中已增加了三倍，主要原因是农村里办了工业。也就是说工业化水平的高下决定了农村经济水平的高下。农村工业化的趋势是由沿海向西逐步在扩散中，出现了当前所谓黄金海岸和发展中的中部和欠发达的西部的差别。所以如果把80年代作一个时期来看，主要特点是中国农村由东向西地逐步工业化。

五

90年代已经过了三年。这三年中国整个经济由于加强改革开放又踏进一个新阶段。在这阶段的开始时，前阶段所形成的不平衡状态还是很显著的。已取得工业基础的沿海地区，有能力吸收外资和高新技术，发展的势头很大。在这些地区，乡村的经济基础已经从农业转变为工业。以我所调查过的江村来说，农民从农业里所得到的收入已不到全部收入的20%，其余的80%以上是从工业和第三产业中取得的。乡村里劳动力也有80%以上转移到非农生产，虽则大部分居民还没有完全脱离农业，因为在家庭承包责任制之下，各家都有一小块土地需要经营，除了取得自给的粮食外，还要出卖一部分给国家，所以还需要有一小部分劳动力用在土地上，在农忙时还得下田。在农业体制没有进一步改革之前，这种"亦工亦农"的状况还不能完全消除，但是亦工亦农中工的部分毕竟已占主要地位。值得注意的是，在大约15个年头里，原来以农为本的农村已经变成为以工为本。但农民转化为工人的过程则尚待进一步改革才能完成。发展的方向多少可以肯定,就是农业专业化正在发展,即由少数人利用现代化农业机械和其他配套的集体组织承担现在还分散给承包土地者的农业劳务,至于采取的方式现在还正在各地试行中。

亦工亦农的问题不过是90年代这个新的发展阶段中的一个亟需通过进一步改革来解决的问题。有意义的是从农业里长出用来补农的工业里,亦工亦农是一个行之有效的过渡方式,到工业化向深层次发展,工农势必分家,各自成为专业,农业也实现了现代化。

从另一个侧面来看,城乡关系上也出现了类似的情形。在农村吸收工业的初期,具有"离土不离乡"的特点,那就是把工厂办到乡村里去。这样办的好处我在前面已经讲过。结果形成了村村冒烟,家厂不分。这也是一种原始阶段的工业化。从实践中就得接受现代工厂所需的条件。交通运输、水电供应、消息来往等等都使这种原始阶段的乡村工厂逐步集中到更便利于发展的地方,那就是家宅和厂房分离。最初是在农村的边缘划出一块发展工业的小区,接着若干村子的工厂集中到原来的小城镇上。目前由于在乡镇工厂里的工人还没有完全摆脱农活,所以一般还得住在农村里,工厂所集中的地区也不能离村太远,大体上只能在骑自行车不到半小时可达的距离之内。

在当前沿海的发达地区已经可以看到这种新的村镇布局,这种布局在公路上行车时一路望去就一目了然。在密密地长着农作物的田野里,可以看到星罗棋布的一个个大约由几十家到百来家新盖的两层到三层的白墙灰瓦的小楼房聚集在新农村,一个农村大概有几千人。汽车行几十分钟就有一个工厂和商店集中的大约有几万人口的小镇。再前进就可到达许多这样的小市镇围绕的一个中等城市，大概几十万人口的工商业集中点。这样村、镇、城的层次说明城乡的紧密结合。大量的工人散居在乡村里，而工厂则逐步向成为城乡纽带的小镇里靠拢和集中。这可能是90年代开始形成的一种有中国特色的农村城市化的新格局。这种格局也将因乡镇企业向中西部发展而跟着扩散。

如果我们可以把农村工业化作为80年代中国农村经济发展的特点，农村城市化或者可以说是90年代农村经济发展的特点。这些特点目前还不能包括全中国，因为中西部和沿海的差距还存在，而且还相当显著，但是这很可能是一种发展的趋势。当然中国农村的工业化和城市化都具有其特殊的形式的转化过程，很值得我们进行深入研究。今天我不过简单地把这些特点加以描述。如果从全中国来说，这还需要由沿海向中西部内地逐步推进的一个过程。很可能在这条路上中国需要走半个世纪，从而创造出一个工农结合、城乡结合的经济结构新格局。在这个新格局里农村经济一词已经失去其涵义了。我这里所预测的前景是否和历史事实相符，则有待于今后的检验了。

1994年1月

社会科学对中国农村发展的贡献[1]

我谨此接受1994年的拉蒙·麦格赛赛"社会领袖"奖,并衷心表示深切地感谢。同时,我作为一个中国的公民,要借此机会对菲律宾前总统表示敬意和怀念。他关怀亚洲人民的和平和幸福,并为此做出了伟大的功绩。他的为人诚朴无私,永远是我们的楷模。他对中国人民的友谊更值得我们永志不忘。

我们亚洲人民在这20世纪中曾受过屈辱和压迫,但是都在这个世纪结束之前翻了身,取得了当家做主的权利。我这一代人决不会忘记这段前苦后甜的历史。这段历史应当是我们亚洲人民团结一致向更富强美好的21世纪前进的凝聚力和推动力。

我们亚洲有着悠久的文明,有着众多的勤劳勇敢的人民,应当有坚强的信心为今后世界的和平和繁荣做出更大的贡献。

我个人现在已进入老年,八十多年的岁月里我受到父母乡亲的抚养和支持,使我能受到现代教育。但我惭愧地自觉到并没有对亚洲人民做出应有的奉献。这使我今天在这里领奖的时候不免心怀自疚。但是我决不会辜负友好的邻邦给我的鼓励和督责,不论今后我还能有多少年月可以供我支配,我一定要兢兢业业地利

---

[1] 本文是作者1994年在菲律宾马尼拉接受拉蒙·麦格赛赛"社会领袖"奖时的讲话。

用每一刻时间，尽力做一些对亚洲人民，乃至全世界人民有益的好事，使人类所积累的知识能发生推动社会向更美好的社会发展的作用。

近60年前，1935年，我在家乡的一个农村里进行了社会调查。这次实地观察的结果使我在1939年出版的 Peasant Life in China（《江村经济》）一书的结尾写下了以下一句总结性的话："It is the hunger of the people that is the real issue in China."农家的人不敷出，即家庭收入不足支付全家的温饱所需，陷入了贫困的境地。我当时即认为帮助农民摆脱贫困是社会学者的责任。

我带着这个问题到伦敦经济政治学院就教于当时著名的人类学家 B. Malinowski 教授。他指出解决社会问题的科学方法，首先是进行"社会学诊断"，即对人民实际生活的全部情况进行分析以理解产生这些问题的结症，以他的话说是"情况的界定"（definition of situation）。在他的指导下，我进行了对我所调查的村子的诊断，认为主要的问题在于贫困，贫困的原因是人不敷出，即上边提出的结论。

接着我进一步去了解为什么农家的收入这样少。我发现这类农村的基本情况是人多地少，单靠耕种小块土地的农民所得和收入并不够养活全家的人。他们必须在农业之外另辟收入的门路，就是从事副业。我称这类农村的经济结构为"工农相辅"。

当时在我调查的村子里农民从农业和手工业双方所得到的收入，近几十年来都日益减少。就农业方面说，大部分农民保不住自己所有的这块小土地，形成了农田分配的不均，只有少数人家占有足够供给自家所需的粮食。粮食不能自给的农户越来越多，当时已超过90%的农户。他们只能向地主去租地耕种,而租金高达产量的半数。从手工业方面说,这地方的农民原本有相当发达的传统蚕丝业。但由于土法育蚕和制丝所产的生丝质量低劣,在国际市场上无法与现代机械生产相竞争。在本世纪初这项副业已形衰落。农民收入随之下降。这是说,"工农相辅"的传统农村经济结构开始解体,变成了"工农并困"的局面。

根据这个诊断,我认为要农民脱贫致富,必须恢复"工农相辅"的经济结构。一方面进行土地改革,即要做到"耕者有其田",摆脱地租的负担;另一方面引进现代技术改造传统手工业,即在农村里进行"工业革命"。至于改变人多地少的基本情况,则必须限制人口继续增长,并使农业里多余的劳动力转向工商业。

这是我在30年代后期形成的基本主张。但是当时正逢我国的抗日战争年代,事实上没有实现我这些主张的客观条件。直到40年代末新中国成立后,土地改革在中国共产党领导下取得了成功,根本废除了农村里的租佃制度,农民有了自己的土地,实现了"耕者有其田"。但是人多地少的问题并未解决,人口还在迅速增长。到70年代,我国政府才开始注意到人口问题,采取了计划生育的政策,这时全国人口总数已比解放前增加了一倍,从4亿增加到8亿。限制人口增长原是一件不可能立刻见效的事情。尽管增长速度在过去20多年里已有所下降,达到10‰以下,但实际人口数量仍在增长,现已到了12亿的高峰,看来尚未到顶峰。

在人口压力下,单纯从农业入手去解决农民的贫困问题是极困难的。我们从解放以来已经采取了许多措施,如改良品种、提供化肥、兴修水利等等。而且都取得了一定的效果,例如单位面积的粮食产量确已普遍提高了一倍,现在亩产1吨粮食的农田在产粮区已经很普遍。但是同时人口的增加却已超过了一倍,特别是贫困的农业地区情况更为严重。

严酷的事实教训了广大的农民。70年代后期农民收入的日益下降,迫使他们明白,单靠种田是富不起来的,要摆脱贫困只有向第二、第三产业中去找活路。就在这时候,当时束缚农村生产力的公社制度取消了,农民可以放手从适宜于当地具体情况的多种门路去改变自己的贫困面貌。正如我在30年代所说的那样,农民开始竭尽全力去恢复家庭副业来增加收入,有一些手工业基础较好的农村,如我30年代所调查的那个村子,引进现代技术,开办小型工厂。这就是后来普遍流行的"乡镇企业"。

农民在农村里办工业实在是具有中国特点的工业革命。这和在城市里开始发展现代工业的欧洲工业革命是不同的。中国乡镇企业产生在农村里和小镇上,由农民个体户或集体组织投资,引进现代机械,吸收现代工厂里的管理方法。工厂里做工的基本上是当地的农民,他们白天在工厂里做工,晚上回到农村的家里,他的主要劳动对象已不是土地,所以我们称之为"离土不离乡"。就是这样,乡镇企业充分利用了农业里吸收不了的多余劳动力,把农民转变成工人。从农民的家庭来说,一般并没有脱离农业,所以还是"工农相辅"的经济结构。但这个结构已在发生质的变化。

乡镇企业是中国农民从实际出发,通过实践创造的一种新型的企业。它不但取得了经济效益,如农家增加了收入,由穷变富,而且也许更重要的是同时取得多方面的社会效益,甚至有些效益并不是事前就明白的。它的效益在短短几年里已经被广大农民所确认,相率在条件许可下走上这条路,并且得到了政府的认可和支持,被称为"发展农村经济的必由之路"。

经过大约10年的时间，在90年代初，全国乡镇所创造的生产总值已占全国国民生产力的1/3，近1万亿元。有近1亿的农民转化成或成为正在转化中的现代工人。这是中国近年来经济飞跃发展的一项重要的动力和支柱。这已经引起全世界的瞩目，我不在这里多说了。

我要说的是在中国这一段农村发展的历史里，我们这些学社会科学的人起到什么作用，和怎样起作用的。事实上，这段历史确实提供了一个社会科学为社会发展做出贡献的实例。由于我本人是参与这段历史的一个社会学者，所以可以对此作为一个活着的人证。

首先应当承认像中国乡镇企业那样的事业并不是社会科学者创造的。首创者是中国农民自己。各地的农民分别以他们自己的愿望，在各自的实际环境中，探索出这一条脱贫致富的路子，把现代工业引进乡镇。社会科学者始终是个观察者和分析者，他可以在事前从分析当时当地的具体情况，说明中国农村中存在着"工农相辅"的传统经济结构，和这种结构发生的历史和社会因素。他也可以进一步推想用这个结构去吸收现代工业的可能。但是这还只是社会科学者的"纸上谈兵"，或是说"社会学的想象"，正像我在30年代所做的那样。

科学的想象有别于主观的想象，常常具有推动事物变化的创造力，因为这种想象是从实际的分析得来的，是理论上符合于历史发展规律的，在客观条件成熟时，它会成为具体的事实。客观条件的成熟有赖于众多历史因素的凑合，所以科学的想象不是必然会实现的。社会科学者对社会发展的想象只能力求其科学性，而不能期望其有必然实现的机会。但是科学的想象本身也是历史因素的一部分。它为人们向这条路上去思考在事前做出了逻辑的引导。如果这种想象确是科学的，即符合于历史发展的规律的，这个引导可以使行动者便于取得期望的效果，也就是说在历史过程中使想象变成事实。这也可以说社会科学对具体社会发展可以做出的实际贡献的一个方面。

当80年代，中国各地的农民都想通过乡镇企业来脱贫致富。但是各地的具体情况不同，甲地所取得有成效的经验，并不一定适用于乙地。这又给社会科学者提出一项新的任务，就是把各地有成效的经验做比较研究，从而指出同样是乡镇企业，在不同的地方性条件下会出现不同的模式，从而提出了"因地制宜，多种模式"的认识。这种认识可以使领导上避免一般号召，引起群众一窝风套用一个模式来发展乡镇企业，如过去的"学大寨"那个运动一般，落得个浪费和失望的下场。

用概念来形成的想象，无论有多高的科学性，总是无法全盘切合千变万化、多种多样的现实。所以社会科学者如果以形成科学性的想象为满足，而当其想象在成为现实之际，忽略了紧紧联系实际去考核他的想象或理论，及时地不断以具体观察来修正和丰富他的认识，那就很容易使现实的社会发展走入岔道，得不到期待的效果。

我本人在80年代，心情十分紧张，惟恐乡镇企业并不能使全国的农民都成为受益者。因之，尽管我当时已进入老年，还是每年以1/3的时间到各地去实地观察，并及时地把我的研究成果，用通俗易懂的文字，在报刊上发表，使各地区的农民能发现他们本地的特点，创造适合于他们实际的发展模式。我自己固然没办过乡镇企业，但从各地的观察，进行比较研究，给各地办乡镇企业的农民提供参考的意见。这也闯出了一条社会科学者参与社会发展的路子。作为一个观察者、分析者和被咨询者对社会发展做出实际的贡献。

社会事务是决不会一成不变的。在空间分布上，我们已看到乡镇企业的好多种模式；在时间变化上，我们又看到各地不同模式发展的不同阶段。举例来说，在比较发达的珠江三角洲，80年代的乡镇企业主要是所谓"三来一补"模式，就是店面在香港，厂房在广州的格局，当地称之为"借船出海"。90年代新的形式出现了，独立经济的合资企业有了发展，当地称之为"造船出海"，也可以说店面和厂房合并在大陆上，而以香港作为它对外贸易的门户了。以长江三角洲来说，80年代初期农民很多把小型工厂设在村里，所谓"村村冒烟"。90年代出现了"农工贸一条龙"的企业集团，就是农业提供原料，把工厂集中到镇上和大规模的专业市场相结合。同时形成了以公路、水运、电信密切和大城市联系的新兴城镇。我自己的家乡吴江县有一个镇，成了丝绸纺织和贸易中心，这个镇上的丝绸市场所经营的出口额占全国丝绸出口的1/6。这个10万人的镇，国民生产总值今年将达100亿元。

这个篇幅宽广的画卷，真是丰富多彩，对社会科学者来说，更是目不暇接。幸亏这个千载难逢的课题已经吸引为数众多的社会科学者，他们从各个角度来研究，提供行政当局和企业家所需要了解的资料。

我曾经想把这段农村发展的历史总括成两个大阶段。大体说来，80年代是农村工业化，也就是工农一体化；90年代是农村城市化，也就是城乡一体化。

原来多多少少是分散、自给的农村，由于这段时期中生产力的大发展，已经由市场经济连成了一个个庞大的经济区。每个区内由商品的生产和流动，出现一个个比较集中的产业中心。生产推动了贸易，需要借以流通的交通运输系统，和现代化的信息系统，这种种孕育了一地区中心城市的形成。这个日长月壮的生产力，需要一个与它相适应的城乡格局。在每个经济区域里，一个新的"村—镇—市—经济区域—大都会"的分层结构正在形成中。

中国的社会科学者不能不面对这历史上少有的巨大经济发展。农村都市化的过程中，不仅需要公路、电信等硬件的建设，尤其重要的是城镇村的规划和设计的软件建设。这就提出了社会科学者责无旁贷的任务。现在中国社会科学者面临的问题，不是寻找怎样可以做出贡献的机会，而是怎样去完成历史强加于他们的任务。

显然，这项任务本身会锻炼中国的社会科学工作者。他们只有在实践中去提高他们的经验和知识，同时他们也必然要向先进国家的同行学习和交流。中国所经历的历史和我们亚洲很多邻邦是基本相同的，所遇到的问题也有很多是基本相同的。我相信我们一定会手拉手一起前进。交流经验相互切磋必然是对大家有益而迫切需要的事。我趁这次前来马尼拉接受为纪念菲律宾前总统麦格赛赛而颁发的"社会领袖"奖的机会，愿意竭诚地预祝我们亚洲各国社会科学者之间的友谊越来越密切和深厚，从而在学术上建立起密切的合作。

1994 年 8 月

浦东开发与社会学

——谈浦东开发开放中的农民问题研究

一、浦东开发开放的实践为社会学研究提供了广阔领域

1995年春,我到浦东新区考察时,上海市副市长、浦东新区管委会主任赵启正同志对我说,他们呼唤社会学。这表明他们在领导浦东新区开发开放的工作中感到了对社会和对人加强研究的迫切性,也意味着他们相信能真正研究社会和人的社会学可以为他们服务。浦东新区是中国农村社会最早在很短的时间里和在较高的起点上直接接触了最现代化经济的地区,它的变化方式,它的发展路子,以及它所面临的各种挑战的微妙性和它所碰到的经济、社会、人的问题的复杂性,与其他特区乃至香港不同;它的预期目标的实现,对于中国进入21世纪国际市场的能力形成更具意义。因此,研究浦东新区的开发开放很重要,是我们社会学应当做的课题。

1995年5月,我过去的一位上海学生李友梅来江苏吴江看我时,她刚从法国学成归国,她是我介绍出国留的学,在我的朋

友——M. Crozier先生那里学了现代组织的管理理论和决策分析方法，并获得了巴黎政治研究院的博士学位。我提出希望她去浦东新区，对该区开发开放以来发生的变化做些实地调查研究，算是我对她的一次考试。后来，她在浦东新区政研室的帮助下，带着一个微型研究小组去了金桥出口加工区所在地金桥镇。以赵启正副市长提出的"浦东新区开发开放中的农民问题"为主题进行调查研究。他们采用文化人类学的实地观察法和面对面的访谈法，具体地了解并记录了被访者（其中有该镇原属的川沙县的领导、镇政府的各级干部、乡镇企业的经营管理者和当地农民）对本土开发开放的认识、参与和适应的情况，同时还查阅了有关金桥镇的社会、经济、文化等方面的历史文献资料，从而掌握了比较扎实的第一手资料。

二、进入社会和人的生活里，将自己理解的变化讲出来，并使别人懂得这个变化，这种研究方法是我所提倡的

我读了该研究小组完成的题为《浦东新区开发开放中的农民问题——以金桥镇为个案研究》的报告的初稿，之后更进一层地理解了浦东新区为什么呼唤我们社会学，是因为他们碰到了许多史无前例的问题。初稿的内容很丰富，也很生动，提出了我们中国必须要理解的，而且只有中国人自己才能更深刻理解的问题。我觉得社会学如果跟上了这一段，就是到了尖端了。初稿的撰写

者使自己进入社会和人的生活里，去体会、认识，然后再将自己理解的变化讲出来，而且可以使别人懂得这个变化，这种研究方法正是我所提倡的。人家说我的文章容易读懂，其实我的话的基础是农民的话，农民的话讲给农民听，他们就容易听懂，用另一种方式说，就是因为我使用的素材能贴近社会生活。现在有些文章用外国的新概念来表达自己不熟悉的内容，就连我们也看不懂，也有些文章的话语是造出来的，不是出自社会生活，我不主张走这样做学问的路子。

三、浦东开发开放中碰到的一个问题，是如何将一个符合现代化工业经济要求的行政体系安在一个农村经济基础之上

初稿清楚地反映了金桥镇在浦东新区开发开放中碰到的新旧体制的衔接问题，当地农民对新体制的接受与消化的问题，以及乡镇企业的力量怎么用的问题。川沙县的撤制和金桥乡改为镇，这个变化不单是农村行政机构在名字上的变化，实际是接受一个符合现代化工业经济要求的行政体制，因此包含了很多内容。将一个符合现代化工业经济要求的行政体制安在一个农村经济基础之上，简单地说，就是将一张"皮"加在另一张"皮"上。这里存在怎么加的问题，是排除原来的一张，不是两张合在一起。从目前的情况看，由于加上去的一张"皮"脱离原来的那张"皮"，使得一大批人出来了。这批人怎么进入新制

度和新制度怎么安排这批人，又引出了一系列的问题。浦东新区原来不是一张白纸，我们不能想画什么就画什么，这个概念首先要转变过来，要认识到我们是在一个经过长期的公社制度、多年的改革开放、乡镇企业发展较好的基础上画画。浦东新区除了享有其他特区都有的优惠政策，还有中央另外给的功能性新政策。这些政策不是从原底子上出来的，而是根据其他开发区的经验制订出来放到浦东新区的，这就产生了一些问题。浦东新区一成立，外国就来投资，接着出现了大公司、大集团，它们是加在浦东上面的，没有中间过渡，既不是下面长出来的，又不是上面下去的，它们是与浦东农村的经济基础突然碰上的。而与这两种体制相遇的是同一些人，他们不是别的地方新来的人，而是祖祖辈辈生活在浦东的当地人，因而涉及产权、观念等方面的问题就无法避免。

我认为以浦东新区为对象的研究可以解决我们理论上的一些问题。实际上，改革开放中的中国正面临着一个急速的变化，这个变化带来的许多问题需要我们去认真研究，从中央开始都在考虑如何解决这些问题，这叫"过21世纪的关"。对于解决这些问题，外国没有一个成套的办法，要我们自己创新，而创新就要联系中国的实际情况。再进一步说，浦东新区与深圳不同，深圳是白地起家，而浦东新区是在一个已经有过一段较好的发展、而且比较富裕的地区起家，作为浦东新区重要组成部分的原川沙县曾在全国郊县财政上缴中名列第二，金桥乡的经济基础也是不错的。富裕地区的开发与穷困地区的开发不一样，所以联系中国实际不是笼统的，应基于具体的分析之上。

四、新制度进入的关键在于使当地人及其思想同时发生相适应的变化，新制度深入到这一层才能真正解决问题

新制度加在浦东新区的上面，不等于已经进去了，因为当地人在接受给他们的办法时，即在消化这个新制度上还存在着不少问题。新制度进入的关键在于使当地人及其思想同时发生变化，而且要看这个变化能不能与新制度相适应。新制度要深入到这一层才能真正解决问题。这是一个很不容易完成的任务，因为这需要在短短的几年里把几千年造成的农民意识和农民生活方式改变成上海式的市民意识和方式。这样的变化不是行政指令可以促成的，它要求懂得农民的基本想法，比如农民最初以为他们被划入开发区，外国的大企业进来了，他们就可以发财了。可是，开发区和大企业开始运行了，他们的就业问题却没解决，而且土地也被收去，每月领 200 多元钱，一比较上海市区的人，他们的思想马上就发生变化，对新制度的看法就出来了。我们在这方面的研究还刚刚开始，需要进一步从实际下手，希望地方上的领导支持和帮助我们的研究工作，使研究者懂得你们的话，这样的研究结果才有助于具体问题的解决。我们研究者要从"三个有利于"出发，要把群众的意见真正地反映出来。现在，上级领导注意到了这个重要的实验，并试图从这个实验里找出一条中国现代化的道路。关于这方面，江泽民同志已经讲了不少，注意到精神文明和思想意识。如果我们不了解实际，就不会知道农民为什么有这样的看法和为什么要这么做。我们离开农民式的生活已有相当长的一段时间，已是不完全的农民，因此，我们现在再回去时就不能

根据我们的观念来判断农民的问题，我们应该深入到农民的实际生活里去。

五、我们需要外国的东西，但要消化，不能直接就用，否则就会产生土接不上洋的问题

我从初稿中看出，乡镇企业这个力量怎么用的问题没有及早地发现。我认为不能穿了新衣服，旧衣服就扔掉了，换句话说，乡镇企业这个力量还得用。就全国来讲，也不可能都成为浦东开发区一样地以外资企业为主。因此，还要考虑如何依靠这批力量。外国企业来的时候是以洋为主，它们想入土不容易，洋人入土得经过一番变化，要使土能够嫁接洋。外国人不懂得这一套，不要以为外国的都是科学的和先进的。外国人来中国发展的主线，是以我为主，以洋为主。这一点美国表现得很清楚，它追求的就是"你听我的"。美国最有名的经济学家给苏联搞了一个"休克疗法"，其结果使他们在苏联碰了一个钉子。因为他们是用他们国家的经验和理论为苏联设计转变的方案，这是不行的！以洋为主，但洋要解决入土的问题，否则就会产生土接不上洋的问题。苏联为此花的成本很大，付出了大代价。我们中国人要发挥自己的特点，小平同志的精神是勇敢面对现实，把根本的东西讲清楚，包括原来中国几千年的传统文化和历史。我们现在的引进要结合中国的实情，从实际出发去吸收洋的东西，在吸收的过程中会出现许多问题，浦东新区将是一个"焦点"，新区的干部能不能应付，会不会"烧焦"，要看你们的本领。这种本领的形成光有高等教育

的知识不行，还要经过真正的社会实践的锻炼，我们需要外国的东西，但要消化，不能直接就用。

六、要让人们认识开发区，还得拿出一些定量研究的成果，拿出一本能说服人的账

我们的研究者接下去的调查将涉及人的变化，这一问题的研究需要的时间长一点，也更难、更深一点，所以更要接触实际，从实际生活里发现各种人的不同看法和他们在思想和行为上的变化，而不能仅以年龄、文化程度来分类。

我想，浦东新区政策研究室要算几笔账。开发区是新的事物，要让人们认识它，还得拿出一些数量的东西，使人们了解究竟开发区给中国创造了多少新产业和带来多少财富。这可以计算，算出其中有多少是我们付出的代价给外国人的，因为人家已经提出"你们给外国人赚钱赚够了"的问题。我们收获的也用现金来算一算，有些是不能用现金算的或一时也算不出来的（主要指人才、管理等方面的变化），但我们可以进行比较。这是一个大的事业，比办学还重要。比如到外国公司里做事的人必然受到严格的管理，外国公司不会让他们马马虎虎地工作，因为这样它们会赔钱的，外国公司会想各种办法在其雇佣的中国人中培养它们的干部，这个培养办法可能比我们现在学校里的教育培养办法好，我们要去了解外国企业家是怎么培养人的。同时要进行一些比较，比如他们在培养技术员、机床操作工、管理和会计人员上花多少时间，我们要花多少时间，通过这个比较发现学

得好与不好的，然后再来看这个不同之中的道理。从我们自己方面开始算也可以，比如金桥镇假定不搞开发区，它发展的速度是怎么样，现在引进了体制，外国人也来了，这些条件是否加快了它的发展速度，加快的过程中出了哪些问题等。看到问题不要怕，做事业总要花钱的，没有不花钱就解决问题的。可是，我们要清楚问题是怎么出来的，所以要先做一张资产对照表，其中包括经济的和社会的。要化成可计量的任务是比较重的，现在外国也不敢这么做。我们可试一个小区，搞点研究，这样可以说服人。

一般来讲，大家看到很多高楼就认为是发展了，但究竟发展了多少，没有概念。很多房子在那里没人来住，卖不出去，这不能说是好的发展。我们希望的发展是真正落实在生产力的发展上，这个概念不是空的概念，是要可以计量的。实际中提出了许多问题，我们要找到贴切的解释。

这次我们在上海的奉贤县检查教育法时看到，我们取消了乡镇企业的教育附加费，现在发生了很大的影响，而取消时我们并不知道乡镇企业交的教育附加费到底占多少比例。引进了外资的乡镇企业我们考虑还是要交教育附加费，因为外国人赚了钱，而职工孩子的教育没人管了，这就产生了不公平的问题。这种反应在香港、台湾也同时出现了，沿海地区的乡镇企业能引进外资，反映出它们有了较大的变化。现在对这个变化有各种不同的看法，我们要深入实际去调查研究，也可以与上海被殖民化和租借时的外资投入比较一下，看有什么区别，要把这个区别讲清楚。以前我们说乡镇企业由土转洋，现在看来这个说法只看到一面，我们还要看到"土消化洋"的过程，所以我称之为嫁接。我们要以土用洋（学洋的好处），以土为本，以洋为用。土离不开洋，这一点要认识清楚，我们要进入国际市场，眼睛就要看到国际市场。作为浦东新区的干部，要更快地具有能够参加和进入国际市场的本领，你们如果不赶快使自己具有这个本领，等到21世纪就不行了，从某种意义说，开发区就会有变成殖民地的危险。

我们要使国家和人民富强起来，就需要对在接受西洋东西的同时又发展我们自己的东西的做法理出一套基本的看法。中国特色社会主义的概念很不容易解释清楚，这个特色里包含着洋的东西，但不是直接洋的东西，而是换了装的、适应于中国的洋东西。在具体做的过程中，会碰到很多问题，要花很多学费，要付很多代价。天下没有不付出代价的事情，但谈价钱要有数目，所以我说要算笔账。金桥镇假定没有外资进来，能发展多少，可以根据速度估计出来；外资进来了，实际增加了没有。如果没有，就可能有问题了。有的不是马上能见效的投资，在一段时间里没有促使经济增加不要紧，可是总的要增加。我们碰到了国内生产总值在合资企业里怎么算法的问题。要从实际中弄清楚：开发区多少是全出去，多少是半出去，多少是表面出去，实际还在里面；老百姓得到了工资，工资以外还有许多好处也要算进去；就 GDP 到 GNP 而言，也有很多文章好做，这一点在浦东开发区最突出，仔细地算出来，将是一个贡献。现在，外国对我国经济发展有各种算法，每个算法都有些道理。美国也说我们不得了，弄得大家都糊涂了。所以，要拿出一笔说服人的账，要加深对中西文化嫁接问题的认识和研究。总之，我们不能吃亏，最后的立场是中国要强大起来，人民要富裕起来。

七、浦东所碰到的难题，反映的是一个有几千年传统文化的中国在进入国际市场时将会遇到的问题，这篇文章只能由中国人自己来写

我们的研究不能太急，要脚踏实地、一步一步地做。我希望将金桥镇开发的每一段过程，能通过实地调查和访问记录下来，作为中国历史的一部分。这是一篇社会学的大文章，但不是社会学研究者自己做出来的，而是现实生活里的人都在做的文章。它反映的不仅是浦东人民所碰到的问题，而且也是每一个中国人都会碰到的问题，因为这是一个有几千年传统文化的中国要进入国际市场这一共同的新社区，也就是人们所称的"地球村"的问题。外国人不可能将这篇关于社会和人的文章写出来，因为他们不可能真正地理解中国农民的想法，以及中国农民的困难、希望和出路。我希望我的学生和我的下一代能深入到实际生活中，亲眼看到这篇文章是怎么构成的，并把它写出来，这是一件在历史上有意义的事情，浦东大有希望，大有发展，大有前途。

1997 年 7 月